MEHR ERFOLG
IM GARTEN

Die beliebtesten Gartenpflanzen

Redaktion: Sigrid Blank
Grafik: Frohmut Jammers
Produktion: Klaus Stecher

Wissenschaftliche Mitarbeit:
Dr. Stephan Schneckenburger

Entwicklung Sachbuchprogramme:
Redaktionsdirektor: Ludwig R. Harms
Leitender Redakteur: Georg Kessler
Leitung Bildredaktion: Werner Kustermann

Materialwirtschaft:
Direktor Materialwirtschaft: Joachim Forster
Leitung Produktion Sachbücher und Illustrierte Serien: Joachim Spillner

Der Inhalt dieses Bandes basiert auf dem Serienwerk SUCCESSFUL GARDENING,
© 1990 Eaglemoss Publications Ltd.

© der Erstausgabe: 1991 The Reader's Digest Association Limited
Berkeley Square House, Berkeley Square, London W1X 6AB

Erster Nachdruck 1995
© 1994 Verlag Das Beste GmbH, Stuttgart

Printed in Germany

ISBN 3 87070 495 0

Mehr Erfolg im Garten

Die beliebtesten Gartenpflanzen

Verlag Das Beste Stuttgart · Zürich · Wien

INHALT

FRÜHJAHRS- UND SOMMERBLUMEN

Die vielen verschiedenen winterharten und ein- und zweijährigen Pflanzen erleben zwar nur eine Blütezeit, entschädigen den Gartenliebhaber jedoch mit leuchtenden Farben – seien sie nun als Blickfang in Rabatten angepflanzt, in denen die unterschiedlichsten Stauden blühen, oder aber als „Lückenfüller" in kleineren Beeten, in denen nur wenige Arten vorherrschen.

Jahr für Jahr werden im Handel neue Sorten angeboten, und die Palette der Blütengrößen und -farben, der Blattzeichnungen und Wuchsformen wird immer reichhaltiger. Während die Beliebtheit vieler Sorten der Mode unterworfen ist, haben andere seit Jahrzehnten nichts von ihrer Anziehungskraft eingebüßt. Doch ganz gleich, ob Sie nun altbewährte und vertraute oder neu gezüchtete Sorten auswählen, die meisten von ihnen lassen sich problemlos ziehen, wenn Sie den Standortansprüchen der Pflanzen genügend Beachtung schenken; unter günstigen Bedingungen beschränkt sich Ihre Pflege auf das Entfernen verwelkter Blüten – die Pflanzen werden es Ihnen mit reichem Blütenflor danken.

Der Frühlings- und Sommergarten wäre nicht vollkommen ohne das Farbfeuerwerk des duftenden Goldlacks, die buntscheckigen Stiefmütterchen und die auffallend schönen Dahlien, die bis in den Spätsommer hinein in allen Farben glühen. Als die Königin der einjährigen Sommerblumen gilt die Wohlriechende Wicke mit ihrer eleganten Form und ihrem feinen Duft. Bei den Beetpflanzen sind Pelargonien und Begonien unangefochtene Spitzenreiter; ihre Farbenpracht kommt in jedem Garten zur Geltung – breitflächig angeordnet in den Zierrabatten größerer Grundstücke wie auch in dekorativen Töpfen, die in einem Hinterhofgarten in der Stadt für Farbtupfer sorgen.

Während der Sommermonate verbreitet die Wohlriechende Wicke (Lathyrus odoratus) *einen angenehmen Duft.*

Wohlriechende Wicken

**Edelwicken sind lohnende und sehr leicht zu kultivierende
Zierpflanzen. Neben den bewährten kletternden Sorten sind neuerdings
auch Zwergsorten für Beet- und Topfkultur im Handel.**

Wohlriechende Wicken *(Lathyrus
odoratus),* auch als Edelwicken bekannt, sind sowohl für ihren Duft als
auch für ihre wunderschön gefärbten und apart geformten Blüten
berühmt. Viele der großblütigen,
modernen Züchtungen haben von
dem überwältigenden Duft ihrer
wilden Vorfahren eingebüßt, doch
sind die Züchter bemüht, den Wohl-
geruch wieder einzukreuzen.

Neuerdings sind auch kleinwüchsige Sorten im Handel erhältlich,
die in Fensterkästen oder im Frei-
landbeet gepflanzt werden können.
Alle Sorten sind leicht zu kultivieren, blühen sehr üppig und sind
gute Schnittblumen.

Zarte Schönheiten
Zu den beliebtesten Sorten zählen
die Varietäten der Edelwicke 'Spen-
cer', deren Blüten einen gewellten
Rand haben und von schmetter-
lingshafter Eleganz sind. Diese
Züchtungen sind hochwüchsig und
können an Stützen bis zu 300 cm
hoch werden. Sie tragen Büschel
von vier bis fünf süßlich duftenden,
großen Blüten in den unterschiedlichsten Farben. Aus diesen Wicken,
die den ganzen Sommer hindurch
blühen, lassen sich dekorative, haltbare Sträuße binden.

Andere hochwüchsige Sorten von
Edelwicken sind frühblühend und
gut für die Vase geeignet; im Er-

werbsgartenbau werden sie oft unter Glas gezogen.

Die meisten der alten Landsorten
erreichen ebenfalls stattliche Höhen, haben jedoch kleinere Blüten.
Sie sollten wegen ihres angenehmen Geruchs, der großblütigen Sorten oft abhanden kam, in keinem
Garten fehlen. Es gibt robuste Sorten, die in jedem Blütenstand fünf
bis sieben Blüten tragen.

▼ *Wohlriechende Wicken gibt es
von reinem Weiß bis zu tiefstem
Rot oder Violett. Die zarten Kletterpflanzen suchen sich mit ihren Ranken selbst einen Halt – beispielsweise
an dünnen Zweigen.*

Halbhohe Sorten sind zumeist als Farbmischung im Handel erhältlich. Sie werden etwa 90 cm hoch und lassen sich problemlos als prächtig blühende Hecke ziehen. Noch niedrigere, ungefähr 45 cm hohe, buschige Sorten benötigen keine Stütze und eignen sich sehr gut für Pflanzungen in Beeten wie auch für Einfassungen.

Geeignete Standorte

Wicken gedeihen an sonnigen Plätzen und in normaler Gartenerde – nasse Standorte eignen sich nicht. Am meisten sagt ihnen durchlässiger, leicht alkalischer Boden zu, der gut gelockert und gedüngt sein sollte. Bereiten Sie den Boden im Herbst vor, indem Sie in die tieferen Schichten Kompost einbringen. Arbeiten Sie dann in die obersten 20 cm Gartenerde 3 – 4 Handvoll Knochenmehl, aber keinen weiteren Kompost ein, um das Tiefenwachstum der Wurzeln zu fördern.

AUSSAAT VON EDELWICKEN

1 Die Samen in Wasser aufweichen. Wenn sie nicht quellen, wird der Rücken mit einem Messer angeritzt.

2 Mit einem Strohhalm mit quergesteckter Nadel 1,2 cm tiefe Löcher stechen. Dann die Samen einsäen.

3 Wenn die Keimlinge zwei Blätter haben, die Spitzen entfernen, um die Verzweigung zu fördern.

4 Die Pflanzlöcher müssen so groß sein, daß die Wurzeln, ohne beschädigt zu werden, bequem hineinpassen.

▲ *Einige der kleinwüchsigsten Sorten besitzen keine Ranken und bilden bodendeckende, bis zu 60 cm breite Büsche. Sie sind für Beete sowie für Kübel und andere Pflanzgefäße bestens geeignet.*

Aussaat

Die Aussaat erfolgt im Frühling. Für eine zeitigere Blüte kann man die Samen bereits im Vorfrühling unter Glas aussäen und vorziehen.

Die Samen der Edelwicken sind sehr hartschalig. Um sie aufzuweichen und die Keimung zu beschleunigen, werden die Körner vor der Aussaat 24 Stunden in Wasser eingeweicht. Wenn sie dann immer noch zu hart sein sollten, ritzt man sie mit einem Messer oder einer Feile an, um die Quellung zu erleichtern. Doch passen Sie gut auf Ihre Finger auf, denn an den glatten Samen rutscht das Messer leicht ab.

Freilandaussaat ist nur in extrem milden Klimazonen möglich. Sie erfolgt in der ersten Herbsthälfte. Legen Sie die Samen mit etwa 2,5 cm Abstand und ca. 1,2 cm tief in die Erde. Eine Abdeckung mit Folie hilft den Sämlingen über die kalten Wintermonate. Meist kann erst im Spätwinter oder zu Frühlingsbeginn ins Freiland ausgesät werden.

Aussaat unter Glas ist ab Herbst- oder Wintermitte möglich. Auch wenn durch Freilandaussaat recht kräftige, gut eingewöhnte Pflanzen heranwachsen, ist eine Vorkultur unter Glas immer vorzuziehen, da diese Pflanzen hochwertiger sind.

Legen Sie je 12-cm-Topf acht bis zwölf Samenkörner in torfhaltigen Kompost oder in eine Mischung von vier Teilen Lehm mit je einem Teil Sand und Torf. Dieses Substrat muß bei der Aussaat feucht sein, danach wird es nur sparsam gewässert. Verwenden Sie Torf bitte sehr sparsam, da durch den Torfabbau Sumpf- und Moorgebiete unwiederbringlich verloren gehen, und greifen Sie auf im Handel erhältliche Torfmischungen mit reduziertem Torfanteil oder Torfersatzsubstrate zurück.

Für Wicken gibt es spezielle Aussaatgefäße, die keinen Boden haben. Durch ihre Höhe von 12 cm und die konische Form ermöglichen sie die ungehinderte Entwicklung der Pfahlwurzeln. Damit das Substrat beim Gießen nicht herausgespült wird und um eine größere Standfestigkeit zu erreichen, werden die Gefäße in feuchte Gartenerde gestellt. Legen Sie in jedes Gefäß ein Samenkorn, oder setzen Sie einen Keimling hinein.

Man überwintert die im Herbst ausgesäten Pflanzen im Frühbeet, das nur bei sehr kaltem Wetter abgedeckt wird. Spätere Saaten hält man bei mindestens 4°C. Ein Ausdünnen der Keimlinge ist nicht notwendig, doch können sie einzeln in 7,5-cm-Töpfe umgesetzt werden, um das Wurzelwachstum nicht zu stören. Im Gewächshaus gezogene Jungpflanzen müssen vor dem Auspflanzen durch Lüften des Frühbeetkastens abgehärtet werden.

Kulturmethoden

Die Form der Kultivierung von Edelwicken als Busch, bei der man die Pflanzen ungehindert an Stützen wachsen läßt, ist für den gewöhnlichen Hausgarten sicherlich eine befriedigende Methode. Andere Gewächse sind eine natürliche Kletterhilfe, doch es gestaltet sich oft schwierig, die jeweils passenden Bodenverhältnisse für die unterschiedlichen Partner zu schaffen.

Einfacher ist es, die Pflanzen an einer 200 cm hohen Pyramide aus schmalen Latten klettern zu lassen. Plastikgeflechte, aufgehängt an stabilen Pfählen, eignen sich ebenfalls gut und werden von den Wicken schnell überwuchert. Die Kletterhilfen können auch noch während der ersten 6 Wochen nach dem Pflan-

▶ *Kletternde Sorten von Edelwicken gedeihen gut an Flechtwerk und Pergolen. Hier verschönern und verbergen sie die kahlen Zweige einer erst im Spätfrühling blühenden Glyzine.*

PFLEGE

Düngen Sie die Edelwicken während der Wachstumsperiode alle 10–12 Tage, und wässern Sie die Pflanzen in Trockenphasen. Mulchen hält die Bodenfeuchtigkeit, wobei das Mulchmaterial jedoch nicht angehäufelt werden sollte. Regelmäßiges Spritzen mit Brennesselbrühe hilft gegen Blattläuse.

HILFREICHE PFLANZTIPS

1 Edelwicken in sogenannten Pflanzröhren aus Fasergewebe ziehen. Die Wurzeln wachsen durch die Wände und die Bodenöffnung.

2 Wenn die Keimlinge 20 cm hoch sind, die schwächsten Triebe entfernen. Den Haupttrieb nicht verletzen.

3 Die Haupttriebe wachsen höher, wenn neue Seitentriebe und Ranken an den Blättern entfernt werden.

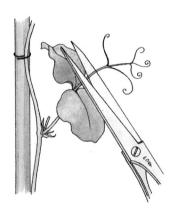

4 Alle Blütentriebe mit weniger als vier Knospen möglichst frühzeitig abschneiden, um größere Blüten zu erzielen.

zen aufgestellt werden. Sinnvoller ist es, sie vorher anzubringen.

Setzen Sie nur gesunde und kräftige Jungpflanzen. Mit einer Handschaufel werden im Abstand von etwa 15 cm Löcher gegraben, die groß genug sind, die Wurzelballen aufzunehmen. Drücken Sie die Erde an, und binden Sie die Pflanzen mit einem weichen Band oder Bast an Stützen oder Zweige. Nach dem Anwachsen erklimmen die Edelwicken die Kletterhilfen selbständig. Da Schnecken großen Schaden anrichten können, müssen sie notfalls mit Bierschneckenfallen geködert werden.

Halbhohe Sorten werden in der gleichen Weise kultiviert, doch benötigen sie nur ca. 75 cm hohe Stützen; hierfür eignen sich Reisig und Netze besonders gut. Zwergsorten kommen ohne Kletterhilfe aus.

Die Weiße Fliege, auch Mottenschildlaus genannt, kann zum Problem werden, zumal sie oft Mosaikviren überträgt. Diese führen zu Verkrüppelung der Triebspitzen, die Blüten sehen dann streifig gemustert aus. Man bekämpft die Weiße Fliege, indem man ein gelbes Stück Papier mit Fett bestreicht, an dem die Insekten, von der Farbe wie magisch angezogen, kleben bleiben.

Ausstellungsreife Edelwicken

Meist werden besondere Kultivierungsmethoden für Pflanzen angewandt, die ausgestellt werden sollen. Ziehen Sie für Ausstellungszwecke bestimmte Edelwicken vor, damit sie bereits im Frühjahr kräftig entwickelt sind. Der Pflanzort wird gedüngt und zweimal umgegraben.

Der Erfolg steht und fällt mit der arbeitsintensiven Pflege und Kontrolle des Wachstums. Nach voller Ausbildung des zweiten Blattes wird die Spitze des Keimlings ausgekniffen, um das Wachstum der Seitentriebe zu fördern, die die schönsten Blüten tragen.

Die Pflanzen werden in zwei parallelen Reihen zu beiden Seiten des Klettergerüsts gesetzt, das aus zwei Drähten besteht, die in ca. 180 cm Höhe und im Abstand von 30 cm gespannt sind. Die Drähte müssen an zwei stabilen Pfosten mit Querlatte am oberen Ende befestigt werden. Die Entfernung zwischen den Drähten und dem Boden überbrückt man mit Stöcken, die im Abstand von 20 cm an den Drähten angebunden werden. Neben jede dieser Stützen wird eine Pflanze gesetzt.

An den 20 cm hohen Pflanzen wird nur der stärkste Trieb belassen. Ab jetzt werden alle Seitentriebe und Ranken entfernt und die Pflanzen angebunden, da sie sich nun nicht mehr selbst halten können. Wenn das Wachstum einsetzt, müssen Sie den Pflanzen alle 10–12 Tage Flüssigdünger verabreichen.

Lassen Sie nur Blütenstände mit mehr als vier Knospen zur Entwicklung kommen. Als Schnittblumen eignen sich Wicken erst, wenn sich die unterste Knospe geöffnet hat.

EDELWICKEN AM SPALIER ZIEHEN

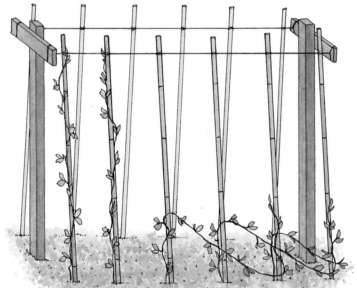

Sobald die Pflanzen das obere Ende der Stangen erreichen, werden ihre Spitzen losgebunden und auf den Boden gelegt. Die obersten 30 cm an die jeweils benachbarte Stange binden und die letzte Pflanze jeder Reihe zur gegenüberliegenden Seite des Gerüsts führen.

Freilandbegonien

Sowohl Knollenbegonien als auch aus Samen gezogene Beetbegonien sind problemlos in der Anzucht, aber höchst frostempfindlich. Beide Arten schmücken den sommerlichen Garten mit verschwenderischer Blütenpracht.

Freilandbegonien werden in zwei Gruppen unterteilt: in Knollenbegonien und in Beetbegonien. Knollenbegonien werden in zahlreichen Sorten angeboten, die sich in Wuchs, Blütenform und -farbe unterscheiden. Alle Sorten können ins Freie gepflanzt werden, sobald keine Fröste mehr zu befürchten sind; im Herbst müssen sie aus der Erde genommen und frostfrei überwintert werden. Die meisten Zuchtformen besitzen große, grüne Blätter, die bei einigen rosa und rot blühenden Varietäten zart purpurfarben schimmern. Die Blattunterseiten sind behaart, ebenso die fleischigen Blattstengel, die ziemlich spröde sind und daher leicht abbrechen.

Faserige Wurzeln und eine relativ einheitliche Wuchsform sind Merkmale von Beetbegonien. Sie wachsen zu kompakten, niedrigen Büschen heran, die zahlreiche kleine Blüten in verschiedenen Schattierungen von Rot über Rosa bis hin zu Weiß treiben. Ihre glänzenden Blätter sind grün oder bronzefarben.

Auswahl von Knollenbegonien

Man unterscheidet Formen mit buschigem, aufrechtem und hängendem Wuchs. Buschige Begonien passen ebensogut in ein Zierbeet wie in einen Pflanztopf. Hängebegonien eignen sich besonders gut für Blumenampeln; man kann sie auch an den Rand eines hohen Pflanzgefäßes setzen, von dem die dekorativen blühenden Triebe dann frei herabhängen.

Knollenbegonien werden vor allem nach der Blütenform unterschieden. Gefüllte Blüten herrschen vor, doch sind auch Sorten mit halbgefüllten oder einfachen Blüten erhältlich. Jede Pflanze bringt einige unscheinbare, kleine, ungefüllte, weibliche Blüten hervor. Sie fallen kaum auf, da sie meist von den großen männlichen Blüten verdeckt werden, die einen Durchmesser von 5 bis maximal 15 cm erreichen.

Großblumige, gefüllte Begonien übertreffen mit einer Blütengröße von 10–15 cm alle anderen Knollenbegonien. Zwischen den gefüllten männlichen Blüten zeigen sich ungefüllte weibliche mit einer gelbgefärbten, gedrehten und behaarten Narbe und einem breitgeflügelten Fruchtknoten.

Die Pflanzen werden 30–60 cm hoch und breit und tragen bis zu einem Dutzend Blüten gleichzei-

▼ Multiflora- und Pendula-Begonien zählen zu den Knollenbegonien. Sie eignen sich besonders gut für die Pflanzung in Gefäße. Mit ihren leuchtenden Farben sind sie eine Zierde für Terrasse, Hof, Fenster und Balkon.

BLÜTENTYPEN DER KNOLLENBEGONIEN

Großblumiger, gefüllter Typ

Großblumiger, gefüllter Typ

Multiflora-Typ

Rosenknospen-Typ

Multiflora-Typ

Picotee-Typ

Marginata-Typ

Pendula-Typ

Fimbriata-Typ

Marmorata-Typ

Bertinii-Compacta-Typ

tig. Sie blühen von Sommeranfang bis in den Frühherbst hinein und präsentieren sich in vielen Farben und Farbschattierungen mit Ausnahme von blauen und violetten Tönen.

***Bertinii-Compacta*-Begonien** bilden kompakte kleine Büsche von höchstens 15 cm Höhe, die über und über mit ungefüllten Blüten in den unterschiedlichsten Farben bedeckt sind. Sie eignen sich hervorragend für Beet- oder Rabatteneinfassungen und für Steingärten.

***Fimbriata*-Begonien** tragen ungefähr 12 cm große, leuchtendbunte Blüten, die mit ihren gekräuselten oder gefransten Kronblättern an Nelkenblüten erinnern.

***Marginata*-Begonien** zeigen einfache oder halbgefüllte Blüten, deren Kronblätter einen farblich kontrastierenden und gefältelten Saum aufweisen.

***Marmorata*-Begonien** sind den großblumigen, gefüllten Begonien sehr ähnlich und unterscheiden sich nur durch die Zeichnung ihrer Blüten, die rosarot gefärbt und mit einem weißen Fleckenmuster versehen sind. Sie werden meist nur etwa 25 cm hoch.

***Multiflora*-Begonien** ähneln in ihrer Wuchs- und Blütenform dem großblumigen, gefüllten Typ, blühen jedoch üppiger, aber mit kleineren Blüten. Die Zuchtformen von *Begonia × multiflora-maxima*, die in dieser Gruppe vereint sind, zeigen ein reiches Spektrum leuchtender Farben und eignen sich mit ihrer kompakten Wuchsform und einer Höhe von nur 15–20 cm vor allem für Zierpflanzungen.

***Pendula*-Begonien** besitzen kriechende oder herabhängende Triebe, kleine, ziemlich schmale, spitze Blätter und einfache oder halbgefüllte Blüten mit spitz zulaufenden Blütenblättern. Die ca. 6 cm großen Blüten hängen in dichten Büscheln an den Stengeln. Einige Formen verströmen einen zarten Duft – bei Knollenbegonien eine Ausnahme. *Pendula*-Begonien kommen am besten in Pflanzenampeln und Blumenkästen zur Geltung. Ihre Färbung variiert stark, es herrschen jedoch rote, rosarote und leuchtendgelbe Farbtöne vor.

***Picotee*-Begonien** besitzen mittelgroße Blüten, deren zart gefärbte Kronblätter mit einem dunkleren Farbton – in der Regel Rosenrot – umrandet sind.

Rosenknospen-Begonien verdanken ihren Namen den etwa 12 cm großen Blüten, die mit einem Kranz

KULTUR VON KNOLLENBEGONIEN

1 Die Knollen zu Frühjahrsbeginn in eine mit feuchtem Torf-Sand-Gemisch gefüllte Kiste betten. Darauf achten, daß sie auf einer Ebene mit der Substratoberfläche liegen; ihre hohle Seite sollte nach oben weisen.

2 Sobald sich kräftige Blatttriebe entwickeln, die Pflanzen einzeln in etwa 12 cm große Töpfe mit Blumenerde setzen. Die Erde durchgehend feucht halten; die verschiedenen Sorten beschildern.

3 Gewächshauspflanzen ein zweites Mal in Töpfe mit einem Durchmesser von 15–20 cm umsetzen. Wollen Sie besonders große Blüten erhalten, belassen Sie an den Pflanzen nur einen Haupt- und zwei bis drei Seitentriebe.

4 Freilandpflanzen im Spätfrühling abhärten; dann mit 30–40 cm Abstand in durchlässigen, humusreichen Boden an einen sonnigen oder besser halbschattigen, windgeschützten Standort setzen.

STÜTZE FÜR KNOLLENBEGONIEN

Die meisten Knollenbegonien benötigen an einem geschützten Platz keine Stütze. Großblumige, gefüllte Sorten neigen zur Kopflastigkeit, weshalb sie angebunden werden sollten. Da ihre Stengel und Blütenstiele leicht abbrechen, müssen Sie dabei vorsichtig vorgehen. Stecken Sie an der Rückseite der Pflanze einen kurzen, kräftigen Stab in genügendem Abstand vom Stengelgrund in die Erde, um die Knolle nicht zu verletzen. Neigen Sie den Stab zum Stengel hin, und befestigen Sie ihn dann mit Bast.

---

aufrecht stehender Blütenblätter in ihrer Mitte halbgeöffneten Rosenknospen ähneln.

Kultur von Knollenbegonien

Begonienknollen werden im zeitigen Frühjahr im Handel angeboten. Wenn sie richtig überwintert wurden, fühlen sie sich fest an und zeigen erste Ansätze von Triebknospen, die als rosafarbene oder grünliche Knötchen in der Vertiefung an der Oberseite zu erkennen sind. Ihre Größe ist meist gering; falls Sie großblumige Gewächshausbegonien lieben, sollten Sie möglichst große Wurzelknollen kaufen.

Die Knollen werden zum Austreiben zwischen Anfang und Mitte Frühjahr bei etwa 18 °C gehalten, wobei die Temperatur nachts kei-

nesfalls unter 10 °C sinken darf. Stellen Sie die Knollen in ein beheiztes Gewächshaus oder auf ein besonntes Fensterbrett im Haus. Sie können sie auch in einem unbeheizten Gewächshaus austreiben lassen, müssen sich dann aber mindestens bis zur Frühjahrsmitte mit dem Auspflanzen ins Freiland gedulden.

Wenn Sie die Knollen pflanzen, sollten Sie darauf achten, daß die Seite mit der flachen Vertiefung oben liegt. Als Anzuchtsubstrat empfiehlt sich eine Mischung aus feuchtem Torf und Sand (oder aus Torf und feinem Kies), die etwa 7,5 cm hoch in eine flache Kiste gefüllt wird. Die Knollen betten Sie so in das Substrat ein, daß sie plan mit dessen Oberfläche abschließen. Die

Vertiefung auf der Oberseite der Knollen darf nicht mit Erde bedeckt werden, da sie sich sonst mit Wasser füllt und zu faulen beginnt. Aus dem gleichen Grund dürfen die Knollen beim Gießen nicht benetzt werden. Lassen Sie zwischen den Knollen jeweils einige Zentimeter frei.

Sobald sich die ersten beblätterten Triebe entwickelt haben, vereinzeln Sie die Knollen in ca. 12 cm große Töpfe mit Blumenerde. Die Erde muß konstant feucht gehalten werden, darf aber nicht zu naß sein. Wenn Sie großblumige Pflanzen wünschen, entfernen Sie alle Stengel bis auf einen einzigen kräftigen Trieb, an dem sich nur zwei oder drei Seitenäste entwickeln dürfen. Begonien, die als Beetschmuck vorgesehen sind, können Sie stets uneingeschränkt heranwachsen lassen. Falls Sie die Pflanzen unter Glas zum Blühen bringen wollen, topfen Sie diese ein zweites Mal in ungefähr 25 cm große Gefäße um.

Stellen Sie die für das Freiland bestimmten Begonien im Spätfrühling in ein kühles Frühbeet, um sie allmählich an die Außentemperaturen zu gewöhnen. In der letzten Frühlings- oder der ersten Sommerwoche pflanzen Sie sie mit 30–40 cm Abstand in gute, durchlässige Gartenerde, die mit Laubkompost angereichert wurde. Beetbegonien bevorzugen sonnige Standorte; Knollenbegonien ziehen Halbschatten vor. In Regionen, in denen hohe Temperaturen und Sonnenschein keine Seltenheit sind, ist ein schattiger Platz der geeignete Standort, da die Gefahr besteht, daß die zarten Blütenblätter von der Mittagssonne geschädigt werden. Ein überhängender Strauch oder eine ausladende Staude ist ein ausgezeichneter Schattenspender.

Freilandbegonien müssen stets gleichmäßig feucht gehalten werden. Auf sprunghaften Wechsel von Feuchtigkeit und Trockenheit reagieren sie mit dem Verlust ihrer Knospen und Blüten.

Wenn die Blüten von den großen Blättern verdeckt werden, sollten Sie auf jeden Fall das Laub mit der Hand beiseite schieben oder – falls dieses nicht genügt – die störenden ein oder zwei Blätter mit einem scharfen Messer abschneiden.

Begonien, die bis auf einen starken Trieb ausgelichtet wurden, benötigen eine Stütze. Stecken Sie neben der Knolle einen kräftigen Stab in die Erde, den Sie in Richtung der Pflanze neigen. Befestigen Sie dann den Stengel an zwei Stellen mit Bast oder einer weichen Schnur, die keinesfalls in den Stengel einschneiden darf. Während der Blütezeit müssen Topfpflanzen regelmäßig gedüngt werden.

Die Überwinterung
Bevor die ersten starken Herbstfröste einsetzen, müssen die Knollen ausgegraben und an einen geschützten Platz gebracht werden. Wenn die Blätter noch grün sind, werden die Knollen in Kisten mit feuchtem Kompost gepflanzt, in denen sie ungehindert weiterwachsen können, bis sich dann der Laubfall ankündigt.

Sobald die Blätter vergilben, werden die Pflanzen immer sparsamer gegossen. Dann werden die Stengel abgeschnitten, die Knollen aus der

Erde genommen, alle abgestorbenen Stengelreste entfernt und die vertrockneten Wurzeln abgebürstet. Jede Knolle wird auf Fäulnisstellen hin untersucht, die gegebenenfalls mit einem scharfen Messer ausgeschnitten und mit Schwefelpulver bestreut werden. Knollen, die von Rüsselkäfern befallen sind, sollten Sie auf die gleiche Weise behandeln – stark zerfressene Exemplare werden weggeworfen.

Versenken Sie die Knollen in eine tiefe Wanne oder Kiste mit trockenem Sand. Stellen Sie diese zum Überwintern an einen frostfreien Platz, an dem die Temperatur nicht unter 7 °C sinken darf. Um zu verhindern, daß die Knollen schrumpfen, wird der Sand gelegentlich etwas angefeuchtet.

Kultur von Beetbegonien
Beetbegonien haben faserige Wurzeln. Zumeist werden sie einjährig aus Samen gezogen. Mehrfarbige Spielarten sind die Regel, aber es finden sich auch Formen mit ausschließlich rosa, roten oder weißen Blüten. Mit F1-Hybriden lassen sich die besten Ergebnisse erzielen.

Die Aussaat erfolgt im späten Winter oder zu Frühlingsbeginn in eine Anzuchtschale mit torfhaltiger Erde; die Keimtemperatur beträgt 16–20 °C. Streuen Sie die Samen auf die geglättete Oberfläche des Substrats, bedecken Sie diese aber nicht mit Erde.

▲ *Beetbegonien sorgen im Sommer und Frühherbst für üppigen Farbenschmuck. Sie können zwischen rosafarbenen, roten, weißen oder zweifarbigen F1-Hybriden wählen.*

Je nach der Temperatur der Umgebung beträgt die Keimdauer zwischen 2 und 4 Wochen. Pikieren Sie die Sämlinge, sobald sich das erste Blatt zeigt, und lassen Sie sie bei 16 °C und ausreichender Feuchtigkeit weiter heranwachsen. Neuerdings bieten manche Gärtnereien vorgezogene Begoniensämlinge an, die nach dem Kauf sofort umgepflanzt werden müssen.

Entspitzen Sie die Jungpflanzen, wenn sie etwa 10 cm hoch sind, um buschigen Wuchs zu fördern; bei F1-Hybriden ist dies nicht nötig. Härten Sie die Jungpflanzen dann in einem kühlen Frühbeet ab, und pflanzen Sie sie ab der letzten Frühjahrswoche an ihren endgültigen Platz. Wählen Sie einen sonnigen oder leicht schattigen Standort aus. Der Boden sollte mit organischem Material angereichert sein. Feuchten Sie ihn an, bevor Sie die Pflanzen setzen.

Beetbegonien blühen den ganzen Sommer über und behalten ihre Blüten bis zum ersten Frost. Sie können die Blüte um einige Wochen verlängern, wenn Sie die Pflanzen in Töpfe setzen und in einen kühlen Raum in ihrer Wohnung stellen.

Formenvielfalt der Dahlien

**Mit dem Leuchtfeuer ihrer Blütenköpfchen, dem üppigen Wuchs
und den satten Farben ihres Laubs verleihen Dahlien jedem
Garten im Spätsommer ein nahezu exotisches Flair.**

Die Dahlie oder auch Georgine ist ihrer Herkunft nach eine subtropische Pflanze, die auf nährstoffreichen Boden, regelmäßige Düngung und ausreichende Bewässerung angewiesen ist. Sie besitzt einen knolligen Wurzelstock, hohle Stengel sowie sattgrüne oder purpurfarbene Blätter.

Man unterscheidet Zwergdahlien und Knollendahlien. Im folgenden wird ausschließlich die Knollendahlie beschrieben, die entsprechend der Form ihrer Blütenköpfchen in Gruppen geteilt wird. Am bekanntesten sind die Schmuck-, Kaktus-, Ball- und Pompondahlien. Wie alle Korbblütler bringen Dahlien Blütenköpfchen hervor, die sich aus zahllosen Einzelblüten zusammensetzen: Ein Kranz meist unfruchtbarer Einzelblüten umgibt die in der Mitte zu einer Scheibe zusammengedrängten fruchtbaren Blüten.

Schmuckdahlien haben eine ebenmäßige Wuchsform und tragen gefüllte Blütenköpfchen ohne zentrale Mittelscheibe. Die Einzelblüten bestehen aus einer breiten, abgerundeten Zunge und sind gewöhnlich leicht gewölbt.

Kaktusdahlien zeichnen sich ebenfalls durch gefüllte Blütenköpfchen aus, die Einzelblüten sind jedoch schmal, laufen spitz zu und rollen sich über mehr als die halbe Länge nach unten ein.

Semikaktusdahlien ähneln den Kaktusdahlien, aber ihre Blütenzungen sind höchstens bis zur halben Länge zurückgerollt.

Schmuck-, Kaktus- und Semikaktusdahlien lassen sich nach der Größe der Köpfchen in riesenblütige (Durchmesser über 25 cm), großblütige (20–25 cm) und mittelgroße (15–20 cm) sowie kleinblütige (10–15 cm) und zwergblütige (bis 10 cm) Formen einteilen.

Balldahlien besitzen runde, ballförmige Blütenköpfchen, die teilweise in der Mitte abgeflacht sind. Die stumpf endenden oder abgerundeten Einzelblüten ordnen sich zu einer Spirale an. Jede Einzelblüte ist mindestens bis zur halben Länge nach oben eingerollt.

Pompondahlien besitzen Blütenköpfchen mit ausgeprägter Kugelform, die meist nicht größer als ungefähr 5 cm sind. Die Einzelblüten sind röhrenförmig.

Halskrausendahlien haben Blütenköpfchen mit einer gelben Scheibe aus dichtstehenden Röhrenblüten, die von einer Reihe breiter Zungenblüten umgeben ist. Zwischen Scheibe und Randblüten steht ein Kranz kurzer, schmaler Zungen.

Einfache Dahlien sind durch Blütenköpfchen gekennzeichnet, bei denen eine einzige Reihe von Zungenblüten die zentrale Scheibe aus Röhrenblüten einrahmt. Die Körbchen erreichen eine Größe von bis zu 10 cm.

▼ *Dahlienblütenköpfchen weisen eine große Farben- und Formenfülle auf. Als Gartenschmuck sind sie ebenso begehrt wie als Schnittblumen.*

Anemonenblütige Dahlien tragen gefüllte, 10 cm große Blütenköpfchen aus einem äußeren Kranz flacher Zungenblüten und aus dichtstehenden, kontrastierend gefärbten Röhrenblüten in der Mitte.

Päonienblütige Dahlien erreichen ebenfalls einen Durchmesser von etwa 10 cm. Jedes Blütenköpfchen setzt sich aus zwei oder mehr Reihen flacher Zungenblüten und einer zentralen Scheibe zusammen.

Die Laubfärbung reicht bei den verschiedenen Dahlientypen von einem tiefen Bronzeton über Rotgrün bis Smaragdgrün.

Bodenvorbereitung

Dahlien gedeihen am besten in leicht lehmigem und etwas saurem, keinesfalls nassem Grund. Da sie einen nährstoffreichen Boden benötigen, wird er im Herbst mit Kompost angereichert, zusätzlich wird er mit Knochenmehl gedüngt. Dahlien bevorzugen warme und windgeschützte Plätze, die nachmittags im leichten Schatten liegen.

Pflanzung

Dahlienknollen werden Mitte Frühjahr gepflanzt. Setzen Sie alle hoch-

PFLANZUNG DER KNOLLEN

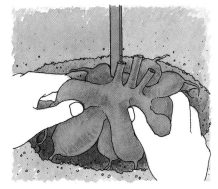

1 Die Knollen zur Frühjahrsmitte in ein 15 cm tiefes Loch setzen. Dann die Basis des Stengels in die Nähe des Stützstabs bringen.

2 Die Knolle mit Torf, der mit Dünger vermengt wurde, abdecken. Schließlich genügend Erde einfüllen und mit den Fingern festdrücken.

BLÜTENFORMEN

einfache Dahlie

anemonenblütige Dahlie

Halskrausendahlie

päonienblütige Dahlie

Pompondahlie

Schmuckdahlie

Balldahlie

Kaktusdahlie

Semikaktusdahlie

wüchsigen Sorten (120–150 cm) etwa 60–90 cm voneinander entfernt ein; bei mittelhohen Sorten (90 bis 120 cm) beträgt der Pflanzabstand 60 cm, bei Zwergdahlien genügen 40 cm.

Die neuen Triebe sprießen nicht direkt aus den Knollen, sondern aus der Basis der vorjährigen Stengel. Deshalb sollte jede Knolle einen Rest des alten Stengels aufweisen, der ein unbeschädigtes Auge hat.

Als Stützen dienen 25 × 25 mm dicke Holzstäbe, die etwas niedriger sein sollten als die voraussichtliche Höhe der ausgewachsenen Pflanzen. Heben Sie ein 15 cm tiefes Loch aus, und zwar unmittelbar vor dem Stützstab, so daß der Neutrieb bereits beim Pflanzen in die Nähe

seiner späteren Stütze gelangt. Füllen Sie das Pflanzloch zur Hälfte mit einer Mischung aus Torf und organischem Stickstoffdünger auf. Dann setzen Sie die Knolle so auf diese Mischung, daß die Triebknospe maximal 5 cm unter der Erdoberfläche liegt. Anschließend decken Sie die Knolle mit Erde ab, die mit der Torfmischung vermengt wurde; drücken Sie die Erde mit den Fingern fest. Befeuchten Sie das Erdreich nur um die Knollen herum. Die einzelnen Dahliensorten werden mit Schildern gekennzeichnet.

Gartenbaubetriebe bieten junge Dahlienpflanzen in der Regel in Töpfen an. Die Jungpflanzen werden im frostfreien Spätfrühling

PFLEGEMASSNAHMEN

1 Die Pflanze nach etwa 3 Wochen an die Stützen binden. Im Hochsommer mit Torf, Grasschnitt oder verrottetem Stallmist mulchen und die Mulchschicht angießen.

2 Mit fortschreitendem Wachstum an mehreren Stellen anbinden; die Seitentriebe mit Stäben und dazwischengespannten Schnüren in Form halten. Unerwünschte Wildkräuter beseitigen.

Stützen
Mit Ausnahme der zwergwüchsigen Sorten müssen alle Dahlien abgestützt werden. Binden Sie die Dahlien 2 oder 3 Wochen nach dem Auspflanzen mit einer Gartenschnur fest, die Sie zunächst 10–20 cm über dem Grund mit einer Schlaufe am Stützstab befestigen und in Form einer „8" um den Stengel schlingen. Verknoten Sie dann die Schnurenden an der Stütze.

Mit zunehmendem Wachstum werden Dahlien an weiteren Stellen angebunden; lockern Sie bei Bedarf die unteren Schlingen, damit der Stengel nicht eingeschnürt wird. Zur Abstützung der Seitentriebe werden in Abständen von ungefähr 25 cm Rundstäbe in den Boden gesteckt. Die Stäbe müssen nach außen geneigt sein und werden mit Schnüren zu einer Art Schutzgitter verbunden.

oder Frühsommer (Ende April bis Anfang Mai) ins Freie gesetzt. Die vorgesehene Pflanzstelle wird dann wie oben beschrieben vorbereitet.

Bewässerung
Frischgesetzte Knollen oder Jungpflanzen dürfen nicht zu stark gegossen werden – ihre Wurzeln vertragen durchaus etwas Trockenheit. Zu Beginn der Blütezeit steigt der Wasserbedarf der Dahlien jedoch beträchtlich. Während trockener Perioden müssen die Pflanzen dann ausgiebig bewässert werden, wozu sich ein automatischer Regner gut eignet. Falls Sie eine Gießkanne benutzen, rechnen Sie für Pflanzen, die 60–90 cm auseinanderstehen,

jeweils 15 l Wasser, für Dahlien, die enger gepflanzt wurden, entsprechend weniger. Bei heißem Wetter müssen Dahlien, die auf schweren Böden wachsen, alle 5 Tage gegossen werden. Pflanzen auf leichten Böden benötigen alle 3 Tage Wasser.

Mulchen
Wenn die Dahlien eine Höhe von etwa 30 cm erreicht haben, wird jede Pflanze mit einer 3 cm hohen Schicht aus trockenem Stroh oder Grasschnitt umgeben, die gut angegossen wird; der Stengel muß dabei aber völlig frei bleiben. Die Mulchschicht dämmt Wildkräuterwuchs ein und verhindert zudem eine rasche Verdunstung des Gießwassers.

Düngung
In der Regel treiben großblütige Dahlien zunächst nur einen kräftigen Hauptstengel und verzweigen sich erst zu Beginn der Blütezeit. Es empfiehlt sich daher, die Pflanzen zu entspitzen.

Um buschigen Wuchs und längere Seitentriebe zu erzielen, werden alle Blätter an der Basis des Haupttriebs entfernt.

Wenn der Boden gut vorbereitet ist, kann auf zusätzliche Düngemittelgaben verzichtet werden. Falls es sich um einen leichten Boden handelt, sorgt eine Mulchschicht aus verrottetem Stallmist dafür, daß die Pflanzen üppiger gedeihen und besonders stattliche Blütenköpfe entwickeln.

Nach dem zweiten Entspitzen wird um die Pflanzen herum etwas

ENTSPITZEN

1 Etwa 3 Wochen nach dem Pflanzen die Spitze des Haupttriebs entfernen; aus Knollen gezogene Dahlien gegen Frühjahrsende oder zu Sommerbeginn entspitzen, Containerpflanzen 2 Wochen früher.

2 Nach 2 Wochen erscheinen in den Blattachseln neue Triebknospen (sie zeigen ein helleres Grün als die Blätter). Um die unteren Seitentriebe zu stärkerem Wachstum anzuregen, wird das oberste Paar abgezwickt.

3 Die Seitentriebe treiben je eine endständige Blütenknospe, die von zwei Nebenknospen begleitet wird. Um große Blüten zu erzielen, werden die Nebenknospen ausgebrochen, sobald dies gefahrlos möglich ist.

Blumendünger ausgestreut, der zu gleichen Teilen Kali, Stickstoff und Phosphor enthält. Die Blätter dürfen mit dem Düngemittel keinesfalls in Berührung kommen, da sie sonst verätzt werden. Stickstoffreicher Dünger sollte während des Wachstums keinesfalls ausgebracht werden, da er die Blattbildung anregt und die Lagerfähigkeit der Knollen herabsetzt. Schwemmen Sie Trockendünger mit viel Wasser in den Boden ein. Im Spätsommer sollte ein Dünger mit hohem Phosphoranteil ausgebracht werden, um die Knollenbildung gezielt zu unterstützen.

Überwinterung

Nach der Blüte werden die Dahlien aus der Erde genommen und an einem frostfreien Platz aufbewahrt. Im darauffolgenden Frühjahr können Sie die Pflanzen zur Gewinnung von Stecklingen nutzen oder aber wieder ins Freie setzen.

Sobald der erste Herbstfrost die Blätter geschwärzt hat, werden die Stengel bis auf eine Länge von ungefähr 15 cm gekappt. Bei sehr frühem Frosteintritt kann man die Wurzelstöcke noch 2 oder 3 Wochen im Boden lassen.

Lockern Sie mit einer Grabegabel vorsichtig die Erde um die Knollen, heben Sie sie heraus, und säubern Sie die Knollen vorsichtig von der noch anhaftenden Erde. Beschriften Sie die einzelnen Wurzelstöcke, und breiten Sie sie an einem luftigen, trockenen Platz kopfunter zum Trocknen aus. Nach ungefähr 2 Wochen ist die Feuchtigkeit aus den abgeschnittenen Stengeln gewichen.

Bestäuben Sie die Knollen mit Schwefelblüte, um Pilzinfektionen vorzubeugen. Bewahren Sie sie an einem kühlen, frost- und zugfreien Platz auf. Sie können die Dahlienknollen beispielsweise in einem kühlen Frühbeet überwintern lassen. Dazu füllen Sie in das Beet 15 cm hoch trockenen Torf ein, auf dem Sie die einzelnen Knollen so verteilen, daß mindestens 20 cm Abstand zum Beetrand gewahrt bleiben. Breiten Sie über die Knollen eine etwa 25 cm dicke Torfschicht aus, und decken Sie sie mit alten Säcken oder einem ähnlichen Gewebe ab, das Feuchtigkeit aufsaugt und die Knollen vor starkem Frost schützt. Zuletzt werden die Fenster auf das Frühbeet gelegt.

Dahlienknollen können auch in Kisten mit trockenem Sand eingelagert und beispielsweise in einem

ÜBERWINTERN

1 Nach dem ersten Frost schneiden Sie alle Stengel auf eine Länge von 15 cm zurück. Die Knollen können noch 2 Wochen im Boden bleiben, müssen aber nach starkem Frost sofort ausgegraben werden.

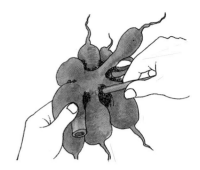

2 Heben Sie die Knollen mit einer Grabegabel vorsichtig heraus. Säubern Sie den ganzen Wurzelstock von anhaftender Erde, ohne dabei die Stengelreste zu beschädigen. Kennzeichnen Sie die Knollen.

3 Lassen Sie die unbedeckten Knollen 14 Tage lang an einem luftigen Platz trocknen. Legen Sie die Knollen dann in eine Kiste auf eine 15 cm hohe Torfschicht und bestäuben Sie sie mit Schwefelblüte.

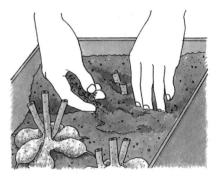

4 Keine der Knollen darf den Kistenrand berühren. Decken Sie die Knollen mit einer Torfschicht ab und breiten Sie ein Sackleinen darüber aus, das alle Feuchtigkeit aufsaugt. Stellen Sie die Kiste in ein kühles Frühbeet.

ungeheizten Gewächshaus, einem trockenen Schuppen oder im Keller aufbewahrt werden.

Wenn Sie nur wenige Knollen zum Überwintern haben, können Sie diese auch in trockenes Stroh einschlagen und in ein Netz geben, das Sie an die Decke eines Schuppens oder Gewächshauses hängen. So aufbewahrt, halten sich die Knollen problemlos bis zum darauffolgenden Frühjahr.

Vermehrung

Junge Dahlienpflanzen können Sie aus Stecklingen oder durch Teilung von Knollen gewinnen. Setzen Sie die Knollen im Spätwinter oder Vorfrühling in eine Anzuchtkiste mit feuchtem Kompost, und decken Sie diese bis knapp unter die Stengelbasis mit dem Substrat ab. Sobald die neuen Triebe 7,5 bis 10 cm lang sind, trennen Sie sie ab und schneiden sie bis knapp unter den Ansatz des untersten Blattpaars zurück. Vergessen Sie dabei nicht, die beiden untersten Blätter ebenfalls zu entfernen.

Tauchen Sie die Stecklinge in ein Bewurzelungsmittel, und setzen Sie sie in Blumentöpfe mit einem Torf-Sand-Gemisch. Die Töpfe werden in einer unbeheizten Anzuchtkiste im Gewächshaus untergebracht. Die Erde sollte mäßig feucht gehalten werden.

Die Stecklinge müssen unbedingt vor direktem Sonnenlicht geschützt werden. Nach 2–3 Wochen werden die mittlerweile bewurzelten Stecklinge in Töpfe mit einem Durchmesser von 8 cm vereinzelt; als Substrat dient torfhaltige Anzuchterde. Halten Sie die Stecklinge weiterhin im Gewächshaus, das gut belüftet sein muß, und stellen Sie die Stecklinge an den ersten beiden Tagen nach dem Umtopfen an einen schattigen Standort.

Gegen Mitte des Frühjahrs wechseln die Jungpflanzen zur Abhärtung in ein kühles Frühbeet über und werden dann entweder im Spätfrühling oder im Frühsommer, wenn kein Frost mehr zu befürchten ist, ins Freiland an ihren endgültigen Platz gepflanzt.

Pelargonien – die Klassiker

**Die schönen, bunten und äußerst unproblematischen
Pelargonien sind nicht nur ideal für farbenfrohe Pflanzkübel und Sommerbeete,
sondern auch für die Zimmer- oder Gewächshauskultur.**

Oft werden die Vertreter der Gattung *Pelargonium* fälschlicherweise als „Geranien" bezeichnet. Beide Gattungen, *Pelargonium* und *Geranium*, haben gemein, daß sie der Familie der Storchschnabelgewächse *(Geraniaceae)* angehören.

Pelargonien, ursprünglich im Süden von Afrika beheimatet, sind im Handel durch Hybriden und Sorten oft komplizierter Abstammung vertreten. Diese sehr empfindlichen, teils verholzten Halbsträucher werden in der Regel als Einjährige aus Samen oder auch aus Stecklingen gezogen.

Ihr botanischer Name leitet sich vom griechischen Wort *„pelargos"*, das Storch bedeutet, ab. Der Name kommt nicht von ungefähr, denn die reifen Früchte erinnern in ihrem Aussehen tatsächlich an den Kopf eines Storches.

Hunderte von Sorten stehen heute den Liebhabern von Pelargonien zur Auswahl. Die Blüte dauert vom späten Frühjahr bis zum ersten Herbstfrost. In Zimmerkultur blühen Pelargonien bei idealen Bedingungen ganzjährig.

Die Blüten besitzen fünf Kronblätter (Petalen), wobei die beiden oberen oft größer und geädert oder dunkel überhaucht sind. Es gibt auch halbgefüllte oder gefüllte Formen mit zusätzlichen Blütenblättern. Die Blüten bilden dichte oder lockere runde Dolden in Weiß, Rot- und Pinknuancen, Orange, Mauve und Weinrot bis Purpur. Cremetöne sind selten, Gelb und Blau kommen nicht vor.

Es gibt Pelargonien, die wegen der attraktiven Färbung ihres Laubes und der hübschen Form ihrer mitunter auch duftenden Blätter geschätzt werden. Bei den gängigen Sorten verströmt das Laub einen unangenehm beißenden Geruch – jedoch nur dann, wenn die Blätter verletzt werden.

Einteilung in Gruppen

Pelargonien werden in folgende Gruppen eingeteilt: Zonal-, Edel-, Efeu- und Duftpelargonien.

Zonalpelargonien werden hauptsächlich dazu verwendet, Sommerbeete und Pflanzkübel zu bepflanzen. Sie bilden eine große Gruppe von Hybriden und Sorten, die unter dem Namen *P.-Zonale*-Hybriden *(P. × hortorum)* geführt werden. Bei buschigem Wuchs werden Zonalpelargonien zwischen 30 und 60 cm hoch. Der Hauptstamm verholzt im Alter, die Seitenäste sind fleischig.

Die Bezeichnung „zonal" bezieht sich auf die runden oder nierenförmigen, 7,5–12 cm großen Blätter mit meist gekerbtem Rand, die eine deutlich abgegrenzte oder auch kaum erkennbare bräunliche Zone aufweisen.

Die bis zu 2,5 cm großen Einzelblüten bilden dichte Köpfe mit einem Durchmesser von bis zu 15 cm. Halbgefüllte sowie gefüllte Sorten kommen häufig vor, wobei die stark gefüllten als Rosenknospen-Typen bezeichnet werden.

Durch Aussaat vermehrte F1- und F2-Hybriden gelangen nach ca. 4 Monaten zur Blüte. Andere Sorten werden gewöhnlich aus Stecklingen gezogen.

Zwergformen mit einer maximalen Höhe von 15 cm bieten sich für die Zimmerkultur und für Beeteinfassungen an.

Edelpelargonien ähneln in Größe und Wuchsform der *P.-Zonale*-Gruppe, besitzen jedoch gezähnte, gleichmäßig mittelgrün gefärbte Blätter mit bogenförmig geschwungener Kante. Sie werden in der Gruppe der *P.-Grandiflorum*-Hybriden *(P. × domesticus)* zusammengefaßt.

Wie bei den Zonalpelargonien sind die Blütenköpfe bis zu 15 cm, die Einzelblüten bis zu 5 cm groß. Meist sind sie ungefüllt; oft tragen sie gekräuselte Petalen, die sich in intensiven, ungewöhnlichen Far-

◄ Zonalpelargonien gehören zu den Favoriten, wenn es um die farbenfrohe Bepflanzung von Kübeln, Blumenkästen und anderen Pflanzbehältern geht. Unter günstigen Bedingungen blühen sie durchgehend vom Spätfrühjahr bis zum ersten Herbstfrost.

21

'Kathleen Gamble'
Zonalpelargonie
ungefüllt

'Regina'
Zonalpelargonie
gefüllt

'Treasure Chest'
Zonalpelargonie
halbgefüllt

'Stellar Arctic Star'
Zonalpelargonie
ungefüllte
Sternblüten

'Cerise Rosebud'
Zonalpelargonie
gefüllte Rosen-
knospen-
Blüten

ben präsentieren, nicht selten auch zweifarbig oder mit deutlich hervortretender, attraktiver Äderung.

Die Blütezeit ist hauptsächlich auf Spätfrühling und Frühsommer begrenzt. Durch das Entfernen welker Blütenköpfe kann jedoch eine zweite Blüte im Spätsommer angeregt werden. Edelpelargonien eignen sich nicht so gut für eine Pflanzung ins Freiland, sie werden besser in Topfkultur im Gewächshaus gehalten. Die Vermehrung erfolgt durch Stecklinge.

Efeupelargonien werden als *P.-Peltatum*-Hybriden *(P. peltatum)* zusammengefaßt. Mit ihrer hängenden Wuchsform kommen sie besonders gut in Ampeln zur Geltung, in Blumenkästen oder als Randbepflanzung von Kübeln. Ihre efeuartigen, recht fleischigen, gelappten, glänzenden Blätter erreichen eine Größe von bis zu 7,5 cm.

Die Blüten sind ungefüllt, halbgefüllt oder gefüllt, etwa 2,5 cm breit und meist rot oder purpurn, also auf eine engere Farbpalette begrenzt. Sie stehen in kleinen, lockeren Köpfen. Die Stiele hängen bis zu 90 cm herab und brechen leicht ab. Die Stiele verzweigen sich nur dann, wenn die Wachstumsspitzen ausgeknipst werden.

Wie die *P.-Zonale*-Gruppe besitzen auch Efeupelargonien bisweilen attraktiv panaschiertes Laub.

Duftpelargonien werden hauptsächlich wegen ihres attraktiven Laubes kultiviert. Die Blüten bilden nur kleine Köpfe oder fehlen manchmal sogar ganz. Mit ihrem buschigen Wuchs machen sich Duftpelargonien gut als Topfpflanzen im Gewächshaus, Wintergarten oder Wohnbereich. Im Sommer werden die Pflanzen im Freien an Stellen plaziert, an denen man sie berühren kann, denn nur wenn man über ihre Blätter streicht, verströmen sie ihren starken Duft. Die reiche Palette der Aromen reicht von Pfefferminz und Schokolade-

Pfefferminz über Rose, Zitrone und Orange bis hin zu Muskat.

Zu dieser Gruppe zählt auch *P. quercifolium* mit eichenähnlichem Laub, das jedoch einen sehr unangenehmen, beißenden Geruch verbreitet.

Wahl des Standorts
Pelargonien können ganzjährig in Zimmerkultur gezogen werden. Im Sommer werden sie gern im Freien in Beete oder Pflanzkübel gesetzt. Wenn ihr Wuchs kräftig, dicht und buschig sein soll, brauchen sie möglichst viel Sonne. Zuwenig Helligkeit führt zu übermäßigem Längenwachstum und reduzierter Blütenbildung.

Im Zimmer bekommen Pelargonien einen sonnigen Fensterplatz und werden immer wieder gedreht, damit sie gleichmäßig wachsen. Da pralle Hochsommersonne die Blätter hinter der Fensterscheibe verbrennen kann, stellt man Pelargonien im Sommer nach draußen.

Pelargonien gedeihen bei 10 bis 24 °C. Höhere Temperaturen, wie sie in warmen Gegenden unter Glas entstehen, sind gesundem Wuchs abträglich, während in kühleren Regionen die Unterglaskultur angezeigt ist. Nachts sollte die Temperatur merklich abfallen.

Für die Freilandkultur eignet sich jeder gewöhnliche, gut dränierte Boden. Bevorzugt wird jedoch ein neutrales bis leicht saures Milieu. Für die Kübelbepflanzung empfiehlt sich spezielle Topferde.

Ankauf von Jungpflanzen
Gärtnereien bieten im Frühjahr und Frühsommer Pelargonien in breiter Vielfalt an, die sich für Freiland- wie Zimmerkultur gleichermaßen eignen. Diese Jungpflanzen sind verhältnismäßig teuer, ersparen dem Hobbygärtner jedoch Zeit und die platzaufwendige Vermehrung.

Wählen Sie nur kompakte, gesunde Pflanzen. Struppiger Wuchs

'Mrs. Henry Cox'
Zonalpelargonie
ungefüllt

oder vergilbte Blätter im unteren Bereich deuten auf Nährstoffmangel hin.

Viele, zumeist noch geschlossene Knospen versprechen in den nächsten Wochen eine üppige Blüte. Edelpelargonien entfalten ihre Blüten im Frühsommer alle auf einmal. Kaufen Sie daher keine Exemplare, die bereits voll erblüht sind.

Anzucht aus Samen

F1- und F2-Hybriden von Zonal- und Efeupelargonien können aus Samen gezogen werden. Die Aussaat erfolgt im Spätwinter in Töpfe oder Schalen mit Aussaaterde. Bei einer konstanten Temperatur von 21–24 °C keimen die Samen in einem Zeitraum von 3–21 Tagen. Bei niedrigerer oder schwankender Temperatur kommt es zu ungleichmäßiger Keimung.

Sobald man die Keimlinge bequem handhaben kann, werden sie einzeln in 7,5-cm-Töpfe mit Anzuchterde gepflanzt oder zunächst, wenn der Platz knapp ist, in Schalen pikiert. Nach dem Abhärten werden die Sämlinge zwischen Spätfrühjahr und Frühsommer ausgepflanzt oder, für die Zimmerkultur, in größere Töpfe mit Blumenerde gesetzt.

Vermehrung aus Stecklingen

Die Anzucht aus Stecklingen nicht verholzter Triebe ist bei allen Pelargonien möglich und für die sortenechte Vermehrung der einzig zuverlässige Weg. Bei sorgfältiger Pflege überleben Pflanzen in Zimmerkultur mehrere Jahre. Allerdings entwickeln sie im Alter leicht übermäßiges Längenwachstum; aus diesem Grund werden sie am besten jährlich erneuert.

Die Stecklinge wurzeln besonders gut Anfang Frühjahr und Ende Sommer, wenn Blätter und Sprosse am stärksten wachsen. Von überwinterten Pflanzen im Frühjahr genommene Stecklinge entwickeln

sich zu kleinen Pflanzen, die im Sommer blühen. Im Spätsommer bewurzelte Stecklinge werden geschützt überwintert und ergeben größere Pflanzen, die im darauffolgenden Sommer blühen.

Wählen Sie einen gesunden Trieb, möglichst ohne Blüten, aus. Wenn ein solcher nicht vorhanden ist, entfernen Sie Knospen und Blüten. Schneiden Sie den Trieb mit einem scharfen Messer etwa 7,5 cm unterhalb der Spitze und, um die Mutterpflanze nicht zu schwächen, gleich über einem Blattknoten ab. Entfernen Sie vorsichtig die unteren Blätter und Nebenblätter, und kappen Sie das Ende des Stecklings direkt unterhalb eines Blattknotens.

Von der Behandlung mit einem Bewurzelungsmittel auf Hormonbasis ist bei Pelargonien abzuraten, da es ein rasches Anschwellen und Aufplatzen der Sproßbasis und in der Folge Fäulnis bewirken kann. Man setzt die Stecklinge einzeln in 6–7,5 cm große oder zu mehreren in entsprechend größere Töpfe mit Anzuchterde oder einer Mischung aus Torf und Sand.

Die Stecklinge in feuchter Wärme bei etwa 18 °C anwurzeln lassen.

Pelargonium crispum 'Variegatum' (nach Zitronen duftende Blätter)

'Rouletta' Efeupelargonie halbgefüllt

'Rembrandt' Edelpelargonie

'Sugar Baby' Efeupelargonie gefüllt

'Chelsea Gem' Zonalpelargonie gefüllt

'Sunrise' Edelpelargonie

'Lavender Grand Slam' Edelpelargonie

UNVERHOLZTE STECKLINGE ABNEHMEN

Direkte Sonnenbestrahlung solllte vermieden werden. Am besten die Töpfe in ein Vermehrungsbeet stellen oder mit einer Klarsichtfolie abdecken. Eine Beheizung von unten fördert das Anwachsen. Gelegentlich mit lauwarmem Wasser sprühen.

Neues Sproßwachstum zeigt die erfolgte Bewurzelung an. Sie dauert etwa 3 Wochen, bei Edelpelargonien auch etwas länger. Die Jungpflanzen in ein Substrat auf Torfbasis umtopfen und an einem warmen Ort anziehen.

Pflegemaßnahmen

Ein Rückschnitt ist meist überflüssig. Doch bilden manche Zonal- und Efeupelargonien nur einen unverzweigten Mittelsproß, wenn man sie nicht rechtzeitig entspitzt.

Während der Wachstumsperiode reichlich gießen, danach die Erde bis zum erneuten Gießen beinahe völlig abtrocknen lassen.

Gedüngt wird je nach Pflanzen- und Bodenart. Edel- und buntlaubige Zonalpelargonien erhalten einmal pro Woche einen Tomatendünger.

Vergilbte Zonen zwischen den Blattrippen deuten auf Magnesiummangel hin, den man mit etwas Bittersalz (Fachhandel) beheben kann. Zonal- und Efeupelargonien verlangen einen Flüssigdünger mit höherem Stickstoffanteil. Gedüngt wird bei Anzuchterde etwa 10 Wochen nach dem Eintopfen, bei einem Substrat auf Torfbasis nach 5 Wochen. Welke Blüten sowie gelbe oder braune Blätter entfernen.

1 Bei überwinterten Pflanzen zu Frühjahrsbeginn, bei ausgereiften im Spätsommer mit einem scharfen Messer von endständigen, nicht verholz-ten Trieben 7,5 cm lange Stecklinge schneiden. Wenn die Mutterpflanze weiterkultiviert wird, den Schnitt direkt über einem Blattknoten ansetzen.

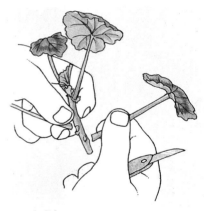

2 Vorsichtig die Blätter im unteren Bereich des Stecklings abstreifen. Es genügt, wenn jeweils nur ein Paar voll entwickelter Blätter erhalten bleibt.

3 Auch die winzigen Nebenblätter (Stipeln) an der Stengelbasis entfernen. Sie könnten Fäulnis auslösen und die Bewurzelung verhindern.

Überwinterung

Man nimmt entweder im Spätsommer Stecklinge und wirft die Mutterpflanzen im Herbst weg, oder man überwintert die Pflanzen, um im Frühjahr Stecklinge zu schneiden. Pelargonien sind frostempfindlich. Beetpflanzen Mitte Herbst ausgraben und einzeln eintopfen oder zu mehreren in eine mit feuchtem Torf gefüllte Kiste setzen. Die Triebe auf ein Drittel einkürzen. Der ideale Platz zum Überwintern ist ein Gewächshaus oder Wintergarten mit einer Temperatur von mindestens 7 °C.

Alternativ die Pflanzen auf ca. 15 cm zurückschneiden und alle Blätter abstreifen. Die Erde von den Wurzeln schütteln und die Pflanzen liegend 15 cm tief in leicht feuchten Torf packen. Im zeitigen Frühjahr eintopfen oder Neutriebe als Stecklinge verwenden.

4 Den Steckling gleich unter einem Blattknoten mit einem scharfen Messer oder einer Rasierklinge kappen – unsaubere Schnittflächen können faulen.

5 Den Steckling fast bis zum ersten Blatt behutsam in die Erde schieben. Den Topf mit einer Folie abdecken oder ins Vermehrungsbeet stellen.

Veilchen und Stiefmütterchen

Durch eine phantasievolle, ausgeklügelte Kombination der verschiedenen Sorten können Sie sich das ganze Jahr hindurch an den zarten, leuchtendbunten Blüten von Veilchen und Stiefmütterchen erfreuen.

Die Gattung *Viola* umfaßt etwa 500 ein- und mehrjährige Arten. Die kultivierten Arten sind zwar ausdauernd, doch werden einige, die relativ kurzlebig sind, oft als winterharte oder bedingt winterharte ein- und zweijährige Pflanzen kultiviert. Alle Arten weisen eine niedrige aufrechte oder kriechende Wuchsform auf.

Die Blüten besitzen zwei obere und zwei seitlich stehende Kronblätter und ein einzelnes unteres Kronblatt, das am Grund eine hohle Röhre, den sogenannten Sporn, bildet, in die Nektar abgesondert wird. Dieser Nektar ist ausschließlich für Insekten mit sehr langem Rüssel erreichbar.

Untere und seitliche Kronblätter der meisten *Viola*-Arten sind mit dunklen Linien gezeichnet, die vom Blütenzentrum aus strahlig nach außen verlaufen. Diese als Saftmale oder Augen bezeichneten Muster absorbieren den ultravioletten Bereich des Sonnenlichts und bilden damit einen für blütenbesuchende Insekten besonders auffälligen Kontrast zu dem Rest der Blüte, der das UV-Licht reflektiert.

Die sprachliche Unterscheidung zwischen Veilchen und Stiefmütterchen ist nicht eindeutig. Der Fachhandel bezeichnet großblumige, kräftig gefärbte *Viola*-Hybriden als Stiefmütterchen und kleinblumige Formen meist als Veilchen.

Gartenstiefmütterchen bilden eine umfangreiche Gruppe an Kulturformen und Hybriden, die als *V.-Wittrockiana*-Hybriden (*V. × wittrockiana*) im Handel angeboten werden. Sie bilden die größten Blüten und präsentieren sich in zahlreichen Färbungen.

Die Blüten, die eine Größe von bis zu 10 cm erreichen, tragen meist auffällige Zeichnungen auf den seitlichen und unteren Petalen. Die Petalen sind rundlich und überlappen sich stark, so daß die Blüte fast kreisrund und flach geformt ist. Der Sporn ist sehr kurz.

Die Blätter sind langstielig, oval bis rundlich und am Rand gekerbt. An der Basis des Blattstiels finden sich noch kleinere, längliche Nebenblätter (sogenannte Stipeln). Diese sind zuweilen in mehrere schmale Teilblättchen geteilt.

Stiefmütterchen werden meist in Beete gepflanzt. Die aus Samen gezogenen Pflanzen werden jedes Jahr neu gesetzt und nach einigen Wochen entfernt.

Veilchen sehen aus wie kleine Stiefmütterchen. Die nur 5 cm großen Blüten sind nicht so auffällig gemustert, doch zeigen sie auch kleinere Saftmale. Es gibt sie ebenfalls in vielen Farbvarianten, jedoch meist in etwas zarteren Farbschattierungen.

◀ *Großblumige Stiefmütterchen gibt es in vielen verschiedenen ein- oder mehrfarbigen Sorten. Sie blühen sehr lange und bringen unter den Kübel- und Beetpflanzen die leuchtendsten Farben hervor.*

Viola × wittrockiana
Gartenstiefmütterchen

Viola-Hybride
Veilchen

Viola cornuta 'Alba'
Hornveilchen

Veilchen sind winterharte, langlebige Stauden, die sich oft flächig ausbreiten. Einige neuere Sorten wurden nur wegen ihrer schönen Blütenfarbe gezüchtet, und es fehlt ihnen mehrheitlich die typische Zeichnung.

Viele Gartenfreunde bevorzugen Veilchen wegen ihrer subtileren Farbschattierungen und ihrer kompakten Wuchsform. Die Liebhaber leuchtender Farben hingegen entscheiden sich in der Regel eher für Stiefmütterchen, und zweifelsohne sind Beete und Schalen die idealen Standorte für diese auffällig blühenden Pflanzen – einige Sorten setzen sogar in den Wintermonaten Farbakzente.

Veilchen und Stiefmütterchen gibt es auch in der heimischen Natur. Widerstehen Sie der Versuchung, diese zierlichen Pflänzchen zu pflücken. Oft sind ihre Blüten noch zarter als die der Gartenformen und sehr klein. Ihre Blütenblätter haben eine schmale Form und überlappen sich nur an der Basis. Der Sporn ist immer gut entwickelt und ragt weit nach hinten aus der Blüte heraus.

Ihre Blätter sind herzförmig und sitzen an langen Stielen. Viele Arten bilden mit Hilfe von Ausläufern hin und wieder sehr ausgedehnte, dichte Teppiche.

Der Duft der Veilchen ist schon sprichwörtlich, doch es sind nur das Duftveilchen (*V. odorata*) sowie dessen Zuchtformen, die das beliebte Aroma verströmen. Ein aus den Blüten des Duftveilchens gewonnenes Öl wird bereits seit vielen Jahrhunderten zur Herstellung von Duft- und Geschmacksstoffen verwendet. Auch viele Veilchen- und Stiefmütterchenhybriden verströmen einen leicht süßlichen Duft, andere riechen neutral.

Pflanzenauswahl

Für Sommerbeete, Kübel oder Blumenkästen sind vor allem die ein- oder zweijährigen *V.-Wittrockiana*-Hybriden ideal. Meist werden im Fachhandel zwei Gruppen von Samen angeboten: Sommer-Stiefmütterchen blühen den gesamten Sommer hindurch, und Winter-Stiefmütterchen öffnen ihre Blüten bei gutem Wetter im Winter und im Frühjahr.

Es gibt eine ganze Reihe von mehrfarbigen Stiefmütterchensorten, die hinsichtlich bestimmter Merkmale wie beispielsweise kräftigem Wuchs, großen Blüten, auffälliger Zeichnung, Hitze- oder Kälteresistenz oder Toleranz gegenüber feuchter Witterung gezüchtet wurden; auch einfarbige Sorten sind erhältlich. F1-Hybriden sind zwar am teuersten, zeigen aber auch einen besonders gleichförmigen Wuchs und sind damit am besten für formal gestaltete Beete geeignet.

Als Randbepflanzung für Staudenbeete oder auch in Steingärten sollte man möglichst ausdauernde Veilchenhybriden setzen wie beispielsweise 'Ardross Gem', 'Irish Molly', 'Jackanapes', 'Maggie Mott' oder aber eine der großblumigeren Arten wie beispielsweise das Hornveilchen (*V. cornuta*).

Das bezaubernde kleine Stiefmütterchen *V. tricolor* fühlt sich in Steingärten oder zwischen Pflastersteinen am wohlsten. Es ist eine der Stammarten der modernen Stiefmütterchenhybriden.

V. tricolor treibt dreifarbige, 1 bis 2,5 cm große Blüten in Creme, Gelb, Purpurrot oder Blau. Die Blütezeit erstreckt sich vom Frühjahr bis in den Frühherbst hinein. Die Pflanze wächst zwar in den meisten Gärten nur einjährig, sät sich jedoch sehr gut selbst aus.

Einige wuchsfreudige Wildveilchen bilden schöne Bodendecker. Zu den beliebtesten Arten zählen *V. cucullata* mit ihren kleinen, weißvioletten Blüten, die blauviolette *V. hederacea* und die purpurblättrige, mauvefarben blühende *V. labradorica* 'Purpurea'. Eines der filigransten Veilchenarten ist das Pfingstveilchen, *V. sororia* 'Freckles', syn. *V. papilionacea*, dessen blaßblaue

SAMEN SAMMELN

Stiefmütterchen und Veilchen können aus Samen fruchtender Pflanzen gezogen werden. Zuchtformen sind allerdings nicht sortenecht. Jede Samenkapsel, die bei der Reifung austrocknet und schrumpft, besteht aus drei bootförmigen Klappen, den Fruchtblättern. Wenn die Spannung der Kapsel zu groß wird, reißt sie auf, und die Samen schleudern heraus. Falls man die Samen sammeln will, erntet man die Kapseln, bevor sie sich öffnen.

Viola lutea
Gelbes Veilchen

Viola sororia
'Freckles'
Pfingstveilchen

Viola odorata
Duftveilchen

Viola tricolor
Stiefmütterchen

Viola biflora
Zweiblütiges Veilchen

Blüten dicht mit purpurnen Flecken und Punkten übersät sind.

Der geeignete Standort

Die Mehrzahl der Veilchen und Stiefmütterchen bevorzugt sonnige Standorte, toleriert aber auch Halbschatten. Für *V. labradorica* 'Purpurea' sind feuchte und gut durchlässige Böden ideal. Die Sorte gedeiht auch in schattigen Lagen mit trockenen Böden ausgezeichnet. *V. cucullata* benötigt hingegen relativ feuchtes Erdreich.

Veilchen lassen sich im unbeheizten Gewächshaus kultivieren. Am besten pflanzt man sie dann in Schalen oder Kübel mit einem geeigneten Substrat.

Anzucht aus Samen

V. × wittrockiana und *V. tricolor* zieht man am besten jedes Jahr neu aus Samen. Behandeln Sie diese beiden Arten je nach der Jahreszeit, in der sie blühen sollen, wie bedingt winterharte oder winterharte ein- und zweijährige Gewächse.

Für die Blüte im Spätwinter oder Frühjahr sollten die Samen im vorhergehenden Sommer eingesät werden, und zwar entweder im Frühbeet oder in einem Vermehrungsbeet im Freiland. Schattige und feuchte Standorte werden bevorzugt.

Zur Keimung zunächst die Samen in Anzuchtschalen mit geeignetem Keimungssubstrat aussäen. Bei idealer Keimungstemperatur von 18–24 °C keimen die Samen nach 2–3 Wochen aus. Bei höheren Temperaturen im Frühbeet kann sich die Keimung verzögern.

Die Sämlinge werden dann im Abstand von etwa 10 cm in Reihen pikiert oder in 7,5-cm-Töpfen ins Frühbeet gestellt. Im Herbst setzt man sie schließlich an ihren endgültigen Standort.

Wenn die Pflanzen im Sommer Blüten treiben sollen, erfolgt die Aussaat wie oben beschrieben, wobei die Pflanzen wie winterharte oder bedingt winterharte Zweijährige behandelt werden sollten. Eine weitere Möglichkeit ist es, die Samen im Spätwinter oder zu Frühjahrsbeginn ins leicht beheizte Gewächshaus zu säen und die Pflanzen dann als bedingt winterharte Einjährige zu behandeln.

Die herangewachsenen Sämlinge in Anzuchtschalen pikieren und nach dem Abhärten im Spätfrühjahr oder Frühsommer an den endgültigen Standort pflanzen, wo sie noch im selben Jahr blühen.

Die Samen von *V. tricolor* und ihren Zuchtformen können auch im Frühjahr direkt am Standort ins Saatbeet gesät werden.

Stecklingsvermehrung

Bei allen *Viola*-Arten besteht die Möglichkeit, sie aus Stecklingen zu vermehren. Dafür im Sommer 2,5–5 cm lange Stecklinge von nicht blühenden Seitentrieben abnehmen und diese in eine Sand-Torf-Mischung (im Verhältnis 1:1) ins Frühbeet pflanzen. Den Wurzelbereich stets feucht halten. Da die Stecklinge recht empfindlich sind, sollten sie vor direkter Sonneneinstrahlung geschützt werden.

Sobald sich Wurzeln gebildet haben, die Stecklinge einzeln in 7,5-cm-Töpfe setzen und in der Zeit zwischen Frühherbst und Frühjahrsbeginn auspflanzen.

Pflegemaßnahmen

Stiefmütterchen und Veilchen sind nicht sehr anspruchsvoll, sie benötigen kaum Pflege. Halten Sie die

STECKLINGSVERMEHRUNG

1 Im Sommer mit einem scharfen Messer 2,5–5 cm lange Stecklinge aus kräftigen, nicht blühenden Seitentrieben schneiden.

2 Den Steckling unterhalb einer Blattachse entfernen, die unteren Blätter abtrennen und den Steckling in einen Bewurzelungspuder eintauchen.

3 Stecklinge in einen Anzuchtkasten mit Sand-Torf-Mischung pflanzen und ins Frühbeet stellen. Nach der Wurzelbildung in Töpfe umpflanzen.

Pflanzen bei Trockenheit feucht, und entfernen Sie regelmäßig die welken Blüten.

Schädlinge und Krankheiten

Stiefmütterchen und Veilchen werden zuweilen von Blattläusen befallen. Die Blätter sind dann vom Honigtau verklebt, auf dem sich zudem oft Rußtaupilze ansiedeln; bei Trockenheit können Rote Spinnmilben zum Problem werden. Beide Schädlinge mit Brennesselsaft bekämpfen.

Bei anhaltend feuchtem Klima werden die Pflanzen oft von Nacktschnecken befressen. Dagegen sind Bierschneckenfallen immer noch die beste Methode.

Alle *Viola*-Arten sind anfällig gegen Pilze. Bei Befall färben sich die Blätter gelb und welken, Wurzeln und Stengelbasis faulen, und der Sproßbereich stirbt schnell ab. Die Pilzkeime dringen durch die Wurzeln ein und sind im Boden sehr lange lebensfähig, so daß man die Pflanzen am besten jedes Jahr an eine andere Stelle pflanzt. Von befallenen Pflanzen sollte man sich sofort trennen.

▲ *Ausdauernde Veilchen sind ideal als Randbepflanzung von Blumenbeeten oder für Steingärten. Ihre Blüten sind zarter geformt als die der kräftig gemusterten Stiefmütterchen.*

▼ *Ein hübscher Bodendecker unter höheren Stauden und Sträuchern ist die weiße Viola septentrionalis mit ihrem mauvefarbenen Blütenzentrum und den herzförmigen Blättern.*

Goldlack und Schöterich

**Der blühfreudige Schöterich und der aromatisch
duftende Goldlack sind zwei anspruchslose Gartenpflanzen
für das bunte Frühjahrsbeet.**

Goldlack ist eine buschig wachsende, kräftige Staude, die bei uns jedoch meist zweijährig oder sogar nur einjährig kultiviert wird, da sie vor allem in der ersten Saison besonders üppige, kompakte Blütentriebe bildet und nicht sehr frosthart ist.

In Regionen mit mildem Klima kann man sie in gemischten Staudenbeeten oft noch weitere 1 oder 2 Jahre lang belassen, doch für formal gestaltete Beete werden sie bereits nach dem 1. Jahr zu groß und unförmig.

Der Gärtnername „Goldlack" bezeichnet nur die Arten der Gattung *Cheiranthus*. Alle bei uns kultivierten Gartenformen wurden aus der Stammart *C. cheiri* gezüchtet. Dem Goldlack sehr ähnlich ist der Schöterich *(Erysimum)*, dessen Formen man früher ebenfalls der Gattung *Cheiranthus* zurechnete und zuweilen auch heute noch fälschlicherweise als Goldlack angeboten werden.

Beide Gattungen sind der Familie der Kreuzblütler *(Cruciferae)* zuzurechnen, deren Blüten immer vier kreuzförmig stehende Kronblätter besitzen. Weitere bekannte Pflanzen dieser Familie sind beispielsweise Schleifenblume *(Iberis)*, Steinkraut *(Alyssum)* und Blaukissen *(Aubrieta)*.

Alpine und andere ausdauernde, aber kurzlebige Schötericharten eignen sich hervorragend für Steingärten oder als Randbepflanzung für Mischbeete, etwa *Erysimum alpinum, E. capitatum, E. rhaeticum,* syn. *E. helveticum,* und *E. pulchellum.* Die beiden Arten *E. linifolium* und *E. asperum* können auch als zweijährige Rabattenpflanzen kultiviert werden.

Allgemeine Merkmale

Alle Goldlackformen bilden vielblütige, endständige, ca. 25 cm lange Trauben, deren Einzelblüten sich nacheinander von unten nach oben hin öffnen. Einige Sorten duften aromatisch.

Die typischen Farben der Wildarten sind Goldgelb und Orange, doch hat die moderne Züchtung aus dem Goldlack *(C. cheiri)* die verschiedensten Mischtöne von Gelb, Orange, Rot und Purpur bis hin zu Zartrosa und Cremeweiß hervorgebracht. Der Handel bietet viele Farbmischungen an, etwa eine Auswahl von Sorten mit ausschließlich kräftigen Farben oder eine Mischung verschiedener Pastelltöne.

◄ *Buntgemischte Goldlackbeete bilden wunderschöne, kräftige Farbtupfer im späten Frühjahr. Die Pflanzen sind ausgesprochen anspruchslos und gedeihen in fast jedem nicht zu sauren Boden. Obwohl Goldlack vollsonnige Lagen bevorzugt, verträgt er auch Halbschatten unter Bäumen oder an Zäunen und Mauern.*

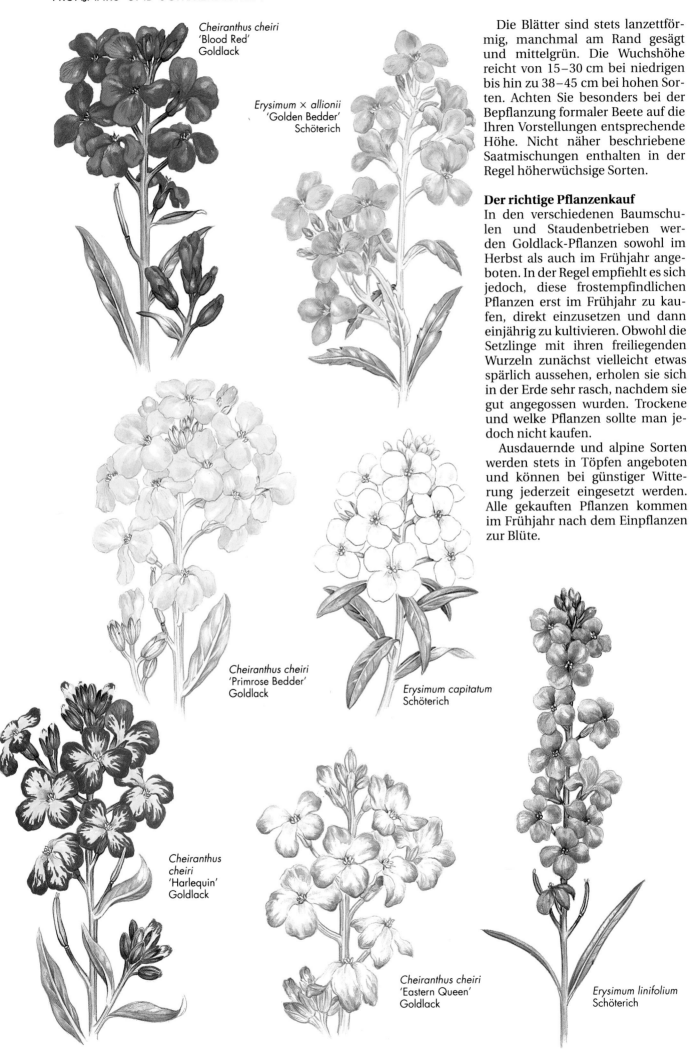

Cheiranthus cheiri
'Blood Red'
Goldlack

Erysimum × allionii
'Golden Bedder'
Schöterich

Cheiranthus cheiri
'Primrose Bedder'
Goldlack

Erysimum capitatum
Schöterich

Cheiranthus
cheiri
'Harlequin'
Goldlack

Cheiranthus cheiri
'Eastern Queen'
Goldlack

Erysimum linifolium
Schöterich

Die Blätter sind stets lanzettförmig, manchmal am Rand gesägt und mittelgrün. Die Wuchshöhe reicht von 15–30 cm bei niedrigen bis hin zu 38–45 cm bei hohen Sorten. Achten Sie besonders bei der Bepflanzung formaler Beete auf die Ihren Vorstellungen entsprechende Höhe. Nicht näher beschriebene Saatmischungen enthalten in der Regel höherwüchsige Sorten.

Der richtige Pflanzenkauf
In den verschiedenen Baumschulen und Staudenbetrieben werden Goldlack-Pflanzen sowohl im Herbst als auch im Frühjahr angeboten. In der Regel empfiehlt es sich jedoch, diese frostempfindlichen Pflanzen erst im Frühjahr zu kaufen, direkt einzusetzen und dann einjährig zu kultivieren. Obwohl die Setzlinge mit ihren freiliegenden Wurzeln zunächst vielleicht etwas spärlich aussehen, erholen sie sich in der Erde sehr rasch, nachdem sie gut angegossen wurden. Trockene und welke Pflanzen sollte man jedoch nicht kaufen.

Ausdauernde und alpine Sorten werden stets in Töpfen angeboten und können bei günstiger Witterung jederzeit eingesetzt werden. Alle gekauften Pflanzen kommen im Frühjahr nach dem Einpflanzen zur Blüte.

ANZUCHT VON ZWEIJÄHRIGEM GOLDLACK

1 In das Vermehrungsbeet mit dem Schuffeleisen oder der umgedrehten Harke flache Furchen ziehen. Die Samen dünn einstreuen, damit die Sämlinge später genügend Licht erhalten.

2 Nach etwa 6 Wochen sind die Sämlinge herangewachsen und haben schon die ersten echten Laubblätter gebildet. Dann in einem Abstand von 15 cm pikieren.

3 Nach einigen Wochen die Triebspitzen der etablierten Jungpflanzen abknipsen, um buschigen Wuchs zu fördern. Mehrstengelige Pflanzen bilden die meisten Blüten.

4 Mitte Herbst ins Freiland umsetzen. Bei einer Mischpflanzung mit Frühjahrszwiebeln den Goldlack zuerst einsetzen und dann die Zwiebeln an gewünschter Stelle auslegen.

Samenanzucht

Goldlack wird in unseren Breiten häufig auch aus Samen gezogen und ins Vermehrungsbeet im Freiland eingesät – ein Schutz der Saat unter Glas ist nur in rauhen Lagen erforderlich. Vergessen Sie nicht, daß zweijährige Pflanzen ihren Lebenszyklus in zwei Wachstumsperioden vollenden – im 1. Jahr bilden sie nur Stengel und Blätter und sehen dann bis zur Blüte im 2. Jahr meist nicht sehr attraktiv aus. Aus diesem Grund sät man sie am besten nicht direkt an den vorgesehenen Standort im Freiland.

Kräftige, gutentwickelte Pflanzen werden erzielt, indem man den Sämlingen vor dem ersten Winter möglichst viel Zeit gibt – am besten sät man daher im Spätfrühjahr, sobald die Frostgefahr vorüber ist. Man kann auch noch bis in den Hochsommer hinein säen, doch dann bleiben die Pflanzen meist relativ klein.

Zunächst wird das Vermehrungsbeet in sonniger oder halbschattiger Lage vorbereitet. Der Boden sollte nicht zu mager, jedoch auch nicht zu nährstoffreich sein, da dies häufig zu einem Aufschießen der Stengel führt. Saure Böden werden mit Kalk verbessert, um neutrale bis leicht alkalische pH-Werte zu erreichen. Goldlack ist – wie viele andere Kreuzblütler auch – anfällig gegen Kohlhernie, die in kalkhaltigen Böden viel seltener auftritt als in saurem Erdreich.

Einen Tag vor der Aussaat den Standort wässern und mit einem Schuffeleisen oder der umgedrehten Harke flache Saatfurchen ziehen. Dann die Samen dünn aussäen und leicht andrücken.

Sobald die Keimlinge groß genug sind und sich die ersten echten Laubblätter entwickelt haben, werden sie in 15 cm Abstand pikiert und sollten sich dann einige Wochen lang eingewöhnen. Erst dann die Triebspitzen abknipsen, um buschigen Wuchs zu fördern. Im Winter die Pflanzen mit Reisig oder Torf abdecken.

Einpflanzen am Standort

Aus Samen gezogene oder gekaufte Pflanzen sollten Mitte Herbst oder im Spätfrühjahr an den vorgesehenen Standort gepflanzt werden. Jeder gut durchlässige Boden ist geeignet, doch sollte der Standort etwas geschützt und am besten vollsonnig sein.

Ebenso wie beim Vermehrungsbeet wird auch hier zu saurer Boden mit Kalk verbessert – am besten prüft man den pH-Wert des Bodens mit einem Bodentester. Meist reicht jedoch etwa 1 Handvoll Kalk/m² Bodenfläche aus.

Beim Umpflanzen vom Vermehrungsbeet müssen die Wurzeln vorsichtig behandelt und trockener Boden 1 Tag vor dem Ausgraben der Jungpflanzen gut gewässert werden. Am besten die Pflanzen erst vorsichtig mit einer Grabegabel lockern, um die Wurzeln nicht zu verletzen.

Hochwüchsige Sorten werden im Abstand von 30–38 cm, niedrigwüchsige und Zwergsorten 25 bis 30 cm voneinander entfernt gesetzt. Die Pflanzen festdrücken und gut wässern. Durch erneutes Abknipsen der Triebspitzen kann man einen buschigeren Wuchs erzielen, wenn die Pflanzen zu groß geworden sind.

Überzählige Pflanzen läßt man im Vermehrungsbeet überwintern und schließt damit eventuell entstandene Lücken.

Ausdauernde Sorten

Ausdauernde Goldlacksorten erfordern die gleichen Bedingungen wie

ACHSELSTECKLINGE

Ausdauernde und sterile zweijährige Goldlacksorten wie die gefüllte *Cheiranthus cheiri* 'Harpur Crewe' werden durch Stecklinge vermehrt. Dafür ab Frühsommer kurze Achselstecklinge aus Seitentrieben schneiden und in ein Torf-Sand-Substrat ins Frühbeet setzen. Sobald die Stecklinge bewurzelt sind, werden sie einzeln in Töpfe gepflanzt und bis zum zeitigen Frühling im Freiland aufgestellt.

zweijährige Pflanzen: sonnige, am besten leicht geschützte Lagen und gut durchlässige, neutrale bis kalkreiche Böden. Sie können sowohl aus Samen gezogen als auch aus Stecklingen vermehrt werden. Auch der Kauf von Jungpflanzen ist eine Alternative.

Ausdauernde Sorten werden in milden Regionen entweder Mitte Herbst oder im Frühjahr gepflanzt, Topfpflanzen können jederzeit bei gutem Wetter gesetzt werden. Die Pflanzen blühen jeweils von Spätfrühjahr bis Frühsommer, leben jedoch nur wenige Jahre. Viele Sorten säen sich selbst aus.

▶ *Das bunte Laub ist ein charakteristisches Merkmal des zweijährigen Erysimum linifolium 'Variegatum'. In größeren Gruppen gepflanzt, bildet diese mäßig winterharte Schöterichsorte einen schönen, grünweißen Busch. Die blaßvioletten Blüten sind zwar hübsch, doch ziemlich unscheinbar.*

▶ *Schöterich ist dem Goldlack sehr ähnlich und blüht meist etwas später als dieser – oft bis weit in den Frühsommer hinein. Seine orangegelben Blüten passen gut zu dem zarten Blau des Vergißmeinnichts (Myosotis).*

KOHLHERNIE

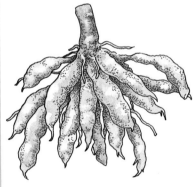

Kohlhernie ist eine verbreitete Pilzkrankheit, die viele Kreuzblütler und damit auch den Goldlack und seine Verwandten befällt. Anzeichen sind Krüppelwuchs und Blüharmut. Die Wurzeln sind verkürzt und unförmig angeschwollen. Die Krankheit kommt verstärkt auf sauren Böden vor, weshalb die beste Vorsorge darin besteht, die Durchlässigkeit des Erdreichs zu erhöhen und zu kalken, bevor gesät oder gepflanzt wird.

STAUDEN KULTIVIEREN

Für viele Gartenfreunde ist die Anlage einer gemischten Rabatte die einfachste und lohnenswerteste Methode, um einen Garten farbenfroh und abwechslungsreich zu gestalten. Eine solche Anordnung, die meist langlebige Sträucher einschließt, aber auch Stauden, deren oberirdische Teile jeden Winter absterben, hat die altmodischen Blumenrabatten abgelöst.

In gemischten Rabatten finden sich fast immer die altbekannten Favoriten, die sich ständiger Beliebtheit erfreuen. Jahr für Jahr zieren sie die Titelseiten der Gartenkataloge und sind die Verkaufsschlager in Gartencentern. Zu den Stauden, die aus unseren Gärten einfach nicht mehr wegzudenken sind, zählen etwa der blaue oder weiße Rittersporn, die prächtigen Pfingstrosen – die eine Lebensdauer von 50 Jahren und mehr erreichen können – oder die zarten, pastellfarbenen Nelken.

Ob diese Stauden nun ein üppiges Blütenmeer hervorbringen oder lediglich spärliche Blüten bilden, ist – wie bei allen Pflanzen – einfach eine Frage der Sachkenntnis. Vertragen bestimmte Pflanzen Sonne oder Schatten? Bevorzugen sie feuchten oder trockenen Boden? Oft hängt es nur von ein paar Minuten Arbeit zum richtigen Zeitpunkt ab, ob in Ihrem Garten gesunde, kräftig blühende oder aber kränkelnde, blasse Pflanzen heranwachsen.

Wählen Sie Blattstauden als zwanglosen Hintergrund, um die leuchtenden Farben und typischen Formen von Blütenstauden gekonnt in Wirkung zu setzen. Das Angebot an Blattstauden ist ebenso groß wie das an Blütenpflanzen, weshalb die Auswahl der für Ihren Garten geeigneten Pflanzen um so wichtiger ist. Funkien werden in einer fast unendlichen Formenvielfalt angeboten, mit üppigen, oft hübsch gezeichneten Blättern. Aufgrund ihrer dekorativen gefiederten Blätter finden auch Farne, die sich besonders für die Begrünung schattiger Standorte eignen, immer mehr Liebhaber. Gräser wiederum vermögen dichte Pflanzengruppen aufzulockern und passen gut zu Blumenarrangements.

Herbstliche Pracht: Die dekorativen, gefüllten Chrysanthemen gehören zu den Spätblühern unter den Rabattenstauden.

Gärtner-Chrysanthemen

**Chrysanthemen, die „goldenen Blumen des Ostens", erfreuen sich
großer Beliebtheit und werden als Schnittblumen ebenso geschätzt
wie als Zierpflanzen im Garten.**

Man unterscheidet drei Hauptgruppen von Chrysanthemen, die einjährigen, die krautigen mehrjährigen und die ebenfalls ausdauernden Gärtner-Chrysanthemen.

Einjährige Chrysanthemen tragen einfache, halbgefüllte und gefüllte, teilweise mehrfarbige Blütenköpfchen und werden aus Samen gezogen. Zu ihnen gehören *Chrysanthemum carinatum, Ch. coronarium* und *Tanacetum (Chrysanthemum) parthenium.* Vertreter der winterharten mehrjährigen Arten sind *Leucanthemum (Chrysanthemum) maximum* und *Tanacetum (Chrysanthemum) coccineum,* die durch rosa, rote oder weiße Blüten gekennzeichnet ist.

Unter den ausdauernden Chrysanthemen finden sich Formen mit einfachen und halbgefüllten Blütenköpfen. Sie werden meist als Zwergsträucher kultiviert, die eine Höhe von etwa 60 cm erreichen. Vor Winterbeginn nimmt man sie gewöhnlich aus der Erde.

Gärtner-Chrysanthemen dienen in erster Linie als Schnitt- und Ausstellungsblumen. Ihre Wuchsform wird durch Entspitzen und durch Ausbrechen eines Teils der Blütenknospen vom Züchter beeinflußt. Varietäten, die im Freiland vor Mitte Herbst blühen, werden als Frühblüher bezeichnet. Spätblühende Chrysanthemen kommen erst nach dem Einsetzen der ersten Fröste zur Blüte und müssen daher im Herbst rechtzeitig unter Glas gestellt werden.

Einige Formen von Chrysanthemen bilden kompakte Zwergbüsche, die über und über mit sternförmigen Blütenköpfen bedeckt sind. Sie werden in Töpfen gezogen und blühen ab Herbstmitte im Gewächshaus, nachdem sie den Sommer im Freien verbracht haben. Bei einer Sonderform der Gärtner-Chrysanthemen hängen die blühenden Triebe nach unten.

Die nachfolgenden Informationen zur Kultivierung von Chrysanthemen beziehen sich ausschließlich auf Gärtner-Chrysanthemen.

Bodenvorbereitung

Chrysanthemen gedeihen am besten an sonnigen und windgeschützten Standorten in nährstoffreichem, gut durchlässigem Boden. In einem eigens für sie reservierten Beet ist es einfacher, den Boden in der erforderlichen Weise vorzubereiten und die jeweils anfallenden Arbeiten durchzuführen.

Der Boden wird im Herbst umgegraben. Dabei arbeitet man 1 Eimer Gartenkompost/m² Boden zusammen mit 1 Handvoll Horn- und Knochenmehl ein. Die umgestochenen Erdschollen läßt man den Winter über liegen, damit die Frostgare den Boden lockern kann. Gegen Frühjahrsmitte düngt man die vorbereitete Fläche mit einem Volldünger, den man in die oberste Bodenschicht einharkt.

Anzucht aus Jungpflanzen

In Gärtnereien oder Gartencentern erhält man vom zeitigen Frühjahr an junge Chrysanthemenpflanzen. Gewächse von Versandgärtnereien, die mit ausgetrocknetem Substrat geliefert werden, stellt man über Nacht in Wasser.

Die Jungpflanzen werden in Kisten oder Schalen oder einzeln in 8-cm-Töpfe gepflanzt. Man füllt etwas Anzuchterde in die Schale ein und setzt die Pflänzchen in Abstän-

◄ *Gärtner-Chrysanthemen sind
frostempfindliche, ausdauernde Stauden, die aufgrund ihrer Blütezeit im
Spätsommer oder Frühherbst ebenso
geschätzt werden wie wegen ihrer
farbenprächtigen Blütenköpfe und
ihres Formenreichtums.*

den von 8 cm mit ausgebreiteten Wurzeln darauf. Dann füllt man die restliche Erde ein, drückt sie fest und gießt vorsichtig an.

Im Gewächshaus werden die Pflanzen zunächst auf den Boden gestellt. Bei hohen Temperaturen besprengt man den Boden mit Wasser, um die Luftfeuchtigkeit zu erhöhen. Nach einigen Tagen stellt man die Jungpflanzen auf einen Rost und schützt sie vor direkter Sonne. Vor dem Auspflanzen müssen sie in einem Frühbeet abgehär-

tet werden. Steht kein Gewächshaus zur Verfügung, stellt man die Jungpflanzen sofort ins Frühbeet. Man läßt es einige Tage geschlossen, besprüht die Pflanzen bei warmem Wetter mit Wasser und deckt sie bei Sonnenschein ab. Nach 1 Woche wird das Abdeckfenster täglich immer weiter geöffnet, nachts jedoch wieder geschlossen. Die Pflanzen werden nur leicht feucht gehalten. Gegen Ende des Frühjahrs öffnet man das Frühbeet vollständig und schließt es nur bei Frostgefahr.

Um die Chrysanthemen vor Vögeln zu schützen, die die Triebspitzen abpicken, überspannt man das Beet mit einem Netz. Verzögert sich das Auspflanzen wegen schlechter Witterung, versorgt man die Pflanzen mit verdünntem Flüssigdünger.

Auspflanzung ins Freiland
Die Chrysanthemen kommen im Spätfrühling ins Freiland. Im Abstand von 45 cm werden 120 bis 150 cm hohe Stäbe in den Boden gesteckt. Mit einer Pflanzkelle sticht

GÄRTNER-CHRYSANTHEMEN

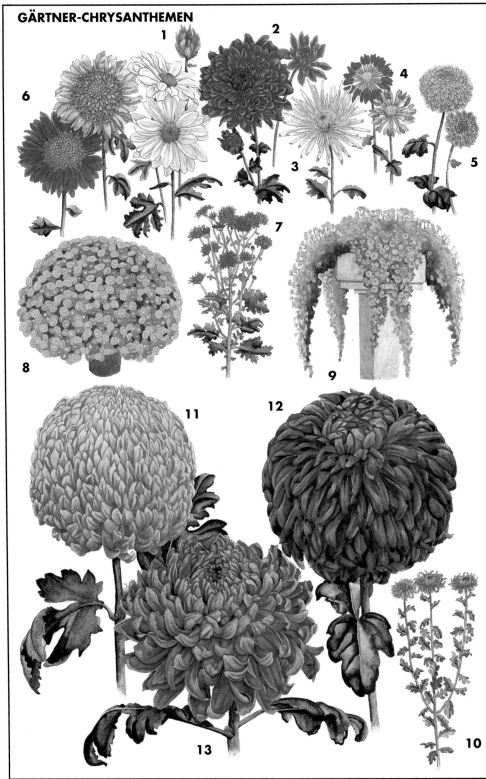

Gärtner-Chrysanthemen werden entsprechend ihren Blüten und ihrer Wuchsform eingeteilt. Hier handelt es sich um *Dendranthema-Grandiflorum*-Hybriden. Ihre Blätter sind dunkelgrün gefärbt und in abgerundete Lappen zerteilt.
1 Ungefüllte Form – gänseblümchenähnliche Blüten
2 Gefüllte Form – rundliche Blüten mit vielen Zungenblüten
3 Spinnenform – schmale, röhrenförmige Blütenblätter, deren Spitze gekrümmt sein kann
4 Löffelartige Form – die röhrenförmigen Blütenblätter sind an der Spitze löffelartig verbreitert
5 Pompon-Form – kleine kugelige oder halbkugelige, 2,5 cm große Blüten
6 Anemonenblütige Form – ungefüllte Blüten, Röhrenblätter im Zentrum wölben sich kissenartig
7 Verzweigte Form – kleine Blütenkopfbüschel
8 Zwergchrysantheme – buschig, mit vielen kleinen sternförmigen Blüten
9 Zwergchrysantheme – hängende Wuchsform
10 Einstielige Chrysanthemen – Seitenknospen werden ausgebrochen, jeder Stengel trägt nur eine große Blüte
11 Nach innen gewölbte Form, einstielig – große, geschlossene, kugelige Blüten aus nach innen gekrümmten Blütenblättern
12 Nach außen gewölbte Form, einstielig – große Blüten
13 Rosettenform, einstielig – große Blüten mit locker stehenden, teils nach innen, teils nach außen gekrümmten Blütenblättern.

man dicht neben jedem Stützstab ein Loch aus, das etwas größer als der Wurzelballen ist. Die Chrysantheme wird in das Pflanzloch gesetzt, die Erde aufgefüllt und vorsichtig festgedrückt. Der Wurzelballen wird maximal 2,5 cm hoch mit Erde bedeckt.

Die eingesetzten Pflanzen bindet man mit Bast oder Bindeschnur locker an die Stützen. Um sie vor Schnecken zu schützen, kann man einen Schneckenzaun aufstellen. Die Chrysanthemen werden erst gegossen, wenn der Boden trocken ist. Sie dürfen nie zuviel Wasser erhalten.

Pflege
In der Zeit von Frühsommer bis zum Erscheinen der ersten Blütenknospen werden die Pflanzen alle 10 Tage gedüngt. Bei feuchter Witterung verwendet man Düngergranulat, bei Trockenheit Flüssigdünger. In regenarmen Wetterperioden werden die Pflanzen einmal in der Woche reichlich gegossen.

Wenn die Pflanzen regelmäßig mit einem biologischen Pflanzenschutzpräparat gespritzt werden, wird Mehltaubefall verhindert.

Im Spätfrühling oder zu Beginn des Frühsommers entfernt man bei jeder Pflanze die Spitze des Haupttriebs knapp oberhalb der ersten beiden voll entfalteten Blätter. Daraufhin sprießen aus den Blattachseln seitliche Triebe. An den Spitzen dieser neuen Triebe entwickeln sich dann später die Blütenköpfe.

Die Seitentriebe werden ebenfalls bis auf wenige ausgebrochen. Man entfernt an mehreren Tagen hintereinander jeweils einen Trieb, bis die erwünschte Anzahl erreicht ist: sechs bis acht Seitentriebe für Schnittblumen, zwei bis drei bei Pflanzen, die für Ausstellungen kultiviert werden.

Man läßt nur solche Seitentriebe an der Pflanze, die weder zu kräftig noch zu dünn sind. Sie verzweigen sich während des Sommers ihrerseits noch einmal, doch werden diese Seitentriebe entfernt, sobald sie etwa 2,5 cm lang sind. Buschig wachsende Pflanzen erhält man, wenn man sie nur einmal bei einer Höhe von etwa 25 cm entspitzt.

Kurz nach der Sommermitte erscheint an den Triebspitzen jeweils eine Blütenknospe, die von kleineren Knospen oder Seitentrieben begleitet wird. Um die Ausbildung kleiner Blüten zu verhindern, bricht man mehrere Tage lang jeweils eine Seitenknospe aus.

ANZUCHT VON JUNGPFLANZEN

1 8–10 cm hohe Schalen zur Hälfte mit Anzuchterde füllen; Jungpflanzen mit ausgebreiteten Wurzeln einsetzen und weitere Erde einfüllen.

2 Die Pflanzen in ein Frühbeet stellen, das zunächst geschlossen bleibt; bei warmem Wetter die Jungpflanzen mit einer Blumenspritze bewässern.

3 Chrysanthemen im Spätfrühling ins Freiland pflanzen; um größere Blüten zu erhalten, die Spitze des Haupttriebs im Frühjahr direkt über den ersten beiden Blättern kappen.

4 Die Pflanzen locker an Stäben festbinden. Wenn sehr viele Pflanzen kultiviert werden, sollte man sie mit Schildchen kennzeichnen. Am besten alle 10 Tage etwas Dünger streuen.

Schnittblumen
Schnittblumen werden einen Tag vor dem Schneiden ausgiebig gegossen. Man kappt sie in den Morgenstunden, wenn die Stengel noch saftig sind. Mit einer Schere werden die Stengel ungefähr 60 cm unterhalb der Blüten abgetrennt. Anschließend streift man die Blätter bis zur halben Stengelhöhe ab, gibt die Blumen in eine Vase und stellt sie 24 Stunden lang an einen kühlen, schattigen Platz.

Wintervorbereitung
Die Wurzelstöcke der Chrysanthemen müssen im Winter frostfrei aufbewahrt werden, um neu austreiben zu können.

Man läßt die Pflanzen bis Herbstmitte im Boden, dann kürzt man die Stengel auf 25 cm Länge. Anschließend hebt man die Wurzelstöcke aus dem Boden, schneidet

alle frischen Triebe ab und schüttelt die anhaftende Erde ab. Die Wurzelstöcke werden in Kisten gelagert und mit einem Etikett versehen.

Um die Wurzeln einzulagern, bedeckt man sie mit Erde und gießt sie leicht an. Die Kisten werden an einem hellen Platz im Gewächshaus aufbewahrt oder ins Frühbeet gestellt, dessen Glasfenster nur bei Frost geschlossen werden. Mit dem Bewässern wartet man, bis die Oberfläche der Erde trocken ist.

Im Spätwinter quartiert man die Wurzelstöcke aus dem Frühbeet ins Gewächshaus um, wo sie bei einer Temperatur von ungefähr 7 °C sowie leicht gesteigerter Wasserzufuhr neu austreiben.

Stecklingsvermehrung
In einem beheizbaren Gewächshaus können Stecklinge bereits gegen Winterende gezogen werden. In

ÜBERWINTERUNG

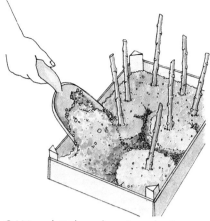

1 Die Pflanzen etwa 1 Woche nachdem sie abgeblüht sind, auf 25 cm Länge kürzen; mit einer Grabegabel den Boden lockern, dann den Wurzelstock herausheben.

2 Mit einer Schere alle Schößlinge abschneiden, die am Stengelgrund entspringen; sie sind nicht als Stecklinge zu gebrauchen. Die oberste Erdschicht auf dem Wurzelstock entfernen.

3 Wurzelstöcke nebeneinander in Kisten legen und mit Erde bedecken; mit Wasser besprengen, damit die Erde sich setzt. Kisten im Frühbeet oder einem Kalthaus aufbewahren.

Frühbeeten erfolgt die Vermehrung etwa im März, doch können dann nur frühblühende Formen gezogen werden, da Spätblüher nicht mehr rechtzeitig vor den ersten Frösten zur Blüte kämen.

Zunächst füllt man flache Schalen mit einem Durchmesser von 8 cm mit Anzuchterde, streut eine Lage feinen Sand darüber und drückt dann das Substrat vorsichtig an. Von den überwinterten Pflanzen werden 6–7,5 cm lange Triebe abgeschnitten, die unmittelbar den Wurzelstöcken entspringen.

Wenn sich keine Wurzelschößlinge gebildet haben, kann man Stecklinge auch vom überwinterten Haupttrieb gewinnen; in diesem Fall treiben die Pflanzen unter Umständen vorzeitig Knospen.

Die Stecklinge setzt man ungefähr 2,5 cm tief und mit einem Abstand von 3,5–5 cm in die Erde. Anschließend wird das Substrat mit Wasser befeuchtet.

Die Stecklinge werden im Gewächshaus oder Frühbeet gehalten. Sobald die Erde auszutrocknen beginnt, wird gegossen. Bei heißem Wetter besprüht man die Stecklinge vorsichtig mit Wasser.

In einem beheizten Gewächshaus bewurzeln die Stecklinge bereits nach einer Zeit von ungefähr 10 Tagen, in einem kühlen Frühbeet nach etwa 4–5 Wochen.

Sobald sich Wurzeln gebildet haben – zu erkennen am frischeren Aussehen der Blätter –, verpflanzt man die Stecklinge in Einzeltöpfe oder in tiefere Kisten. Sie werden dann wie andere Jungpflanzen gepflegt.

GEWINNUNG VON STECKLINGEN

1 Im Spätwinter oder Vorfrühling die jungen, 6–7,5 cm langen Triebe an der Basis der überwinterten Pflanzen abschneiden; auch vom Haupttrieb können Stecklinge gewonnen werden.

2 Die unteren Blätter vorsichtig abzwicken, ohne den Stengel zu verletzen – durch verletztes Pflanzengewebe können Krankheitserreger eindringen.

3 Mit einer scharfen Klinge den Stengel unterhalb der Ansatzstelle eines der abgezwickten Blätter sauber durchtrennen. Der Steckling sollte 3,5–5 cm lang sein.

4 Die Stecklinge in eine Schale oder flache Kiste mit Anzuchterde setzen und mit einer Lage Sand auffüllen; die Stecklinge angießen und dann in einem warmen Gewächshaus halten.

Winterharte Primeln

Die artenreiche Gattung der Primeln umfaßt außergewöhnlich anmutige, meist unempfindliche Pflanzen, die sich sowohl für Wasser- und Sumpfgebiete als auch für Beete oder Steingärten eignen.

Etwa 400 *Primula*-Arten sind bekannt, von denen die meisten in den gemäßigten Breiten der nördlichen Hemisphäre beheimatet sind. Eine überraschend große Zahl von ihnen eignet sich für die Freilandkultur. Andere hingegen sind sehr anspruchsvoll und daher dem Alpinum – einer Anlage zur Pflege von Gebirgspflanzen – oder einem entsprechenden Kalthaus vorbehalten.

Grundsätzlich werden zwei Kategorien von Primeln unterschieden. Zunächst sind die alpinen Arten zu erwähnen, die einen humosen und gut dränierten Boden verlangen und sowohl für das Alpinum als auch für den Steingarten geeignet sind. Die zweite Kategorie umfaßt die Beetprimeln, die mehr Feuchtigkeit benötigen. Sie verlangen einen feuchtigkeitshaltenden Standort und sind ideal geeignet für Sumpfgärten und Uferbereiche.

Die meisten Primeln zeigen ihren farbenfrohen Flor bereits im Früh-jahr, wenn die Tage noch kühler sind. Während der heißen, trockenen Sommerzeit treten sie in eine Ruhephase ein, um im Frühherbst zu einem erneuten Wachstumsschub anzusetzen.

Einteilung

Die botanische Einteilung der Gattung *Primula* ist sehr komplex. Man unterscheidet etwa 30 Gruppen. In diesen sind Primeln zusammengefaßt, die in ihren äußeren und genetischen Merkmalen einander ähneln und auch vergleichbare Ansprüche an Boden, Standort und Pflege stellen.

Die meisten Primeln sind kleine Stauden mit büschelig oder rosettig stehenden Blättern. Sie besitzen aus fünf Petalen zusammengesetzte Blüten, die einzeln, in Dolden oder in dichten Trauben erscheinen. Die Anordnung der Blüten ist ein entscheidendes Zuordnungskriterium, ebenso die Existenz eines weißen, mehligen Belags auf Blättern und Stengeln.

Beetprimeln ziehen

Die populären Beet- und Sumpfprimeln gehören meist zur Etagenprimel-, Kugelprimel- oder *Sikkimensis*-Sektion. Sie werden besonders groß und gedeihen in jedem fruchtbaren Boden, sofern er im Frühjahr und Sommer nicht austrocknet.

Zu den Etagenprimeln zählen neben vielen anderen *Primula aurantiaca*, *P. beesiana*, *P. bulleyana*, *P. japonica* und *P. pulverulenta*. Ihr besonderes Merkmal sind hohe Blütenstände, die aus bis zu acht über-

▼ *Elatior-Hybriden, Kreuzungen u. a. aus Schlüsselblumen (Primula veris) und Kissenprimeln (P. vulgaris), sorgen von Wintermitte bis Anfang Frühjahr für bunte Farbtupfer. Am schönsten wirken sie locker gruppiert in einer naturnahen Pflanzung.*

PRIMELFORMEN

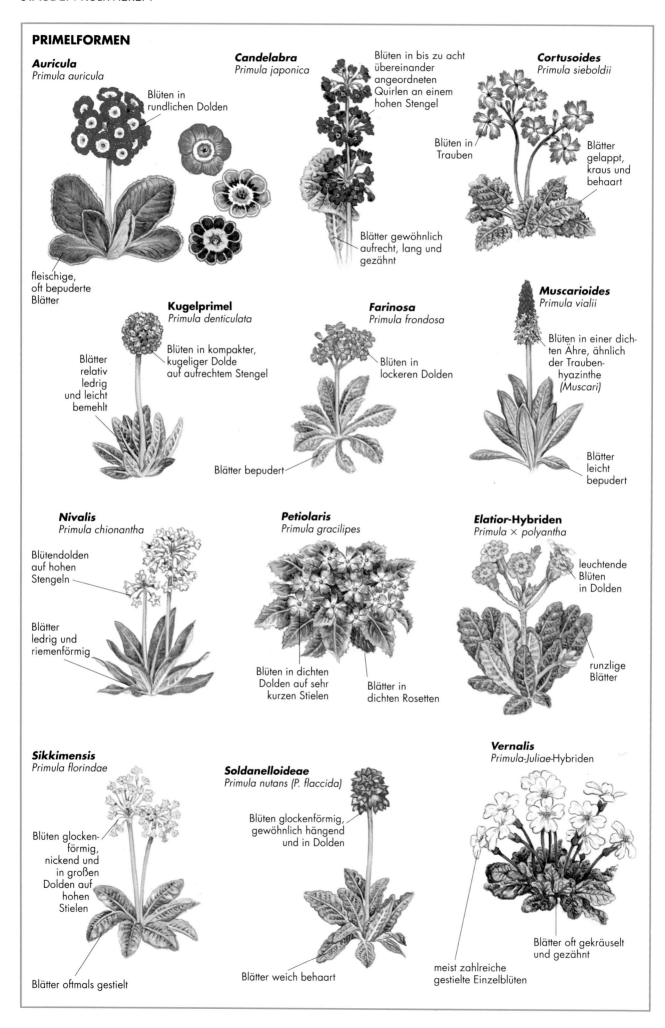

Auricula
Primula auricula

Blüten in rundlichen Dolden

fleischige, oft bepuderte Blätter

Candelabra
Primula japonica

Blüten in bis zu acht übereinander angeordneten Quirlen an einem hohen Stengel

Blätter gewöhnlich aufrecht, lang und gezähnt

Cortusoides
Primula sieboldii

Blüten in Trauben

Blätter gelappt, kraus und behaart

Kugelprimel
Primula denticulata

Blüten in kompakter, kugeliger Dolde auf aufrechtem Stengel

Blätter relativ ledrig und leicht bemehlt

Farinosa
Primula frondosa

Blüten in lockeren Dolden

Blätter bepudert

Muscarioides
Primula vialii

Blüten in einer dichten Ähre, ähnlich der Traubenhyazinthe (Muscari)

Blätter leicht bepudert

Nivalis
Primula chionantha

Blütendolden auf hohen Stengeln

Blätter ledrig und riemenförmig

Petiolaris
Primula gracilipes

Blüten in dichten Dolden auf sehr kurzen Stielen

Blätter in dichten Rosetten

Elatior-Hybriden
Primula × polyantha

leuchtende Blüten in Dolden

runzlige Blätter

Sikkimensis
Primula florindae

Blüten glockenförmig, nickend und in großen Dolden auf hohen Stielen

Blätter oftmals gestielt

Soldanelloideae
Primula nutans (P. flaccida)

Blüten glockenförmig, gewöhnlich hängend und in Dolden

Blätter weich behaart

Vernalis
Primula-Juliae-Hybriden

Blätter oft gekräuselt und gezähnt

meist zahlreiche gestielte Einzelblüten

40

einander angeordneten Quirlen bestehen. Sie gedeihen, ebenso wie die Kugelprimel *P. denticulata*, am besten an einem schattigen oder waldähnlichen Platz, besonders in Uferbereichen.

Sikkimensis-Primeln zeigen auffällige, glockenförmige Blüten, die in großen Dolden an der Spitze eines einzigen, kräftigen Stengels sitzen und nicken oder überhängen. Hierzu zählen beispielsweise *P. florindae* und *P. sikkimensis*. Beide blühen gelb und lassen sich gut als Bodendecker einsetzen.

Beetprimeln pflanzt man in der Zeit zwischen Herbst und zeitigem Frühjahr. Den Boden zuvor gründlich mit einer Gabel lockern. Dabei reichlich Torf und gut verrotteten Dung einarbeiten und eine organische Kopfdüngung vornehmen.

Bei Trockenheit wird gegossen. Jedes Jahr im Frühling wird der Boden mit Torf gemulcht, um ihn möglichst feucht zu halten. Abgesehen vom regelmäßigen Entfernen welker Blütenköpfe, was eventuell eine zweite Blüte anregt und außerdem die Selbstaussaat verhindert, erfordern diese Primeln kaum kontinuierliche Pflege.

Alpine Primeln ziehen
Im allgemeinen bevorzugen alpine Arten einen gut durchlässigen, kieshaltigen und sehr humosen Boden. Gepflanzt wird in der Zeit zwischen Frühherbst und zeitigem Frühjahr in halbschattiger oder vollsonniger Lage. Die verschiedenen Typen alpiner Primeln stellen alle leicht unterschiedliche Ansprüche.

Aurikeln wie *P. marginata* und *P. × pubescens* bevorzugen einen nahrhaften, feuchten und sehr gut dränierten Boden und vollsonnigen Standort. *P. auricula*, die Alpenaurikel, kann im Freien kultiviert werden; die aus ihr gezüchteten Ausstellungssorten werden hingegen in der Regel unter Glas gezogen.

Im Alpinum oder unbeheizten Gewächshaus zieht man Aurikeln und andere alpine Primeln in Einheitserde, der man je nach Bedarf Laubspreu oder groben Sand beimengt. Man setzt sie in flache Schalen, die entsprechend der Pflanzenbreite einen Durchmesser zwischen 10 und 15 cm besitzen.

Cortusoid-Primeln wie *P. sieboldii* verlangen einen leichten, humosen, ständig feuchten Boden in halbschattiger Lage. Auch die bemehlten Arten wie *P. frondosa* und *P. rosea* bevorzugen einen kühlen und feuchten Platz, der leicht schattig

oder auch besonnt sein darf. *P. rosea*, die Rosenprimel, gedeiht sogar auf sumpfigem Grund.

Soldanelloid-Primeln, beispielsweise *P. nutans* und *P. reidii*, sind dagegen schon wählerischer. Sie bevorzugen feuchte, mit Torf angereicherte, jedoch kiesige Böden in kühler, halbschattiger Lage. Alternativ zieht man sie unter Glas im unbeheizten Alpinum.

Vernalis-Primeln, etwa *P.-Juliae*-Hybriden, *P. veris* und *P. vulgaris*, sowie *Muscarioid*-Primeln wie *P. vialii* lieben ebenfalls Kühle und lichten Schatten und dazu leichte, humose Böden. *Vernalis*-Primeln teilt man möglichst regelmäßig, damit sie nicht zu dicht werden.

Für durchlässige Böden im kühlen Halbschatten empfehlen sich *Nivalis*-Primeln wie *P. chionantha* und die *Petiolaris*-Primeln, etwa *P. gracilipes* und *P. whitei*. Sie verlangen einen humusreichen Boden.

Vermehrung
Die meisten Gartenprimeln lassen sich durch Teilung nach der Blüte vermehren. Die Teilstücke direkt an Ort und Stelle pflanzen. Besonders geeignet für diese Art der Vermehrung sind *P. denticulata*, *P.-Juliae*-Hybriden, *P. rosea*, *P. florindae* und *P. japonica*.

Von Zwergformen sowie horst- oder mattenbildenden Arten wie *P. marginata*, *P. minima* und *P. auricula* nimmt man in der Zeit von Früh- bis Spätsommer 2,5–5 cm lange Stecklinge, die man in Einheitserde im Frühbeet anwurzeln läßt. Anschließend werden sie in 7,5-cm-Töpfe mit derselben Erde umgesetzt. Im folgenden Frühjahr oder Herbst auspflanzen.

Horst- und mattenbildende Arten lassen bei genauer Betrachtung oft kleine Triebe erkennen, die man mitsamt einigen Wurzeln abtrennen kann. Eingetopft und wie Stecklinge weiterkultiviert, erreichen sie rasch Blühreife.

Alle übrigen Arten lassen sich erfolgreich aus Samen ziehen, wobei sich Namenssorten nicht sortenecht entwickeln. Die Samen werden bei Erreichen der Reife – meist von Ende Frühjahr bis Frühherbst – oder unmittelbar nach dem Kauf in Kisten mit feuchter Anzuchterde gesät, die man ins Frühbeet oder an einen geschützten Platz in den Garten stellt. Da die Samen häufig mit einem natürlichen, keimungshemmenden Mittel behandelt sind, werden sie vor der Aussaat möglichst mit kaltem Wasser abgespült. Die

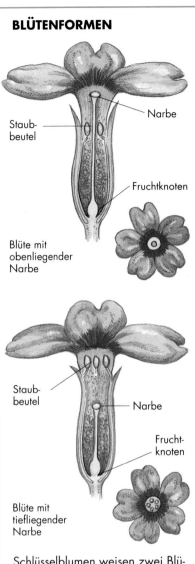

BLÜTENFORMEN

Staubbeutel

Narbe

Fruchtknoten

Blüte mit obenliegender Narbe

Staubbeutel

Narbe

Fruchtknoten

Blüte mit tiefliegender Narbe

Schlüsselblumen weisen zwei Blütenformen auf, die sich bei Exemplaren derselben Art bilden. Samen werden nur erzeugt, wenn eine Blütenform mit den Pollen der anderen Blütenform bestäubt wurde. Die Blüten sind so aufgebaut, daß Insekten bei der Suche nach Nektar die Pollen von den Staubblättern auf die entsprechenden Narben übertragen.

Samen nicht mit Erde abdecken, sondern nur leicht in die Erde drücken. Um die Feuchtigkeit zu halten, deckt man die Kisten mit Glasscheiben oder Folie ab. Dies ist bei den feuchteliebenden Beetprimeln besonders wichtig.

Wenn die Keimung bis Herbst nicht erfolgt ist, läßt man die Kisten oder Schalen über Winter ohne Abdeckung im Garten stehen. Infolge der Kälte wird die Keimung dann voraussichtlich im Frühjahr einsetzen. Manche Arten benötigen dafür auch 2 Jahre. Nach dem Keimen die Abdeckung abnehmen. Die Erde feucht halten und die Sämlinge leicht beschatten. Die Sämlinge, so-

▲ *Etagenprimeln, wie die herrliche, feuchtigkeitsliebende* Primula japonica *mit ihren rosa, karminroten und weißen Blüten, sind unproblematisch in der Kultivierung und ausgesprochen robust.*

bald dies möglich ist, in Schalen mit Einheitserde pikieren. Beetprimeln und großwüchsige Arten in Anzuchtreihen ins Freie pflanzen. Zwergsorten pflanzt man in 5–9 cm große Töpfe mit Einheitserde, die man im Garten bis zum Rand in ein Beet mit feuchtem Torf einsenkt. So können die Primeln nicht austrocknen. An den endgültigen Standort wird im Frühherbst oder im folgenden Frühjahr ausgepflanzt.

Elatior-Hybriden ziehen

Hinter dem alten Namen *P. × polyantha* verbirgt sich eine Gruppe von Gartenhybriden, die aus mehreren Primelarten – darunter die Kissenprimel *(P. vulgaris)* und die Schlüsselblume *(P. veris)* – hervorgingen und als *P.-Elatior*-Hybriden bezeichnet werden.

Sie zeigen beinahe alle Farben einschließlich Blau. Es gibt pastellfarbene und leuchtendbunte, auch zwei- oder dreifarbige Spielarten, die ausnahmslos ein sonnengelbes Auge besitzen. Die *P.-Elatior*-Hybriden unterscheiden sich von den echten Schlüsselblumen dadurch, daß ihre Blüten nicht einzeln auf je einem Stiel, sondern in dichten Trauben auf einem kräftigen Stengel erscheinen.

Es handelt sich um kurzlebige Stauden, die gewöhnlich aus Samen gezogen werden. Sie entfalten im Spätwinter und Frühjahr ihre Farbenpracht. Obwohl sie in der Regel im Freien gehalten werden, sind viele Formen auch für die Topfkultur geeignet.

Im Gegensatz zu den meisten anderen Primeln gedeihen *P.-Elatior*-Hybriden gut in schweren Böden, die jedoch im Winter nicht staunaß werden dürfen. Bei der Beetvorbereitung sollte in die oberste Bodenschicht Torf eingeharkt werden.

Man kann die Pflanzen in Töpfen kaufen oder selbst aus Samen ziehen. Die Samen vom zeitigen Frühjahr bis Sommermitte in Kisten mit Anzuchterde säen und leicht in die Erde drücken. Die Kisten ins unbeheizte Gewächshaus oder Frühbeet stellen und vor direkter Sonneneinstrahlung schützen. Wenn die Erde austrocknet oder zu warm wird, besteht die Gefahr, daß die Keimlinge eingehen. Die Temperatur darf 13–15 °C nicht übersteigen.

Man pikiert die Sämlinge in Kisten und kultiviert sie im Frühbeet weiter. Bei warmem Wetter muß es gut belüftet werden. Anfang bis Mitte Herbst auspflanzen und gut einschlämmen. Im Herbst sollte man darauf achten, daß die Pflanzen nicht unter einer Laubdecke begraben werden. Um eine schöne, farbintensive Blütenbildung zu fördern, wird frische Holzasche über das Primelbeet verteilt.

Im Spätwinter und Frühjahr richten Vögel an den Blüten massive Schäden an. Den einzig wirksamen Schutz bilden schwarze Fäden, die man kreuz und quer zwischen Stäben über die Blüten spannt.

Auricula-Hybriden ziehen

P. auricula ist eine winterharte Art aus den Gebirgsregionen Europas, wo sie während der Wintermonate von einer dicken Schneedecke bedeckt wird, die die größte Kälte abhält. In den gemäßigteren Breiten sind diese Pflanzen hingegen abwechselnd Minustemperaturen sowie extremer Feuchtigkeit ausgesetzt, was insbesondere die bepuderten Sorten nur schlecht vertragen.

Am besten zieht man *P. auricula* und ihre Namenssorten daher unter Glas ohne künstliche Heizung. Ein Alpinum bietet die idealen Bedingungen. Die Pflanzen verlangen eine gute Belüftung und sehr durchlässigen Boden. Das Gewächshaus muß in der Zeit von Mitte Frühjahr bis Spätsommer beschattet werden. Im Winter und zeitigen Frühjahr hingegen brauchen Aurikeln, damit sie keine überlangen, schlaffen Triebe bilden, möglichst viel Licht.

Die Anzucht erfolgt in 9-cm-Töpfen. Dabei ist zu beachten, daß man in Plastiktöpfen in der Regel weniger gießen muß, doch sind sie nicht sehr luftdurchlässig. Folglich sind sie im Sommer oft zu heiß und im Winter meist zu feucht.

Die Töpfe werden mit lehmhaltiger Blumenerde gefüllt, der zur Verbesserung der Dränage etwas Kies oder scharfkörniger Sand beigemischt wird. Mischen Sie auch etwas Düngemittel mit Langzeitwirkung wie Knochenmehl oder Hornspäne bei. Diese Düngung wird jährlich gegen Ende des zeitigen Frühjahrs wiederholt.

Wenn sich zu Frühjahrsbeginn die Blütentrauben entwickeln, wird häufiger gegossen. Bei bepuderten Arten die Blätter keinesfalls benetzen. Die Blüten öffnen sich in der Regel Mitte bis Ende Frühjahr.

Im Herbst abgestorbene Blätter abzupfen und das Gießen einschränken. Über Winter wird die Erde etwas feucht gehalten.

Rittersporn

Wenn Sie Rittersporn nur ein wenig Pflege angedeihen lassen, wird er mit stattlichem Wuchs, prächtigen Farben und Blütenreichtum bezaubern.

Bei richtiger Pflege kann eine einzige Ritterspornpflanze bis zu sechs Blütentrauben von etwa 1 m Höhe hervorbringen – und manchmal blüht sie sogar ein zweites Mal.

Vermehrung

Rittersporsamen sind nicht sehr haltbar. Sobald sie im Sommer ausgereift sind, was an der schwarzen Färbung zu erkennen ist, werden sie in einen Frühbeetkasten mit Kultursubstrat oder ins Freie ausgesät. Ideal sind auch Keimschutzpackungen, die man bis zur Aussaat kühl aufbewahrt. Die Pflanze ist giftig!

Am Wurzelstock sprießen in der Zeit von Ende Winter bis Frühling neue Triebe, die sich als Stecklinge eignen, wenn sie 6–10 cm lang und etwa 1 cm dick sind. Die Anzucht von Stecklingen wird auf nebenstehenden Abbildungen erläutert.

Kultivierung

Rittersporn gedeiht nicht auf sauren Böden, ideal sind daher Böden

▼ Delphinium-*Hybriden gibt es seit neuestem auch in Gelb, Rosa und Rot, doch am beliebtesten sind nach wie vor die schönen Blau- und Weißtöne.*

1 Die Erde am Wurzelstock entfernen, die frischen Triebe vorsichtig freilegen und knapp unterhalb des beblätterten Teils abschneiden. Triebe mit hohlen Stengeln oder schwarzer Schnittstelle wegwerfen.

2 Die Stecklinge in einem Glas auf der Fensterbank bewurzeln lassen. 2,5 cm hoch Sand einfüllen, das Wasser sollte etwas über dem Sand stehen. Den abgeschnittenen Trieb in den Sand stecken.

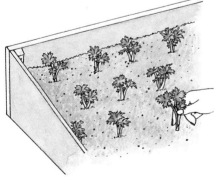

3 Stecklinge wurzeln auch im Frühbeet. Sie werden in den feuchten, groben Sand gesteckt, vor Sonne geschützt und kühl gehalten. Erst wenn der Sand ausgetrocknet ist, wässern. Die Blätter nicht besprühen.

mit einem pH-Wert von 7–7,5. Als Flachwurzler braucht Rittersporn bei der Anzucht nicht tief eingesetzt zu werden. Wichtig sind Sonne und Windschutz. Die Anzucht beginnt 2–3 Monate vor dem Pflanzen. Zunächst befreien Sie den zukünftigen Standort von Wildkräutern, denn Rittersporn steht am liebsten für sich allein, und später kann das Jäten schwierig werden.

Dann wird die oberste Erdschicht ungefähr 25 cm tief abgetragen und gut verrotteter Stallmist daruntergemischt – 1 Schaufel Mist auf 4 Schaufeln Erde. Bei sehr saurem Boden etwas Kalk hinzugeben. Die Erde wieder aufbringen und eine Weile setzen lassen.

Zur Förderung der Wurzelentwicklung werden vor dem Pflanzen jeweils 1 Handvoll Knochenmehl (Phosphat) und 1 Handvoll Hornspäne (Stickstoff)/m² Erde untergemischt. Anschließend den Boden gut festdrücken.

Pflanzung

Rittersporn pflanzt man am besten als angewurzelten Steckling oder Sämling in der Zeit von Herbstbis Frühlingsanfang bei milder Witterung. Zu Jahresbeginn gezogene Stecklinge werden bis zur Frühlingsmitte abgehärtet, damit sie im Spätfrühling gesetzt werden können, wenn der Boden bereits etwas abgetrocknet ist.

Gepflanzt wird nur geringfügig tiefer, als die Pflanzen vorher standen, und im Abstand von ungefähr 60 cm. Die Erde gut festtreten.

Die Pflanze wächst . . .

Einige Wochen nach dem Einpflanzen bilden sich erste Blütenstände. Da sie die Jungpflanze auszehren würden, dürfen sie sich nicht entwickeln. Knipsen Sie sie deshalb ab. Anschließend wachsen kräftige Neutriebe heran, die schöne Blütenstände bilden. Nur diese sollten im 1. Jahr zur Blüte kommen.

Die späteren Jahre

Zu Beginn des Frühlings erscheinen mehrere Triebe, von denen sich jedoch nur die etwa fünf kräftigsten entwickeln sollen – die übrigen abschneiden und eventuell als Stecklinge verwenden.

Damit Boden und Wurzelwerk möglichst viel Wasser aufnehmen können, das umgebende Erdreich harken. Auch eine Mulchschicht erhält die Bodenfeuchte.

Rings um die Ritterspornstauden niemals tief mit dem Spaten einste-

AUSPFLANZEN

1 Bewurzelte Stecklinge direkt an ihren endgültigen Standort setzen. Jungpflanzen wurzeln sehr gut. In der ersten Zeit mit einem umgestülpten Glas schützen.

2 Im Zimmer bewurzelte Stecklinge zuerst im Topf belassen und vor dem Aussetzen ins Freie etwas abhärten. Nur wenig unter das umgebende Bodenniveau pflanzen; die Erde andrücken.

STÜTZEN UND ANBINDEN

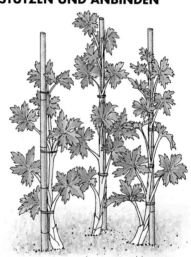

1 Die Jungpflanzen gegen Frühlingsmitte abstützen. Dazu 90 cm lange Bambusstäbe verwenden. Die Pflanzen in 30–45 cm Höhe an ihnen festbinden – zur Spitze hin lockerer.

2 Um eine Pflanze mit mehreren Schößlingen drei Stäbe in den Boden stecken und diese mit einem Faden verbinden. Die Blütenstände sollen frei schwingen können.

chen, da ansonsten die Wurzeln beschädigt werden.

Wenn die Blütenstände herangewachsen sind, werden die Triebe mit Schnur oder Bast an Stecken befestigt, damit sie nicht abbrechen.

Wenn sich die Pflanzen gut entwickeln, wird Blutmehl oder Mineraldünger zugeführt. Trockene Böden stets gut wässern. Verwelkte Blütenstände werden abgeschnitten, um die Seitentriebe zu einer zweiten Blüte anzuregen; auch die seitlichen Blütenstände werden gekappt. Wenn sich an der Basis neue Triebe gebildet haben, die alten Stengel bis zum Boden abschneiden. An den anderen Stengeln werden die Blüten abgeknipst, die Blät-

ter bleiben jedoch erhalten, damit sich im nächsten Jahr ein kräftiger Blütenstand entwickeln kann. Ende Herbst/Anfang Winter alle Stengel bis auf etwa 10 cm über der Erde abschneiden.

Prachtexemplare

So können Sie wahrhaft prachtvolle Ritterspornstauden ziehen:
– 75 cm Pflanzabstand;
– nur vier oder fünf Blütenrispen entwickeln lassen, Stauden allmählich, über einige Wochen hinweg, ausdünnen;
– Anfang Frühling Stickstoff- und 6 Wochen vor der Blüte Kalidünger geben;
– den Sommer über gut wässern.

Die langlebigen Pfingstrosen

Diese traditionellen Gartenblumen mit ihren schönen Blüten und Blättern sind bei der Anzucht und Routinepflege problemlos, müssen jedoch regelmäßig von Wildkräutern befreit werden.

Pfingstrosen, die auch Päonien genannt werden, gibt es sowohl als krautige Stauden als auch als holzige Sträucher. Aus den Stauden wurden zahlreiche Kultursorten mit wohlklingenden Namen gezüchtet. Heute sind Sorten mit weißen, roten, rosa oder gelben Blüten im Handel zu bekommen.

Die Stammart zahlreicher Hybriden und Kreuzungen ist *Paeonia lactiflora*, die Chinesische Päonie. Seit mehr als tausend Jahren werden in China und Japan diese prachtvollen Blütenstauden kultiviert. Doch auch aus der europäischen Wildart *P. officinalis*, der Echten Pfingstrose, wurden viele gefüllte und halbgefüllte Kultursorten gezüchtet, die ebenso beliebt sind wie die Formen von *P. anomala*,

P. mascula ssp. *arietina, P. mlokosewitschii* und *P. tenuifolia*.

Die buschigen Staudenpäonien erreichen eine Höhe von 60–100 cm und eignen sich sowohl für Mischrabatten als auch für Einzelstellung.

Ihre Blütezeit erstreckt sich je nach Art von Frühjahrsende bis Sommerbeginn. Die Blätter sind tief eingeschnitten oder gefiedert. Oft nehmen sie einen kupfernen oder rotvioletten Farbton an und bilden somit eine hübsche Kulisse für spätblühende Stauden. Darüber hinaus bestechen viele Arten und Sorten durch attraktiv gefärbtes Herbstlaub.

Im Herbst warten viele Staudenpäonien noch mit einer besonderen Attraktion auf, wenn ihre hellroten Früchte nach dem Aufplatzen

blauschwarz glänzende Samen freigeben. Aus den getrockneten Balgfrüchten lassen sich mit verschiedenen Blumen sehr hübsche Gebinde zusammenstellen.

Frisch gepflanzte Päonien nehmen zwar Störungen im Wurzelbereich übel und benötigen oft viele Jahre, um sich einzugewöhnen, blühen dann jedoch mit unverminderter Kraft häufig über Jahrzehnte hinweg. Pfingstrosen erfordern in der Regel wenig Pflege, doch sollte

▼ *Die herrlich gefärbten Blüten der Staudenpäonien, wie die der doppelt gefüllten* Paeonia lactiflora *'Karl Rosenfeld', sind schon früh im Sommer eine Zierde für jeden Garten. Die schweren Blütenköpfe sollten möglichst abgestützt werden.*

BLÜTENFORMEN

einfach

halbgefüllt

japanisch

gefüllt

anemonenartig

man ihre Triebe abstützen, damit sie bei starkem Wind oder Regen nicht umknicken.

Im ersten Winter nach der Pflanzung von Staudenpäonien ist ein Frostschutz zu empfehlen, später sind sie völlig winterhart. Selbst längere Hitzeperioden überstehen sie gut und gedeihen in fast allen Klimazonen zufriedenstellend.

Unterteilung

Päonien werden entsprechend der Anordnung und Anzahl ihrer Blütenblätter in folgende Gruppen eingeteilt:

Einfache Blüten haben fünf oder mehr kreisartig angeordnete Blütenblätter, in deren Mitte Büschel goldgelber, pollenbesetzter Staubgefäße zu sehen sind. Gelbblühende Pfingstrosen dieser Gruppe erinnern in ihrem Äußeren an übergroße Butterblumen.

Japanische Blüten ähneln den einfachen Blüten, doch fehlen ihnen die Staubgefäße. Als Ausgleich hierfür trägt die Blüte in der Mitte mehrere Staminodien (rückgebildete Staubblätter), die fast wie zerrissene Blütenblätter aussehen.

Halbgefüllte Blüten zeichnen sich durch einen äußeren Blütenblätterkranz von fünf oder mehr Blättern aus. Im Inneren der Blüte befinden sich goldgelbe Staubgefäße und zusätzlich weitere Blütenblätter.

Gefüllte Blüten haben hingegen nur wenige oder gar keine Staubgefäße und bestehen fast ausschließlich aus vielen dichtstehenden Blütenblättern.

Anemonenartige Blüten besitzen außen mindestens fünf Blütenblätter, die meist in zwei oder mehr Kreisen angeordnet sind. Die Staubgefäße erscheinen als schmale Auswüchse, sogenannte Petaloden. Sie sind gelb oder in derselben Farbe wie die Blütenblätter gefärbt.

Pflanzung

Päonien können in der Zeit von Herbstmitte bis zu Winterbeginn in frostfreien Perioden jederzeit gepflanzt werden. Sonnige Standorte eignen sich am besten, wobei in Regionen mit sehr warmen Sommern auch leicht schattige Stellen in Frage kommen. Päonien sollten an Plätze gesetzt werden, die keine Morgensonne erhalten, damit frostbedeckte Blüten nicht beschädigt werden.

Pfingstrosen wachsen in einfacher, lockerer, auch kalkhaltiger, neutraler oder leicht saurer Gartenerde. In schweren Böden gedeihen sie besser als in leichter, sandiger Erde, die mit Lehm oder Kompost vermischt werden sollte.

Da sich Staudenpäonien buschig ausbreiten, benötigen sie in der Regel einen Pflanzabstand von mindestens 90 cm, bei langjährigen Pflanzungen sollte der Abstand sogar bis zu 120 cm betragen. In den ersten Jahren kann der dadurch entstehende Leerraum mit verschiedenen ein- oder mehrjährigen Gewächsen gefüllt werden.

Für die Pflanzung gräbt man zunächst ein 45–60 cm tiefes Loch und lockert die Erdkrume mit ei-

STAUDEN- UND STRAUCHPÄONIEN IM VERGLEICH

1 Krautige Staudenpäonien sterben jeden Herbst bis auf den Boden ab und bilden im Frühjahr neue Triebe. Die dunkelgrünen oder kupferfarbenen Blätter haben unterschiedliche Formen. Die Blütenknospen sind rund und meistens rot, rosa oder weiß, gelegentlich auch gelb. Es gibt einfache, halbgefüllte, gefüllte, japanische oder anemonenähnliche Blüten.

2 Strauchpäonien haben verholzte, grobrindige und verzweigte Triebe, die im Herbst nicht absterben. Das Laub wird abgeworfen und ist farblich etwas blasser. Die Blütenknospen sind flacher, dafür oft größer, mit erhabener Mitte. Die Blüten sind einfach, halbgefüllt oder gefüllt und erscheinen in Rot, Rosa, Gelb und Weiß, oft mit einem dunklen Auge.

nem Kultivator. Wenn sich das Erdreich leicht mit Wasser vollsaugt, gibt man etwas Sand oder Kies in das Pflanzloch und füllt es dann mit der ausgegrabenen Erde und reichlich Kompost. Bei sehr lehmiger Erde sollte zudem verrottetes Laub oder Torfmoos untergemischt werden. Insgesamt wird das Pflanzloch bis ungefähr 25 cm unterhalb der Erdoberfläche aufgefüllt.

Nun wird der Wurzelstock mit den Wuchsknospen nach oben in das Loch gesetzt. Die obersten Wurzeln sollten nur ca. 5 cm unterhalb der Oberfläche liegen, da zu tief liegende Wurzelstöcke die Üppigkeit der Blütenpracht beeinträchtigen. Anschließend wird die Pflanzstelle mit Erde aufgefüllt, die mit den Fingern behutsam festgedrückt wird,

ohne dabei das empfindliche Wurzelwerk zu schädigen.

Nun wird die Erde rundherum vorsichtig festgetreten, etwas Knochenmehl verteilt und mit einem Rechen leicht eingearbeitet. Zum Abschluß wird die Pflanzstelle gut gewässert.

Regelmäßige Pflege
Wenn die Pflanzstelle gut vorbereitet wurde, ist auf Jahre hinaus keine Düngung nötig. Nach ca. 4 Jahren empfiehlt es sich, im Frühjahr und Herbst im Umkreis von etwa 45 cm um jede Pflanze herum je 1 halbe Handvoll Knochenmehl zu verteilen und unterzuharken. Bei sehr lockeren und sandigen Böden sollte man damit bereits ab dem 2. oder 3. Jahr beginnen, da hier die beim

Einpflanzen zugefügten Mineral- und Nährstoffe nicht so gut im Boden gespeichert werden.

Mit etwas verrottetem Stallmist im Frühjahr läßt sich eine Päonie zu Blütenrekorden bringen, doch darf er nicht direkt auf die Wurzeln aufgebracht werden. Wenn Pfingstrosen mit Nährstoffen überversorgt werden, macht sich das an weichen Trieben bemerkbar, zudem bildet sich dann mehr Laub als Blüten. Vor allem im Frühjahr muß bei geringen Niederschlagsmengen reichlich gegossen werden.

Wildkrautjäten rings um Päonien erfordert große Sorgfalt und erfolgt am besten von Hand. Mit einem Kultivator sollte man im Umkreis von 15 cm um die Wurzel nicht tiefer als 5 cm graben. Um den Wuchs

DAS RICHTIGE EINPFLANZEN VON PFINGSTROSEN

Jede Pflanze deutlich kennzeichnen; Pflanzabstand 90 cm

45–60 cm

Den Grund des Pflanzlochs gut auflockern und zur Verbesserung der Dränage mehrere Handvoll Sand oder Kies hineingeben

45–60 cm

5 cm

Erde festtreten, um den Pflanzbereich herum etwas Knochenmehl streuen und mit dem Kultivator leicht einarbeiten; anschließend gut wässern

Den Wurzelstock behutsam in Position bringen, so daß der Wurzelhals nicht tiefer als 5 cm unter der Erdoberfläche liegt; dann rundum mit guter Gartenerde auffüllen

Unten eine Mischung aus guter Gartenerde und verrottetem Stallmist oder Kompost einfüllen

von Wildkräutern einzudämmen, bringt man im Frühjahr rings um die Päonien eine Mulchschicht auf, ohne dabei den Wurzelhals zu bedecken, und gibt reichlich Stickstoffdünger hinzu.

Stützen sind oft nötig, da sich die Triebe besonders bei Regen unter der Last der schweren Blüten biegen und brechen können.

Im Handel erhältliche Staudenstützen mit ringförmigen Halterungen für die Triebe werden in den

SCHÖNE BLÜTEN

1 Staudenpäonien sorgfältig abstützen. Wenn die Pflanzen halb ausgewachsen sind, bekommen sie durch Drahtring- oder Bambusstäbe und Gartenschnur den nötigen Halt.

2 Die schwächsten Stengel lange vor der Knospenbildung abschneiden, um damit die Bildung von Blüten zu fördern.

3 Sämtliche Seitenknospen gleich nach ihrem Erscheinen mit den Fingern abknipsen, so daß lediglich am Haupttrieb die obersten Blütenknospen verbleiben.

Boden gesteckt, wenn die Pflanzen etwa zur Hälfte ausgewachsen sind. Sie bieten Halt und unterstützen einen buschigen Wuchs.

Auch verzweigte Äste können als Stützen verwendet werden. Sie werden rings um die Pflanze gesteckt, wenn diese etwa 30 cm hoch ist, so daß sie sich mit ihr verflechten. Die etwa 90 cm langen Äste kommen 15–30 cm tief in die Erde. Stiele mit schweren, gefüllten Blüten werden mit Gartenschnur einzeln an den Stäben festgebunden.

Entknospen sollte man Pfingstrosen, falls man lieber weniger, dafür aber um so prächtigere Blüten wünscht. Hierfür werden alle Seitenknospen sofort nach dem Erscheinen abgezwickt, damit sich ausschließlich die Endknospen entwickeln können. Die schwächsten Triebe sollten ebenfalls abgenommen werden, sobald sie etwa ein Drittel ihrer endgültigen Größe erreicht haben.

Verwelkte Blüten sowie Stengel sollte man entfernen, um ein gesundes Wachstum und auch die Bildung neuer Blätter zu fördern, die Energie für die Blüte im Folgejahr speichern.

Verschiedene Päonien, beispielsweise *P. mlokosewitschii*, bilden im Spätsommer und Herbst dekorative Fruchtstände, deren fleischige Balgfrüchte nach dem Aufplatzen im Inneren kräftig rot gefärbt sind und schwarzglänzende Samen enthalten. Bei Pfingstrosen mit einem derartigen Fruchtschmuck werden verwelkte Teile nicht entfernt.

Zurückgeschnitten werden Päonien im Herbst. Hierbei schneidet man alle Triebe auf 2,5–5 cm über dem Erdboden zurück. Da diese Triebe Grauschimmel übertragen können, sollten sie keinesfalls auf den Kompost gegeben, sondern möglichst verbrannt werden. Den Wurzelhals von losen Pflanzenabfällen freihalten.

Schnittblumen

Pfingstrosen sind sehr schöne und haltbare Schnittblumen. Schneiden Sie die Stengel ab, wenn die Blüten schon etwas Farbe zeigen, sich jedoch noch nicht völlig geöffnet haben. Bewahren Sie die Blumen anschließend für etwa 24 Stunden liegend an einem trockenen, kühlen Ort in der Wohnung auf. Bevor sie in die Vase mit reichlich frischem Wasser kommen, werden die Triebe unten etwa 1,5 cm abgeschnitten, wobei das untere Blatt am Stiel belassen werden sollte.

BLATTFLECKENKRANKHEIT

Im allgemeinen werden Päonien kaum von Schädlingen oder Krankheiten befallen, doch gelegentlich kann die Blattfleckenkrankheit Probleme verursachen.
Symptome: Infizierte Triebe fallen um, an den Knospen und an der Stengelbasis wird oft ein samtartiger Pilzbelag sichtbar. Auf den Blättern bilden sich braune, eckige Flecken.
Behandlung: Befallene Triebe bis unter die Erdoberfläche abschneiden und die Pflanze mit Schachtelhalmtee besprühen.

Vermehrung

Staudenpäonien lassen sich zwar aus Samen ziehen, doch ist dies ein ungewisses und sehr zeitraubendes Verfahren. Die zuverlässigste Methode der Vermehrung ist die Teilung, die nicht – wie bei den meisten anderen mehrjährigen Pflanzen – regelmäßig erfolgen darf, da Päonien Störungen dieser Art übelnehmen und Jahre brauchen, um wieder fest zu wurzeln.

Nach Entfernen der abgestorbenen Teile zu Herbstbeginn können Päonien geteilt werden. Hierfür wird der Wurzelballen mit einer Grabegabel vorsichtig aus der Erde gehoben und die Wurzelstöcke anschließend mit einem scharfen Messer durchgeschnitten.

Jedes Teilstück sollte einige Wurzeln und etwa drei bis fünf Augen (= Knospen) aufweisen. Die längsten Wurzeln können auf 10–15 cm gekappt werden. Außen gelegene Stücke wurzeln am besten wieder ein. Jedes Wurzelstück wird, wie in der Abbildung „Das richtige Einpflanzen von Pfingstrosen" gezeigt (siehe Seite 47), in die Erde gesetzt.

Im ersten Sommer blühen die Teilstücke meist noch nicht, im zweiten Sommer bildet sich in der Regel ein bescheidener Blütenflor aus, doch wird die junge Pfingstrose im 3. Jahr ebenso prachtvolle Blüten wie die Mutterpflanze treiben.

Liebliche Federnelken

**Zart getönte, duftende Federnelken verleihen
jedem Garten ein ländliches Flair und bieten mit ihrem
immergrünen Laub ganzjährigen Schmuck.**

Ausdauernde Nelken zählen, genauso wie die einjährigen Sommernelken oder die zweijährigen Bart- und Gartennelken, zur Gattung *Dianthus*. Es ist gar nicht so leicht, Feder- und Gartennelken voneinander zu unterscheiden. Erstere sind fein und zierlich und tragen ihre Blüten auf schlanken Stielen. Gartennelken besitzen dagegen eine nicht ganz so filigrane Form und wirken skulpturhafter.

Die ausdauernde Federnelke *(Dianthus plumarius)* wird als reine Art heutzutage kaum noch kultiviert, da sie nicht so üppig blüht wie die neuen Formen. Im 1. Jahr besitzt die Pflanze nur einen Mitteltrieb, erst 1 Jahr später zeigen sich an den Seitentrieben Blüten. Nach wie vor beliebt ist jedoch die Sorte 'Mrs. Sinkins'.

Die neuen Zuchtformen wachsen schneller und bringen erheblich mehr Blüten hervor, hauptsächlich von Anfang bis Mitte Sommer und erneut im frühen und mittleren Herbst. Doch müssen sie häufiger als die alten Federnelken durch Stecklinge oder Absenker vermehrt werden – in der Regel alle 2–3 Jahre.

Die neuen ausdauernden Formen kamen durch Kreuzung einer alten Federnelke mit einer ausdauernd blühenden Gartennelke zustande. Der Versuch glückte und brachte die als *D. × allwoodii* bezeichneten Hybriden hervor, aus denen wiederum die modernen Federnelken entstanden.

Farbkategorien
Die Blüten zeigen sich in den verschiedensten Farben von reinem Weiß über Pink und Lachs bis hin zu Purpurrot. Sie sind ein- oder zweifarbig, wobei man je nach Muster der zweiten Farbe die folgenden Typen unterscheidet:

Einfarbige zeigen durchgängig eine Farbe. Populär ist die Sorte 'Diane' mit tief lachsroten Blüten.

Zweifarbige besitzen eine kontrastierende Mitte. 'Doris' – die vielleicht beliebteste Sorte – hat lachsrosé Blüten mit roter Mitte.

Bunte zeigen auf ihren einfarbigen Blütenblättern Sprenkel in einer kontrastierenden Farbe. Die bekannte Sorte 'Freckles' zeichnet sich beispielsweise durch silbrigpinkfarbene Blütenblätter mit roter Sprenkelung aus.

Gebänderte weisen an der Basis jedes Blütenblatts einen dunklen Ton auf, der sich als Band dicht neben dem Rand wiederholt. Der übrige Bereich des Blütenblatts, die Grundfarbe, ist weiß oder pink. Insgesamt entsteht der Eindruck einer Blüte mit dunkler Mitte und konzentrischen dunklen Ringen. Bei der Sorte 'Constance' ist die Grundfarbe z. B. blaßrosé und die Bänderung karminrot.

Wahl des Standorts
Federnelken tolerieren alkalische Böden, wachsen aber auch in verschiedenen anderen Milieus, wenn sie nicht zu sauer sind, und vertragen verschmutzte Luft recht gut.

Dagegen werden schlechte Dränage, starker Schatten oder Tropfwasser von überhängenden Zweigen übelgenommen. Im Gegensatz zu Gartennelken kommen Federnelken mit den Temperaturverhältnissen unter Glas nicht zurecht. Sie eignen sich nur für Freilandkultur an einem offenen Standort.

▶ *Neue Federnelkenhybriden kommen mit ihrer kompakten Wuchsform neben kleinen Blattpflanzen besonders gut zur Geltung. Hier wird die ungefüllte, zweifarbige Sorte 'Daphne' eingerahmt von gelbgrünblättrigem Thymian und Salbei, der einen effektvollen Hintergrund für die rosa Blüten bildet.*

Federnelken pflanzen

Zur Vorbereitung wird das Beet im Spätsommer umgegraben und mit Mist oder Kompost gedüngt. Bringen Sie etwas Kalk aus, sofern dies in den 2 Jahren zuvor nicht geschah und Ihr Boden ohnedies nicht alkalisch ist. Holzasche wirkt sich vorteilhaft auf die Blüte aus. Streuen Sie, falls verfügbar, 4 Handvoll Holzasche/m² Boden vor dem Pflanzen aus.

Neue Pflanzen werden zwischen Herbstbeginn und -mitte oder im zeitigen Frühjahr gesetzt. Wenn die Pflanzen im Herbst gepflanzt werden, bringt dies den Vorteil mit sich, daß sie sich noch vor der kalten Jahreszeit eingewöhnen und bereits Anfang Frühjahr das Wachstum einsetzt. Allerdings besteht die Gefahr, daß im Winter einige Exemplare eingehen. Auch die Pflanzung im Frühjahr bringt, sofern sie bis Mitte Frühjahr erfolgt, zufriedenstellende Ergebnisse.

Niedrige Sorten, die 2 Jahre im Beet bleiben, werden mit 20 cm Abstand gepflanzt. Die meisten neuen Züchtungen müssen, da sie im Alter ihre Kraft und Form einbüßen, alle 2 Jahre vermehrt werden. Bei wuchsfreudigeren Sorten, die 2 Jahre im Beet bleiben, empfiehlt sich ein Abstand von 30 cm. Wenn sie erst nach 3 Jahren ersetzt werden, sollte der Pflanzabstand 30–45 cm betragen.

Die Stengel dürfen nur ungefähr 6 mm hoch mit Erde bedeckt werden, die unteren Blätter sollten nicht mit dem Boden in Berührung kommen. Die Erde ringsum andrücken, ohne dabei die Stengel tiefer in den Boden zu versenken.

Buschiger Wuchs

Neue Federnelkenhybriden werden im 1. Jahr entspitzt, damit sie kräftige Seitentriebe bilden und buschig wachsen. Alte Formen hingegen läßt man ungehindert wachsen, da sie im 1. Jahr normalerweise nur einen Mittelsproß aufweisen.

Neuzüchtungen sollten neun bis zehn voll entwickelte Blattpaare besitzen, bevor sie entspitzt werden, was in der Regel bis zum Herbst der Fall ist. Exemplare aber, die bis zur zweiten Woche der Herbstmitte noch nicht ausreichend entwickelt sind, werden erst im Frühjahr entspitzt, um Kälteschäden an den neuen Seitentrieben zu vermeiden.

Bei Pflanzen, die Sie im Frühjahr von einer Gärtnerei erwerben, sollten Sie auf jeden Fall nachsehen, ob die Wachstumsspitze schon herausgebrochen wurde.

Entspitzt wird am besten bereits in den frühen Morgenstunden bei feuchtem Wetter, wenn die saftigen Stengel leichter brechen. Nehmen Sie den sechsten, siebten oder achten Knoten von der Basis zwischen Daumen und Zeigefinger. Mit der anderen Hand fassen Sie den Stengel unmittelbar oberhalb und knicken ihn nach unten ab.

Wenn er nicht gleich brechen sollte, biegen Sie ihn zur anderen Seite um. Genügt dies nicht, ziehen Sie keinesfalls, sondern schneiden Sie den Stengel möglichst dicht über dem Knoten ab. Das Entfernen der Wachstumsspitze alleine reicht nicht aus, da sich dadurch nur ein oder zwei Triebe nahe der Spitze entwickeln würden. Beim Entspitzen hingegen sprießen die Seitentriebe aus den Knoten. Dadurch verzögert sich die Blüte, doch ist die Entwicklung starker Triebe zunächst wichtiger. Neue Federnelkenhybriden werden ausschließlich im 1., nicht jedoch im 2. oder 3. Jahr entspitzt.

Allgemeine Pflege

In Trockenperioden wird reichlich gegossen. Sachgemäß gestutzt, be-

BLÜTENTYPEN

'Bovey Belle'
neue Federnelkenhybride
einfarbig

'Doris'
neue Federnelkenhybride
zweifarbig

'Freckles'
neue Federnelkenhybride
gesprenkelt

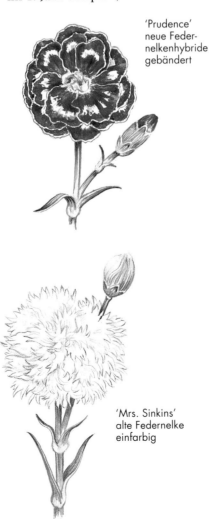

'Prudence'
neue Federnelkenhybride
gebändert

'Mrs. Sinkins'
alte Federnelke
einfarbig

'London Delight'
alte Federnelke
gebändert

FEDERNELKEN PFLANZEN

1 In die Pflanzlöcher zum Schutz gegen Drahtwürmer und Larven der Wiesenschnake Branntkalk ausstreuen und mit der Erde vermengen.

2 Nicht zu tief pflanzen – die Stengel werden nur 6 mm hoch mit Erde bedeckt, die Blätter dürfen den Boden nicht berühren.

3 Erde mit den Fingern andrücken, ohne Wurzeln und Stengel der Federnelke dabei tiefer in die Erde zu treiben.

nötigen moderne Züchtungen keine Stütze. Alte Formen mit höheren, schwächeren Stengeln hingegen erhalten mehr Form, wenn sie ringsum durch kurze Erbsenreiser gestützt oder aber an einen Blumenstab angebunden werden – Stäbe für Topfpflanzen sind weniger auffällig als Bambusrohr.

Bei allen Federnelken abgeblühte Triebe komplett entfernen und die Pflanzen gut wässern. Zur Anregung einer zweiten Blüte einen Dünger mit hohem Kalkanteil verabreichen. Manche modernen Hybriden blühen bei milder Witterung mehrfach bis in den frühen Winter hinein. Danach werden jedoch alle knospentragenden Triebe entfernt, da sie im Frühjahr nur wenige Blüten tragen und die Sommerblüte hinauszögern würden.

Stecklinge schneiden

Die Vermehrung durch Stecklinge steht bei neuen wie alten Federnelkenformen an erster Stelle. Sortenechte Vermehrung aus Samen ist dagegen nicht zuverlässig. Man nimmt die Stecklinge entweder nach der Hauptblüte oder im Spätsommer.

Wählen Sie Triebe, die stark wachsen, aber noch kein Längenwachstum mit Blütenansatz zeigen. Zu kurze Triebe befinden sich in einer Ruhephase, die eventuell auch bei den Stecklingen anhält. Aus langen Trieben mit weit auseinanderliegenden Knoten entwickeln sich hingegen meist ebensolche Pflanzen.

Die Pflanzen müssen in vollem Saft stehen. Gießen Sie daher am Tag zuvor, sofern die Witterung trocken war. Trennen Sie die gewählten Triebe dicht am Haupttrieb mit einem scharfen Messer ab. Ziehen Sie die unteren Blätter behutsam nach unten ab. An der Triebspitze müssen stets drei bis vier voll entwickelte Blattpaare erhalten bleiben. Schneiden Sie den Stengel unterhalb des untersten nun blattlosen Knotens ab.

In einen 9-cm-Topf geben Sie eine Lage Scherben oder Kiesel und dann bis 4 cm unter den Rand lockere Anzuchterde. Füllen Sie mit einer Mischung aus Torf und grobem Sand zu gleichen Teilen auf. Gießen Sie die Erde mit einem feinen Brausenaufsatz.

Stecken Sie je sechs bis neun Teilstücke in einen Topf. Die untersten Blätter dürfen mit dem Substrat nicht in Berührung kommen. Die Erde wird nicht angedrückt. Damit die Stecklinge trotzdem nicht umfallen, werden sie nach innen geneigt, so daß sie sich gegenseitig stützen.

Anschließend sind die Stecklinge mit einer sehr feinen Brause anzugießen, damit die Erde sich etwas setzt. Etikettieren Sie die Töpfe mit Angabe des Sortennamens und Pflanzdatums.

PFLEGE

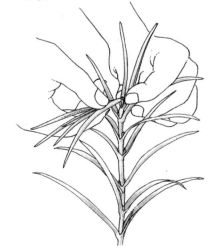

1 Moderne Hybriden im 1. Jahr entspitzen, um buschigen Wuchs anzuregen. Den Stengel über dem sechsten bis achten Knoten von der Basis abknicken.

2 Hochwüchsige Federnelken mit Erbsenreisig oder dünnen Stäben stützen. Die buschigeren modernen Formen brauchen keinen solchen Halt.

3 Nach dem Flor abgeblühte Triebe ganz entfernen. Eine zweite Blüte wird durch einen Dünger mit Kalkanteil gefördert.

STECKLINGSVERMEHRUNG BEI NEUEN FEDERNELKENHYBRIDEN

1 Einen starken, nicht übermäßig langen Trieb ohne Blüten wählen. Dicht am Hauptsproß mit einem scharfen Messer abtrennen.

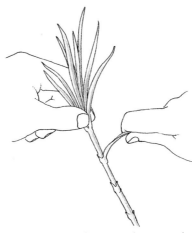

2 Die unteren Blätter nach unten abziehen. Drei bis vier voll entwickelte Blattpaare müssen an der Triebspitze erhalten bleiben.

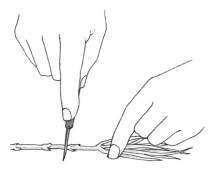

3 Den Steckling auf eine weiche Unterlage, beispielsweise einen Karton, legen und dicht unter dem untersten blattlosen Knoten abschneiden.

4 Einen kleinen Topf mit Anzuchterde und darüber einer Lage Torf-Sand-Gemisch füllen. Die Stecklinge hineinsetzen. Mit der feinen Brause gießen.

5 In einen 9-cm-Topf passen sechs bis neun Stecklinge, die nach innen geneigt werden, hinein. Nach dem Gießen werden die Stecklinge in ein Frühbeet gestellt, wo sie viel Licht, aber keine pralle Sonne abbekommen. Bei warmem Wetter die Innenwände besprengen. Die Bewurzelung dauert zwischen 18 und 30 Tage.

Da Infektionen sich sehr schnell ausbreiten, sollten Sie das Messer durch Abflammen sorgfältig sterilisieren, bevor Sie zur nächsten Pflanze übergehen.

Die Mutterpflanzen werden anschließend abgeräumt, es sei denn, sie sind nicht älter als 2 Jahre und haben noch eine Blüte vor sich. In diesem Fall nehmen Sie nur so viele Stecklinge, daß das Aussehen der Pflanze nicht darunter leidet.

Schützen Sie die Stecklinge durch eine Plastiktüte oder im Frühbeetkasten. Sie brauchen volles Licht, jedoch ohne direkte Sonne. Bei warmer Witterung die Innenseiten des Kastens besprengen, damit die notwendige Feuchtigkeit gegeben ist. Nach 4–5 Tagen die Abdeckung ungefähr 1 cm anheben. Bis zur erfolgten Bewurzelung muß ausreichende Luftfeuchtigkeit gewährleistet sein.

Die Wurzelbildung nimmt 18 bis 30 Tage in Anspruch. Danach setzt das Längen-, Spitzen- sowie das Blattwachstum ein. Die Abhärtung durch allmähliches Entfernen der Abdeckung erstreckt sich über den Zeitraum von 1 Woche.

Nach 2–3 Wochen werden die Jungpflanzen an Ort und Stelle im Garten gesetzt. Danach sollten die jungen Federnelken bei Trockenheit noch einige Wochen gegossen werden.

Für alte Federnelken sind noch zwei weitere Vermehrungsmethoden bekannt. Bei der ersten zieht man eine Triebspitze ab, ohne das Messer einzusetzen. Dabei reißt aber meist der Trieb an einer weichen Stelle und oberhalb eines Knotens, was die Bewurzelung ein wenig hinauszögert.

Bei der zweiten Methode zieht man vom Hauptsproß ganze Seitentriebe nach unten ab. Diese werden dann beschnitten, bevor man sie in die Erde steckt. Meist wird der Hauptsproß der Mutterpflanze beim Abziehen ganzer Seitentriebe jedoch verletzt. Darüber hinaus ist die Stecklingsbasis hart und wurzelt nur sehr langsam an, und die Knoten sitzen so dicht, daß eventuell mehrere Blattansätze mit eingegraben werden und infolgedessen faulen.

Vermehrung durch Absenker

Sie kann bei alten und neuen Formen nach der Blüte von Hoch- bis Spätsommer erfolgen. Allerdings ist diese Methode aufgrund der zarten Stengel etwas schwieriger durchzuführen als bei den großen Gartennelken.

Vermehrung aus Samen

Echte Federnelkenarten behalten bei der Samenaufzucht ihre Merkmale bei, Sorten hingegen nicht. In jedem Fall aber erhält man auf einfache und preiswerte Weise zahlreiche Setzlinge, die den Hobbygärtner immer wieder durch die verschiedenartigsten Farbnuancen überraschen.

Von Frühlings- bis Sommermitte wird möglichst früh im kalten Gewächshaus oder Frühbeet in Anzuchterde ausgesät. Mit dem Erscheinen der ersten Laubblätter werden die Sämlinge in Kisten vereinzelt und anschließend wie beschrieben weiter kultiviert.

Zarte Gartennelken

Nelken werden wegen ihres Wohlgeruchs und ihrer eleganten, meist leuchtenden Blüten gezüchtet. Ihre vielen Spielarten sind auch als Schnittblumen sehr beliebt.

Bei der Zucht von Hybridnelken wurde eine Perfektion wie selten erreicht. Mit ihren vielen verschiedenen Formen und Farbvariationen verschönern sie jede Gartenanlage; zudem eignen sie sich auch hervorragend als Schnittblumen. Sie gehören ebenso wie die kleineren Bart-, Pfingst- und Felsnelken zur Gattung *Dianthus*.

Ihrem aromatischen Duft und ihren herrlich gefärbten Blüten ver-

dankt die Nelke ihre lateinische Bezeichnung, die übersetzt „Götterblume" lautet. Es waren Mönche, die sie einst aus dem Mittelmeerraum in unsere Breiten brachten, wo sich besonders im 18. und 19. Jahrhundert eine richtige Nelkenmode ausbreitete.

Die Gartennelke *D. caryophyllus* trifft man im nördlichen Europa mitunter auch in freier Natur an. Alle großblütigen, gefüllten Hybri-

den, die wir heute kennen, stammen von dieser Art ab.

Merkmale

Gartennelken werden in zwei Gruppen eingeteilt: Freilandnelken und ausdauernde Edel- oder Gewächshausnelken. Im 16. Jahrhundert waren Gartennelken in England sehr beliebt, doch erst gegen Ende des 19. Jahrhunderts wurden die vielen Sorten der Edelnelken in Amerika gezüchtet.

Die als Schnittblumen verkauften Edelnelken werden zwar unter Glas gezogen, benötigen aber keine hohen Temperaturen, um auch im Winter zu blühen. Durch ständiges Abknipsen der Knospen und Hochbinden der Triebe bringt die ausdauernde Gewächshausnelke große Blüten hervor, die man während des ganzen Jahres schneiden kann. Die Blüten sind mehrfach gefüllt, die Petalen am Rand gesägt.

Bei den amerikanischen, mehrtriebigen Spray-Nelken werden die Seitenknospen nicht entfernt.

Freilandgartennelken sind relativ robust und blühen im Freien einmal im Jahr, etwa im Juli/August. Die Blüten sind schwer und groß. Obwohl ihre Stengel ziemlich kräftig sind, müssen Freilandnelken gestützt werden. Sie unterscheiden sich von den Gewächshausnelken durch die glatt gerandeten, flachen Petalen.

Einteilung

Gartennelken gibt es in vier verschiedenen Farbtypen:
– einfarbig in den verschiedensten Farbschattierungen außer Blau;
– zweifarbig mit einem kontrastierenden Blütenzentrum;
– gestreift mit einem einfarbigen Grundton und farblich kontrastierenden Streifenmustern;
– gerandet mit einfarbig weißer oder gelber Grundfarbe und durch-

◄ *Ausdauernde Gewächshausnelken besitzen wohlriechende, mehrfach gefüllte Blüten und kräftige, aufrechte Stengel. Sie gelten als äußerst langlebige Schnittblumen.*

'Arthur Sim'
rotgestreifte
Edelnelke

'Lena'
einfarbige
Edelnelke

'Sacha'
zweifarbige
Edelnelke

'William Sim'
einfarbige
Edelnelke

'Yellow Dusty'
einfarbige
Edelnelke

gehend rotem oder violettem Petalenrand.

Eine fünfte Sortengruppe zeichnet sich nicht durch eine spezielle Färbung, sondern ihren würzigen Duft aus und wird daher gelegentlich als „Duftnelke" geführt. Dieser Duft ähnelt dem der Gewürznelke, die jedoch nicht mit den Nelken verwandt ist. Die Duftnelken waren früher sehr beliebt und wurden zum Würzen von Wein und Bier verwendet.

Freilandnelken pflanzen

Nelken gedeihen in kalkhaltigem Substrat ebenso wie in anderen Böden, die jedoch nicht zu sauer sein dürfen. Staufeuchte Böden oder sehr schattige Standorte sind nicht zu empfehlen.

Man gräbt das Beet im Spätsommer um, düngt und gibt etwas Kalk hinzu, wenn der Boden nicht alkalisch ist. Sogar das in der Asche eines Kaminfeuers enthaltene Kaliumkarbonat wirkt sich günstig auf die Blütenentwicklung aus. Man gibt davon etwa 4 Handvoll/m^2 in die Erde.

Jungpflanzen kann man an warmen Tagen im Frühjahr, in milden Lagen auch im Herbst einsetzen. Im Herbst gepflanzte Stöcke wurzeln noch gut ein, bevor der Frost einsetzt. Dennoch kommt es vor, daß einige Exemplare erfrieren.

Der Pflanzabstand sollte 38 cm betragen, damit für zwei Blütezeiten ausreichend Platz vorhanden ist. Wenn die Nelken länger im Boden bleiben sollen, ist der Abstand auf 45 cm zu erhöhen. Nelken können zwar 3 oder sogar 4 Jahre im Boden belassen werden, doch empfiehlt es sich, sie nach 2 Jahren zu vermehren. Wenn nicht sehr viel Raum zur Verfügung steht, ist ein Mindestabstand von 23 cm einzuhalten.

Wichtig ist, daß nur die Wurzeln, nicht aber die Stengel mit Erde bedeckt sind – die Stengelbasis muß über der Erdoberfläche liegen. Den Stengel mit kleinen Drahtringen an einem kurzen Stab befestigen und die Pflanze leicht angießen.

Pflege im Winter und Frühjahr

Wenn Gartennelken im Herbst gepflanzt werden, sollten die Stützen und Ringe während des Winters überprüft werden, ob sie sicher halten – ansonsten sind die Stengel den Unbilden des Windes ausgesetzt.

Guten Schutz vor Vögeln, die die jungen Triebe gerne anpicken, bieten schwarze Stoffstreifen, die

'Consul'
einfarbige
Freilandnelke

'Orange Elf'
rotgerandete
Spray-Nelke

'Robin Thain'
rotgerandete
Freilandnelke

zickzackförmig an etwa 15 cm hohen Stöcken über den Boden gespannt werden.

Im Spätherbst ist auf Rostbefall zu achten. Zu erkennen ist diese Krankheit an großen, schokoladenbraunen Rostpusteln auf den Blättern. Die befallenen Blätter müssen umgehend entfernt und vernichtet werden und sollten keinesfalls auf den Kompost gegeben werden.

Im Frühling wird der Boden aufgelockert. Da Nelken flach wurzeln, sollte nicht tiefer als 1 cm geharkt werden. Wildkräuter werden mit der Hand gejätet, solange sie noch klein sind. Da organische Mulchmaterialien leicht zu Stengelfäule führen, empfiehlt sich ein Mulchen mit anorganischen Stoffen wie beispielsweise Kalksplittern.

Wenn nicht bereits gedüngt wurde, verabreicht man während der Wachstumszeit im Abstand von etwa 6 Wochen einen Volldünger. Anstelle von Holzasche kann man beim ersten Düngen auch Kaliumsulfat beimengen (ungefähr 1 Eßlöffel/ m² Boden).

Pflege von Gartennelken
Nelken vertragen Trockenperioden recht gut, so daß eine Bewässerung nur bei äußerst trockener Witterung notwendig ist – dann sollte jedoch Wasser in ausreichenden Mengen zugeführt werden.

Im 1. Jahr bilden Gartennelken nur einen 60–75 cm hohen Stengel mit Blüten und mehreren Seitenknospen. Im 2. Jahr zeigen sich bereits mehrere Blütenstiele. Wegen der schweren Blüten werden die Stiele jeweils mit 90 cm hohen Stäben und breiten Drahtringen gestützt.

Im Frühsommer bildet sich eine Spitzenknospe am Stielende, die meist die schönste und größte Blüte hervorbringt. Dazu erscheinen Sei-

STUTZEN VON EDELNELKEN

1 Nelken, die aus Stecklingen gezogen wurden, das erste Mal stutzen, wenn sich neun Blattpaare voll entwickelt haben. Dafür am sechsten oder siebten Blattknoten von unten ansetzen.

2 Den Stiel festhalten und die Spitze sauber abbrechen. Wenn dies nicht gelingt, ein sterilisiertes Messer verwenden. Vorsicht! Eine verschmutzte Klinge kann Krankheiten übertragen.

3 Nach dem ersten Stutzen entwickeln sich fünf bis sieben Seitentriebe. Diese ein weiteres Mal zurückschneiden, wenn sie ca. 18 cm lang sind. Spitzen wie bereits beschrieben abbrechen.

tentriebe mit jeweils einer oder mehreren Knospen. Einige dieser Seitentriebe müssen entfernt werden, damit die restlichen Blüten besser wachsen können.

Wenn die Knospen etwa erbsengroß sind, werden die Seitentriebe und -knospen ausgebrochen, die sich bis zu 7,5 cm unterhalb der obersten Knospe befinden. Bei den verbleibenden Seitentrieben nur

die endständige Knospe belassen, alle anderen abknipsen.

Nelken unter Glas
Edelnelken überstehen auch niedrige Temperaturen, gedeihen jedoch am besten unter Glas. Am einfachsten zieht man sie in einem beheizten Gewächshaus in Töpfen, damit sie das ganze Jahr hindurch Blüten tragen. Man kann sie auch

SEITENKNOSPEN ENTFERNEN

1 Bei ausdauernden, im Gewächshaus gezogenen Edelnelken an sämtlichen Seitentrieben jeweils alle Knospen in Erbsengröße entfernen und nur die Endknospe stehenlassen.

2 Auch Gartennelken blühen schöner, wenn jeder Haupttrieb bis 7,5 cm unterhalb der Endknospe von allen Knospen, sobald sie erbsengroß sind, befreit wird.

3 Wenn sich bei Gartennelken die Seitentriebe entwickeln, alle Knospen entfernen und nur die Endknospe stehenlassen. Bei Spray-Nelken ist dies nicht nötig.

VERMEHRUNG DURCH ABSENKEN

1 Die einfachste Vermehrungsmethode von Gartennelken ist das Absenken der Triebe von Hoch- bis Spätsommer. Von starken Seitentrieben, die noch nicht geblüht haben, die unteren Blätter abziehen.

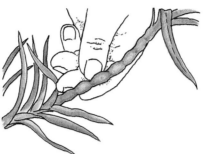

2 Vier oder fünf Blattpaare an der Triebspitze stehenlassen. Den Stengel zwischen den Blattknoten leicht mit dem Daumennagel eindrücken, um ihn so biegsamer zu machen.

4 Den angeschnittenen Teil vorsichtig aufklappen. Eine Vertiefung im Boden mit einer Mischung aus Erde, Sand und Torf zu gleichen Teilen füllen. Den Absenker vorsichtig in die Erde drücken.

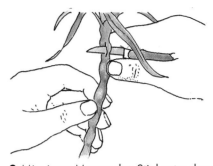

3 Mit einem Messer den Stiel unter dem ersten Blatt durchstechen und bis zum nächsten Knoten aufschlitzen. Dann das Messer drehen und wieder nach außen schneiden, so daß eine Zunge entsteht.

5 Den Trieb mit einer Klammer am Boden festhalten, so daß er ungefähr 2,5 cm tief in der Erde sitzt. Die Erde 6 Wochen lang mäßig feucht halten, danach den Absenker von der Mutterpflanze trennen.

hier in Beeten ziehen, doch ist dann die Infektionsgefahr durch Bodenpilze und -bakterien größer.

Für den ungeübten Gärtner eignen sich am besten gekaufte Pflanzen in 7,5–9 cm großen Töpfen, die man im Frühjahr nach Vorbestellung im Fachhandel erhält. Jede Pflanze ist bereits einmal gestutzt, das bedeutet, daß der Hauptsproß nach dem siebten Blattknoten (von unten gezählt) abgebrochen oder abgeschnitten wurde. Wenn Sie bereits etwas Erfahrung gesammelt haben, können Sie Nelken auch aus eigenen Stecklingen anziehen.

Gekaufte Pflanzen werden umgehend in ein geeignetes Substrat in 10-cm-Töpfe umgetopft. Die untersten Blätter dürfen dabei auf keinen Fall mit Erde bedeckt werden. Die frisch umgetopften Pflanzen bleiben einige Tage an einem schattigen Standort im Gewächshaus stehen.

Nach 3 Tagen werden sie gegossen und in die Sonne gestellt. Nach einer Zeit von 3 Wochen wird erneut umgetopft – normale Sorten in 15-cm-Töpfe, wuchsfreudige mit drei Blühperioden in 20-cm-Töpfe (mit 1,5 m langem Stab zum Abstützen). Wie stark die jeweilige Pflanze wachsen wird, kann Ihnen der Fachmann sagen.

Während der gesamten Lebenszeit der Pflanze – mit Ausnahme der ersten 2 oder 3 Tage nach dem Einpflanzen – darf die Luft im Gewächshaus auf keinen Fall stickig oder schwül werden. Die Mindesttemperatur sollte 7 °C betragen.

Stutzen der Pflanzen

Bei Vermehrung durch eigene Stecklinge müssen die neuen Pflanzen zu Beginn des Frühjahrs das erste Mal gestutzt werden, wenn sie etwa 20–25 cm hoch sind.

Sobald sich neun vollentwickelte Blattpaare gebildet haben, bricht man die Triebspitzen nach dem sechsten oder siebten Blattknoten von unten ab. Dazu nimmt man die Triebspitze zwischen Daumen und Zeigefinger, hält mit der anderen Hand den Stengel fest und biegt die Spitze scharf nach unten. Wenn der Trieb nicht glatt abbrechen sollte, schneidet man ihn mit einem sehr scharfen Messer über dem Knoten ab.

Nach diesem ersten Stutzen bilden sich fünf bis sieben Seitentriebe, von denen einige ein zweites Mal gestutzt werden, sobald sie etwa 18 cm lang sind.

Wählen Sie dann einen der oberen Blattknoten, über dem ein möglichst langer Stengelabschnitt

völlig knotenfrei ist. Alle darüberliegenden Seitentriebe und Blattachseln abbrechen, und zwar so, daß noch ungefähr sechs vollentwickelte Blattpaare stehenbleiben. Es genügt nicht, nur ein paar Blätter abzureißen, da sich daraus in der Regel schwächere Seitentriebe entwickeln.

Wenn die Seitentriebe kein zweites Mal zurückgeschnitten werden, blühen diese im Sommer. Gestutzte Triebe bilden Seitentriebe, die später blühen. Ein zweites Stutzen im Frühsommer erbringt Herbstblüten, durch Stutzen im Hochsommer erhält man Winterblüten. Werden die Triebe im Spätsommer gestutzt, entstehen Frühlingsblüten im nächsten Jahr.

Seitenknospen entfernen

Damit an jedem Seitentrieb eine schöne Blüte wächst, sollte man bei Gewächshausnelken die Seitenknospen mit Ausnahme der endständigen Knospe abbrechen, sobald die Knospen erbsengroß sind. Amerikanische Spray-Nelken nur einmal stutzen und die Seitenknospen nicht entfernen.

Sobald sich die Blüten öffnen, dürfen sie nicht mehr mit Wasser in Berührung kommen. Die Pflanzen bei Hitze schattig stellen.

Blätterpracht der Funkien

**Funkien sind, was die vielseitige Schönheit ihrer dekorativen
sommergrünen Blätter und ihre ausgeprägte
Anpassungsfähigkeit betrifft, kaum zu überbieten.**

Die Gattung *Hosta* umfaßt mehr als
40 Arten von zumeist winterharten, sommergrünen Stauden, die in
Korea, China und Japan beheimatet
sind. Die dekorativen Vertreter der
Familie der Liliengewächse *(Liliaceae)* spielen aufgrund ihrer enor-
men Bandbreite an Blattfärbungen
und -formen eine wichtige Rolle bei
der Gestaltung einer Gartenanlage.
Sie stellen eine Bereicherung für jeden Garten dar.

Es gibt zahlreiche Funkiensor-
ten mit unterschiedlichen panaschierten oder buntgefärbten Blättern – ideale Partner für viele Stauden oder Sträucher. Funkien eignen
sich besonders zur Bepflanzung
von schattigen Zierbeeten und Rabatten, obgleich viele Arten auch
Sonne vertragen. Sie gedeihen gut
auf feuchtem Boden, etwa am Ufer
eines Gartenteichs. Als Bodendek-
ker leisten sie gute Dienste, und sie
wachsen jahrelang am selben Platz,
ohne an Schönheit einzubüßen.

Die Blätter der Funkien bieten
vom Frühling bis in den Herbst hinein, wenn sie sich goldgelb und
bronzerot verfärben, einen prachtvollen Anblick. Man unterscheidet
je nach den Arten gerippte, gefäl-
telte, runzelige, glatte oder gewellte
Blätter, die cremeweiß, gelb, gelb-
grün, mittelgrün, dunkelgrün und
blaugrün getönt sind. Die Mehrzahl
der Funkien treibt in den Sommermonaten aufrechte Trauben zart-
duftender weißer oder violetter
Trompetenblüten.

Pflanzenauswahl

Bei der Auswahl von Funkienarten
oder -sorten haben äußere Merkmale wie Höhe und Durchmesser
der Pflanzen sowie Laubfärbung
und Beschaffenheit der Blattoberfläche eine große Bedeutung. Die
Blattfärbung liefert einen Anhaltspunkt dafür, ob die ausgewählte
Funkie einen sonnigen oder schattigen Platz benötigt.

▲ *Die Blütenähren von* Hosta fortunei
*setzen sich aus kleinen, blaßvioletten
Lilienblüten zusammen.*

▼ *Die blaugrünen, gefältelten Blätter
von* H. sieboldiana *kontrastieren mit
dem gewellten Laub von* H. undulata.

Wenn Sie Funkien mit rein grünem Laub bevorzugen, sollten Sie sich für eine der nachfolgend aufgeführten reinen Arten entscheiden: *H. elata*, *H. fortunei*, *H. lancifolia*, *H. plantaginea* und *H. rectifolia*. Einige Züchtungen besitzen ebenfalls einfarbig grünes Laub. Zu ihnen zählen *H. rectifolia* 'Tall Boy', *H.* 'Honeybells' und *H.* 'Royal Standard'.

Blaugrünes Laub sorgt in bunten Zierbeeten für einen aufsehenerregenden Kontrast. Man begegnet dieser Farbe bei *H. sieboldiana*, ebenso unter dem Namen *H. glauca* bekannt – vor allem bei der Sorte 'Elegans' –, bei *H. × tardiana* mit der Sorte 'Halcyon' und außerdem bei *H. ventricosa*.

Funkien mit weißer, cremeweißer und gelber Panaschierung sind beliebt, weil sie jeder Grünpflanzung ein besonderes Glanzlicht aufsetzen. Die Blattmuster variieren stark. Bei der einen Art erfaßt die Panaschierung nur den Blattrand, bei einer anderen den Bereich zwischen den Blattadern. Darüber hinaus gibt es Funkien, die marmorierte oder gefleckte Blätter mit unregelmäßigen weißen Malen besitzen.

Führt eine Sorte oder Hybride den Begriff „marginata" im Namen, deutet dies auf eine farblich abweichende Randfärbung ihrer Blätter hin. Enthält die Bezeichnung die Vorsilbe „albo", liegt eine weiße Panaschierung vor. „Aureo" oder „aurea" bezeichnet eine gelbliche Blattönung. Diese Art der Namengebung findet sich beispielsweise bei *H. ventricosa* 'Aureomarginata' und bei *H. fortunei* 'Albomarginata'.

Panaschierungen bzw. andersfarbige Streifen oder Flecken im Innern der Blattspreite charakterisieren beispielsweise die Arten *H. undulata* 'Mediovariegata' und *H. ventricosa* 'Aureomaculata'. Noch farbenprächtiger sind *H. sieboldiana* 'Frances Williams' und *H.* 'Gold Standard', die blaugrün gefärbte Blätter mit gelbem Rand hervorbringen, und *H.* 'Thomas Hogg' mit dunkelgrünen, cremeweiß gesäumten Blättern.

Die Blattform reicht von den relativ schmalen, lanzettförmigen Blättern von *H. lancifolia* bis zu den breiten, herzförmigen Blättern von *H. sieboldiana*. Die Länge der Blätter variiert zwischen 12 cm und 40 cm. Die Blattspreite kann flach sein wie bei *H. ventricosa* oder sich stark wellen, wie dies bei *H. undulata* zu beobachten ist. Die Blattadern treten bei allen Arten deutlich

Funkienblätter variieren in Färbung, Größe und Oberflächenstruktur:
1 *Hosta sieboldiana* 'Elegans'
2 *Hosta fortunei* 'Aurea'
3 *Hosta crispula*
4 *Hosta ventricosa* 'Aureomaculata'
5 *Hosta fortunei* 'Albopicta'
6 *Hosta undulata* 'Mediovariegata'
7 *Hosta* 'Gold Standard'
8 *Hosta rectifolia* 'Tall Boy'

hervor; bei *H. sieboldiana* und ihren Sorten sind sie netzartig miteinander verbunden, wodurch die Blattoberseite runzelig erscheint.

In der Höhe weisen die Funkien ebenfalls merkliche Unterschiede auf. *H. minor*, die ungefähr 20 cm hohe Horste bildet, ist die kleinste Art, während *H. sieboldiana* eine Höhe von 90 cm erreichen kann. Bei allen Funkien überragen die Blütentrauben das Laub. Berücksichtigen Sie bei der Auswahl, daß die Größenangaben in der Regel für blühende Pflanzen gelten; der Blatthorst ist etwas niedriger.

Standortwahl
Funkien bevorzugen gut durchlässigen, aber feuchten Boden, der mit viel organischem Material wie Laubhumus, Kompost oder Stallmist angereichert wurde.

Funkien mit rein grünem Laub vertragen lichten Schatten oder Halbschatten am besten, denn an einem sehr schattigen Platz nimmt ihre Blühfähigkeit ab, und in voller Sonne können ihre Blätter verbrennen. Sorten mit panaschiertem, hellem Laub bringen im Schatten die reizvollsten Farbmuster hervor, und ihre Blätter sind an einem sonnigen Standort noch stärker gefährdet als die der grünblättrigen Funkien.

Die Pflanzung
Funkien, die in Blumentöpfen gezogen wurden, können jederzeit gepflanzt werden, da ihren Wurzeln durch das Umsetzen keine Schädi-

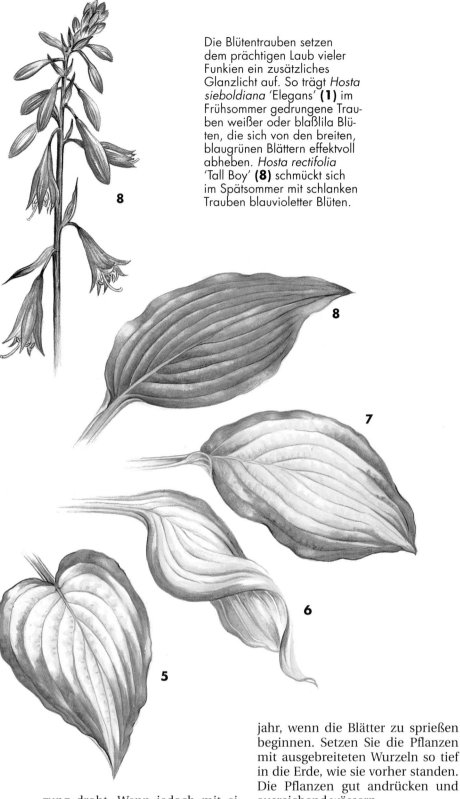

Die Blütentrauben setzen dem prächtigen Laub vieler Funkien ein zusätzliches Glanzlicht auf. So trägt *Hosta sieboldiana* 'Elegans' **(1)** im Frühsommer gedrungene Trauben weißer oder blaßlila Blüten, die sich von den breiten, blaugrünen Blättern effektvoll abheben. *Hosta rectifolia* 'Tall Boy' **(8)** schmückt sich im Spätsommer mit schlanken Trauben blauvioletter Blüten.

schied zu anderen Stauden müssen Funkien nicht in regelmäßigen Abständen geteilt werden. Es empfiehlt sich vielmehr, sie ungestört heranwachsen zu lassen, damit sie ausgedehnte Horste bilden können. An einem günstigen Standort können Funkien 30 Jahre und älter werden. Im Lauf der Zeit verholzen sie so stark, daß man sie weder teilen noch umsetzen kann.

Vermehrung

Trotz ihrer Neigung zum Verholzen werden Funkien in erster Linie durch Teilung vermehrt. Man wählt dazu junge Stöcke, die noch nicht sehr stark verholzt sind. Im zeitigen Frühjahr werden die Funkienstöcke dann ausgegraben und in mehrere Stücke, von denen jedes zwei oder drei Blatttriebe und etliche Wurzeln aufweisen muß, geteilt. Ein scharfes Messer oder eine kleine Säge eignet sich am besten, um holzige Stöcke zu trennen.

Es besteht auch die Möglichkeit, Funkien aus Samen heranzuziehen. Wenn Sie die Funkienblüten nach dem Verblühen nicht abschneiden, reifen keimfähige Samen heran, die Sie sammeln und aussäen können. Bedenken Sie jedoch, daß die Sämlinge nicht sortenecht sind.

Säen Sie die Funkiensamen sofort nach der Reife oder im darauffolgenden Frühjahr in feuchte Saaterde, und sorgen Sie für eine Keimtemperatur von ungefähr 10 °C. Die Keimdauer beträgt 1–3 Monate. Sobald die Sämlinge etwas kräftiger sind, vereinzeln Sie diese in kleine Töpfe und bringen sie in einem unbeheizten Frühbeet unter. Im darauffolgenden Frühjahr sind die jungen Funkien in der Regel so weit herangewachsen, daß sie umgepflanzt werden können.

Schädlinge und Krankheiten

Schnecken – mit und ohne Gehäuse – sind die Hauptfeinde von Funkien. Sie befallen mit Vorliebe junge Blätter, die sie durchlöchern oder vollständig abfressen. Die Übeltäter sind anhand der Schleimspuren leicht zu identifizieren, die sie auf den Pflanzen und in deren Umgebung hinterlassen.

Zur Bekämpfung der Schnecken werden im Handel verschiedene mechanische Schneckenfallen angeboten, die den Tieren den Weg zu ihren Futterpflanzen versperren. Schnecken meiden beispielsweise aufgrund ihres weichhäutigen, schleimbedeckten Körpers rauhe oder sandige Oberflächen und las-

gung droht. Wenn jedoch mit einer unregelmäßigen Wasserzufuhr zu rechnen ist, sollte man im Herbst oder zeitigen Frühjahr pflanzen, also in einer Periode, in der Funkien nur wenige oder gar keine Blätter treiben. Bei Funkien, die in einer wärmeren Jahreszeit gesetzt werden, ist eine ständige Kontrolle der Bodenfeuchtigkeit erforderlich, damit die Blätter nicht welken. Der Pflanzabstand orientiert sich an der Breite ausgewachsener Pflanzen.

Falls Funkien im Freien umgesetzt werden sollen, geschieht dies am besten im zeitigen Früh-

jahr, wenn die Blätter zu sprießen beginnen. Setzen Sie die Pflanzen mit ausgebreiteten Wurzeln so tief in die Erde, wie sie vorher standen. Die Pflanzen gut andrücken und ausreichend wässern.

Pflege

Funkien sind sehr pflegeleicht und müssen nicht gestützt oder zurückgeschnitten werden. Bei Trockenheit ist es erforderlich, ausreichend zu bewässern, besonders dann, wenn der Standort sonnig ist. Nach dem Flor werden verblühte Trauben abgeschnitten.

Die abgestorbenen Blätter werden im Herbst entfernt, sobald die Herbstfarben verblaßt sind. Junge Pflanzen sollte man im Winter mit Laubkompost abdecken. Im Unter-

sen sich daher durch Sand oder feinen Splitt, den man ringförmig um die Pflanzen ausstreut, von ihrem Weg abbringen. Diese natürliche Schneckenbarriere muß selbstverständlich regelmäßig erneuert werden, insbesondere nach starkem Regen.

Ruß verätzt die empfindliche Haut der Schnecken und ist daher ebenfalls als Abwehrmittel geeignet, muß aber ebenso wie Sand immer wieder ergänzt werden. Da Schnecken von Bier angezogen werden, kann man sie auch in biergefüllten Gefäßen fangen, die man in der Nähe der Funkien bodengleich eingräbt; allerdings ist diese Bekämpfungsmethode nicht immer von Erfolg gekrönt.

Falls Sie keine andere Möglichkeit sehen, über die Schnecken Herr zu werden, als zu chemischen Schneckenbekämpfungsmitteln zu greifen, sollten Sie sich unbedingt bei der Anwendung genau an die Herstelleranweisungen halten.

Die einzige Krankheit, von der Funkien befallen werden können, ist die Fäule der unterirdischen Sproßteile. Sie tritt nur in sehr feuchten Wintern auf, in denen das Wasser nicht rasch genug ablaufen kann. Eine Verbesserung der Bodenverhältnisse schafft Abhilfe.

◄ *Einen dichten Teppich weben die schmalen, sattgrünen, mit einem weißen Saum eingefaßten Blätter von* Hosta albomarginata. *Diese Art gehört heute zu* H. sieboldii, *nicht zu verwechseln mit* H. sieboldiana, *von der sie sich deutlich unterscheidet.* H. albomarginata *breitet sich durch rhizomartige Ausläufer aus. Sie trägt im Sommer violette, dunkler gezeichnete Blüten.*

SCHUTZ VOR SCHNECKENFRASS

1 Schneckenkorn ist ein chemisches Bekämpfungsmittel, dessen Giftwirkung sich keineswegs nur auf Schnecken begrenzt und daher von umweltbewußten Gärtnern abgelehnt wird.

2 Flüssiges Schneckengift dämmt die Schneckenplage zwar rasch und anhaltend ein, sollte aber aufgrund seiner giftigen Nebenwirkungen ebenso gemieden werden wie Schneckenkorn.

3 Statt mit der „chemischen Keule" kann man Funkien auch mit anderen Mitteln schützen: Ein Ring aus grobkörnigem Sand stellt für Schnecken ein unüberwindbares Hindernis dar.

Winterharte Farne

**Farne eignen sich mit ihren kühlen Grüntönen geradezu ideal
für wenig sonnenverwöhnte Lagen. Zudem lassen sie sich mit anderen
schattenliebenden Pflanzen effektvoll kombinieren.**

Farne gehören zu den ältesten Pflanzen der Welt. Sie wuchsen bereits lange vor den Blütenpflanzen in den urzeitlichen Wäldern. Es gibt mehrere tausend unterschiedlicher Farnarten, von denen die Mehrzahl in tropischen Ländern heimisch ist und bei uns nur in Gewächshäusern gehalten werden kann. In unseren Breitengraden kommen etwa 45 Arten in freier Natur vor und können in der Regel ohne große Probleme im Garten kultiviert werden. Doch benötigen Farne auch bei uns ständige Feuchtigkeit für ihren ungewöhnlichen Wasserhaushalt und ihr kompliziertes Fortpflanzungssystem.

Ein faszinierendes Merkmal von Farnpflanzen ist die unglaubliche Vielfalt an Blattformen. Farnliebhaber bepflanzen schattige Plätze ausschließlich mit Farnen unterschiedlicher Blattformen, -farben und -größen. Man kann sie jedoch auch mit anderen Blütenpflanzen kombinieren, die an ihre Standorte ähnliche Ansprüche stellen, wie beispielsweise Primeln oder Funkien. Das Laubblatt wird bei Farnen „Wedel" genannt.

Am besten pflanzt man Farne nicht zu dicht, damit ihre Wedel gut zur Geltung kommen können. Die Zwischenräume füllt man z. B. mit Bodendeckern wie etwa Bergenien, Elfenblumen oder Maiglöckchen. Die Pflanzung von Farnen ist jedoch durchaus nicht auf schattige Lagen beschränkt. Einige Arten gedeihen auch im Halbschatten unter Bäumen, wo ihre gesägten Wedel wirkungsvoll mit den glatten Baumrinden kontrastieren.

Manche Farnarten sind immergrün und daher eine wertvolle Bereicherung für den winterlichen Garten. Zu nennen sind hier Schildfarn *(Polystichum setiferum)*, Tüpfelfarne *(Polypodium)* und Hirschzungen *(Phyllitis)*. Diese sehen besonders attraktiv aus, wenn ihre ungesägten Wedel mit glitzernden Reifrändern umsäumt sind.

Winterharte Farne pflanzen

Farne gedeihen grundsätzlich in jedem Boden, wenn er nicht allzu schwer und leicht durchlässig ist. Der Standort sollte vor der Mittagssonne wie auch vor starkem Wind geschützt sein. Optimaler Schatten entsteht an Häuserwänden oder Zäunen in Nordlage, wo die Pflanzen vor zu intensiver Sonneneinstrahlung geschützt sind und doch offen stehen.

Auch Bäume sind für Farne geeignete Schattenspender, sofern die Pflanzen nicht direkt unter den Zweigen stehen, von denen viel Regenwasser herabtropft. Aber es gibt natürlich Ausnahmen. Es existieren Arten, die sich gerade in völligem Schatten und tropfnassen Verhältnissen am wohlsten fühlen: Hierzu zählen Rippenfarn *(Blechnum spicant)*, die meisten Wurmfarnarten, Buchenfarn *(Thelypteris phegopteris)*, Schildfarn sowie Eichenfarn *(Currania dryopteris)*.

Die ideale Pflanzzeit ist der Herbst oder das Frühjahr. Zu früh gekaufte Pflanzen müssen so aufbewahrt werden, daß die Wurzeln nicht austrocknen. Zunächst wird bei feuchtem Wetter der Standort ungefähr 30 cm tief umgegraben.

◄ *Der Straußenfarn (Matteuccia struthiopteris) ist eine extrem winterharte, feuchtigkeitsliebende Pflanze mit attraktiven, hellgrünen Blattwedeln, die trichterförmig aus einem Zentrum herauswachsen. Die Art verträgt selbst sumpfige Bodenverhältnisse und bildet unterirdische Ausläufer.*

PFLANZMETHODEN

1 Den Standort sorgfältig auswählen – die meisten Farne wachsen in geschützter, schattiger Lage! Den Boden im Herbst oder Frühjahr umgraben und 1 Handvoll Knochenmehl/m² Boden einstreuen.

2 Dann eine 2,5 cm dicke Schicht Laubspreu oder gut verrotteten Gartenkompost aufbringen und alles 15–23 cm tief in die Erde unterharken. Die Farnpflanzen können im Anschluß daran direkt eingesetzt werden.

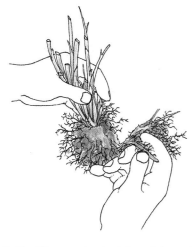

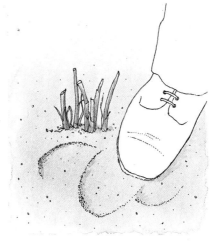

3 Die Pflanzmethode richtet sich nach der Wuchsform und dem Wurzeltyp der betreffenden Farnart. Rosettenfarne werden von alten, verholzten Wedelbasen befreit, damit sich ungehindert neue Wurzeln bilden können.

4 Die so gestutzten Pflanzen mit dem Blattansatz ebenerdig einsetzen. Achten Sie darauf, daß das Pflanzloch für den gesamten Wurzelballen groß genug ist. Die Pflanze fest andrücken und, wenn nötig, gießen.

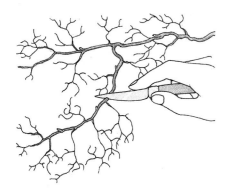

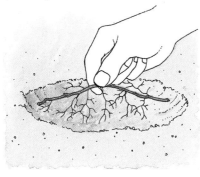

5 Rhizomfarne erfordern eine andere Pflanzmethode. Mit einem scharfen Messer werden von einer im Frühjahr ausgegrabenen Pflanze Rhizomteile abgeschnitten, die jeweils mindestens ein „Auge" besitzen müssen, damit sich neue Triebe entwickeln.

6 Jedes der Rhizomteile einzeln flach in den Boden einsetzen, mit frischer Gartenerde bedecken und mit den Fingern leicht andrücken. Da die gesamte Pflanze unter der Erde liegt, sollte der Standort gut markiert werden, um ärgerliche Verwechslungen zu vermeiden.

7 Am besten gedeihen Streifenfarne in Steingärten oder den Spalten von Trockenmauern. Zunächst einen kleineren Stein entfernen, dann das Pflänzchen in das entstehende Loch pflanzen und mit Laubspreu bedecken. Nun den Stein wieder einsetzen.

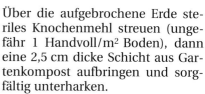

Über die aufgebrochene Erde steriles Knochenmehl streuen (ungefähr 1 Handvoll/m² Boden), dann eine 2,5 cm dicke Schicht aus Gartenkompost aufbringen und sorgfältig unterharken.

Aufgrund ihrer Wuchsform teilt man Farne in Rosettenfarne, Rhizomfarne und Streifenfarne ein:

Rosettenfarne besitzen Wedel, die aus einem kräftigen Wurzelstock herauswachsen und dichte, federballartige Rosetten bilden. Gute Beispiele sind der Frauenfarn *(Athyrium filix-femina)* und der Gemeine Wurmfarn *(Dryopteris filix-mas)*. Vor dem Einpflanzen sollte man die alten, verholzten Basen der Blattstiele entfernen, um die Bildung neuer Wurzeln zu fördern. Anschließend ein Pflanzloch graben, in das der ganze Wurzelballen eingesetzt, mit Substrat umgeben und fest angedrückt wird. Die Blattansätze sollten knapp über der Erdoberfläche liegen.

Rhizomfarne wie der empfindliche Perlfarn *(Onoclea sensibilis)* tragen entlang dem gesamten Rhizom Blattwedel, die kleinere Einzelrosetten bilden. Mit einer Grabegabel werden zunächst flache Mulden gegraben, in die man die Rhizome einsetzt. Dann wird mit Erde aufgefüllt und diese fest angedrückt.

Streifenfarne der Gattung *Asplenium* bevorzugen als Standort Spalten in senkrechten oder schrägen Mauern. Außerdem sind sie ideal für Steingärten oder Trockenmauern. Am besten entfernt man einen Stein und setzt die Farnpflanze in das entstehende Loch ein. Die Jungpflanze mit Laubspreu abdecken; den Stein wieder an die ursprüngliche Stelle setzen.

Pflege von Farnpflanzen

Wenn die Farnpflanzen erst einmal richtig angewachsen sind, müssen sie nur noch bei sehr heißem und trockenem Wetter gegossen werden. Die Bodenfeuchtigkeit bleibt besser erhalten, wenn man die gesamte Fläche um die neu eingesetzte Pflanze mit einer 2,5 cm tiefen Schicht aus Kompost, Torf oder Laubstreu mulcht. Diese Schicht sollte alljährlich im Herbst und im Frühjahr aufgefrischt werden.

Unerwünschte Wildkräuter werden stets von Hand gezupft, da man mit Harke oder Schuffeleisen leicht das Wurzelsystem beschädigt, das bei etablierten Farnpflanzen direkt unter der Erdoberfläche liegt. Um neues Wachstum zu fördern, werden im Frühjahr abgestorbene Wedel mit einem scharfen Messer oder einer Gartenschere möglichst weit unten abgeschnitten.

Vermehrung durch Teilung

Bei Rosettenfarnen ist die einfachste Vermehrungsmethode die Teilung der Wurzelballen im Frühjahr. Dazu gräbt man sie vorsichtig aus und schneidet die Wedel ab. Kleine Ballen kann man meist relativ leicht mit den Händen zerlegen. Hingegen teilt man große Ballen am besten mit Hilfe zweier Grabegabeln, die, Rücken an Rücken, in den Ballen gestoßen und dann auseinandergedrückt werden. Das restliche Wurzelgeflecht trennt man mit einem scharfen Messer, um die feinen Wurzeln sowenig wie möglich zu verletzen.

Die neuen Ballen lassen sich noch weiter trennen, so daß man mehrere junge Pflänzchen erhält. Diese werden dann wie oben beschrieben wieder eingesetzt.

Auch Rhizomfarne können durch Teilung vermehrt werden. Anfang Frühjahr werden die Pflanzen ausgegraben, die Blattwedel entfernt und die Rhizome mit einem scharfen Messer in Stücke zerteilt. Jeder dieser Teile muß jedoch ein sogenanntes „Auge" besitzen, an dem neue Wedel entstehen können.

Nach der Teilung die Rhizome wieder einsetzen. Jedes Teilpflänzchen erreicht nach einigen Jahren seine volle Größe.

Vermehrung von Hirschzungen

Hirschzungenfarne wachsen nach der Teilung extrem langsam heran,

MULCHEN

Alle Farne – außer solchen in Mauern oder Felsspalten – im Frühjahr und Herbst mit einer 2,5 cm dicken Schicht aus Laubspreu oder Torf mulchen. Im Frühjahr zusätzlich etwas Knochenmehl streuen.

so daß man sie am besten mit Hilfe der alten, leicht verdickten Blattstielansätze vermehrt, die ähnlich wie Wurzelstecklinge behandelt werden. Die günstigste Zeit für diese Art der Vermehrung sind die Frühlings- und Sommermonate.

Zunächst wird die Farnpflanze behutsam ausgegraben. Die Wurzeln dann sorgfältig vom Erdreich säubern. Anschließend den Wurzelballen teilen, damit man an die unteren Blattstiele gelangt. Diese in der gewünschten Menge so weit unten an der Basis abschneiden wie möglich.

Von diesem Blattstiel werden auf der einen Seite Reste des alten Blattwedels, auf der anderen eventuelle Wurzelreste entfernt. Legen Sie einen Anzuchtkasten mit einer ca. 15 mm dicken Torfschicht aus, auf die Sie anschließend etwa 15 mm dick sterilen, groben Sand einfüllen. Den Sand können Sie sterilisieren, indem Sie ihn in ein feines Sieb füllen und ausreichend mit kochendem Wasser übergießen.

Den zurechtgeschnittenen Blattstiel legen Sie nun auf den Sand – die meisten Anzuchtkästen nehmen 50–60 Stück auf. Dann den Kasten mit einem Kunststoffdeckel oder einer auf Draht oder Bambusstangen gespannten Plastiktüte ab-

◀ *Hirschzungen (Phyllitis scolopendrium) können an Waldstandorten oder in schattigen Ecken problemlos kultiviert werden. Wie alle Streifenfarne gedeihen auch sie in Mauerspalten oder Steingärten.*

decken und an einen schattigen Ort stellen. Eine Belüftung ist nicht nötig.

Im Frühjahr des darauffolgenden Jahres sollten sich aus diesen Blattstielen neue Pflänzchen gebildet haben. Sie werden in 6-cm-Töpfe in ein geeignetes Anzuchtsubstrat auf Torfbasis pikiert. Die heranwachsenden Jungpflanzen so lange in größere Gefäße umtopfen, bis sich ein kräftiges Wurzelsystem ausgebildet hat. Im Frühjahr oder Herbst ins Freiland setzen.

Vermehrung aus Brutknospen

Einige der großblättrigen Farnarten bilden meist in den späten Sommermonaten entlang den Blattmittelrippen bräunliche, knotenartige Brutknospen (Bulbillen). Für die Vermehrung werden zunächst einige Blattwedel entfernt.

Die Anzuchtkästen auch in diesem Fall mit je etwa 15 mm Torf sowie grobem, sterilem Sand auffüllen. Den ganzen Wedel dann flach, mit den Brutknospen nach oben, auf den Sand auflegen und mit gebogenen Drahtstückchen auf dem Substrat befestigen. Dann den Kasten mit einem geeigneten Aufsatz oder einer Kunststoffolie abdecken und an einen schattigen Ort stellen. Eine Belüftung ist auch hier nicht notwendig.

Bis zum nächsten Frühjahr bilden sich aus den Brutknospen neue Farnpflänzchen. Der alte Blattwedel wird nun behutsam angehoben, ohne dabei die zarten Wurzeln der neuen Pflanzen zu beschädigen. Die Jungpflanzen von dem alten Blatt abtrennen, in 6-cm-Töpfe pikieren und mehrmals umtopfen, bis die Wurzeln kräftig genug sind, um ins Freiland gesetzt zu werden.

VERMEHRUNG VON HIRSCHZUNGEN

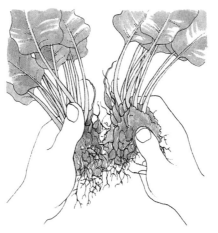 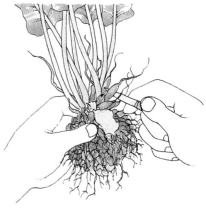

1 Zwischen Frühjahrsmitte und Spätfrühjahr die ausgewachsene Pflanze ausgraben. Die Wurzeln vorsichtig von Substrat befreien und dann den Ballen durchbrechen, um an die alten Blattstiele zu gelangen.

2 Mit einem scharfen Messer die Blattstiele möglichst nahe der Wurzelbasis abschneiden. Die zur Vermehrung geeigneten Blattstiele sind in der Regel daran zu erkennen, daß sie leicht knollenartig angeschwollen sind.

3 Auf der einen Seite die Reste des alten Blattwedels, auf der anderen die Wurzelreste abtrennen. Die Blattansätze in einen mit Sand gefüllten Anzuchtkasten legen, mit Folie abdecken und die Erde feucht halten.

4 Nach etwa 1 Jahr sollten sich die Jungpflänzchen zufriedenstellend entwickelt haben. Sie können nun einzeln in ein geeignetes Substrat auf Torfbasis oder auch in kleinere Torfquelltöpfe pikiert werden.

VERMEHRUNG VON SCHILDFARNEN

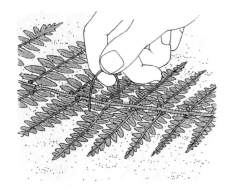 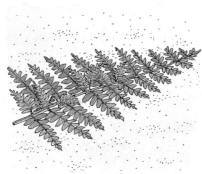 

1 Im Spätsommer den Blattwedel mit den knotenartigen Brutknospen nach oben in Anzuchtkästen mit sterilem Sand legen, mit Draht befestigen und mit Folie abdecken.

2 Den Anzuchtkasten an einem geeigneten, schattigen Ort im Garten aufstellen. Bis zum darauffolgenden Frühjahr bilden sich aus den Knospen junge Farnpflänzchen aus.

3 Sobald die jungen Pflänzchen groß genug sind, diese behutsam von dem alten Blattwedel abtrennen und in ein geeignetes Substrat auf Torfbasis pikieren.

Dekorative Ziergräser

**Neben den üblichen Wiesengräsern stehen für den Garten
verschiedene Gras- und Bambusarten, Sauergräser und Binsen zur Auswahl,
die als Zierpflanzen vielseitig einzusetzen sind.**

Die große Familie der Süßgräser *(Gramineae)* umfaßt ungefähr 8000, in der Regel schmalblättrige Arten, zu denen die grünen Wiesengräser ebenso gehören wie buntblättrige Ziergräser, das riesige Pampasgras und der Bambus. Aufgrund ihrer ähnlichen Wuchsform und Blattgestalt werden diese echten Gräser häufig mit Ried- oder Sauergräsern *(Cypreraceae)*, Rohrkolben- *(Typhaceae)* und Binsengewächsen *(Juncaceae)* kombiniert.

Da Gräser auf der ganzen Welt zu Hause sind, finden sich auch für jeden Bodentyp und jedes Klima passende Arten. Man trifft unter ihnen immergrüne, halbimmergrüne und sommergrüne Stauden ebenso an wie verschiedene einjährige Formen. Die Bambus-Arten werden gelegentlich zu den Gehölzen gezählt,

da sie dicke, holzige, mit Silizium verstärkte Stengel ausbilden. Doch auch solche baumartigen Gräser kommen nicht nur in warmen Klimazonen vor.

Gräser zählen zu den Blütenpflanzen. Zwar sind ihre Einzelblüten klein und meistens unscheinbar, doch die federartigen Rispen oder teils aufrechten, teils nickenden Ähren, zu denen sich die Blüten vereinen, wirken ausgesprochen formschön. Viele Gräser vertragen die verschmutzte Luft der Städte und eignen sich daher gut für Stadtgärten.

Einteilung

Die botanische Einteilung der Süßgräser, die vor allem nach dem Bau des Blütenstandes vorgenommen wurde, sieht sieben Gruppen vor.

Gruppe 1 umfaßt die Bambusverwandten wie *Arundinaria*, *Sasa* und *Phyllostachys*. Typische Kennzeichen der genannten, im Fernen Osten beheimateten Gräser sind aufrechter Wuchs und eine häufig sehr stattliche Größe. Manche Arten kommen erst nach vielen Jahren zur Blüte. Weiterhin zeichnen sich die Arten dieser Gruppe durch harte, hohle Stengel (Bambusstangen) mit den charakteristischen Knoten sowie lanzettförmige Blätter aus.
Gruppe 2 enthält keine Zierpflanzen und ist deswegen für den Hobbygärtner nicht von Interesse.

▼ *Federartige Blütenstände, ein auffälliger Schmuck mancher Ziergräser, zeichnen auch das Federborstengras (Pennisetum) aus. Sanft wiegen sie sich im leisesten Windhauch.*

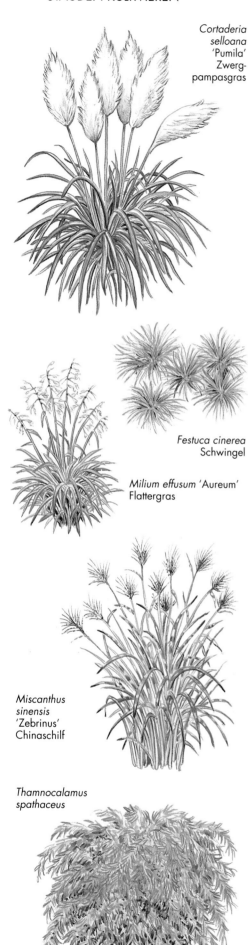

Cortaderia selloana 'Pumila' Zwergpampasgras

Festuca cinerea Schwingel

Milium effusum 'Aureum' Flattergras

Miscanthus sinensis 'Zebrinus' Chinaschilf

Thamnocalamus spathaceus

Pleioblastus viridistriatus

Phalaris arundinacea 'Picta' Rohrglanzgras

Gruppe 3 umfaßt stattliche, robuste Gräser, zu denen beispielsweise das Pampasgras *(Cortaderia selloana)*, das Pfahlrohr *(Arundo donax)* und das Pfeifengras *(Molinia caerulea)* gerechnet werden.

Gruppe 4 besteht aus Gräsern, die an starke Sonneneinstrahlung angepaßt sind, wie sie in der Savanne und in tropischem Grasland herrscht. Als Zierpflanzen dienen Moskitogras *(Bouteloua)* und Goldbandleistengras *(Spartina)*, die ihre Blüten zu Ähren oder Trauben anordnen.

Gruppe 5 ist durch einen besonderen Blattbau und zweiblütige Ährchen gekennzeichnet. Zu ihr gehören die Gattungen *Pennisetum* (Federborstengras), *Panicum* (Hirse), *Coix*, *Miscanthus* (Chinaschilf) und *Zea* (Mais).

Gruppe 6 zeichnet sich ebenfalls durch spezielle botanische Merkmale aus, die jedoch für den Gärtner ohne Belang sind. Die Gruppe vereint verschiedene Gartengräser wie Fuchsschwanzgras *(Alopecurus)*, Wiesenhafer *(Helictotrichon)*, Hafer *(Avena)*, Glatthafer *(Arrhenaterum)*, Rispengras *(Poa)*, Reitgras *(Calamagrostis)*, Glanzgras *(Phalaris)*, Schwaden *(Glyceria)*, Schmiele *(Deschampsia)*, Schwingel *(Festuca)*, Straußgras *(Agrostis)* und Ziergerste *(Hordeum*-Arten*)*.

Gruppe 7 wird durch das Federgras *(Stipa)* repräsentiert.

Die Familie der Sauergräser wird ebenfalls anhand besonderer Merkmale, die meist den Blütenbau betreffen, in Gruppen unterteilt. Man kann die Sauergräser von den echten Gräsern leicht durch ihre knotenlosen, oft dreikantigen Stengel unterscheiden.

Die Familie umfaßt die Gattungen *Carex* (Segge), *Cyperus* (Zypergras) und *Scirpus* (Simse). Es handelt sich bei ihnen in der Mehrheit um ausdauernde Rhizompflanzen mit grasartigen Blättern, die sumpfige oder wassernahe Standorte bewohnen.

Die Familie der Binsengewächse vereint Sumpf- oder Uferpflanzen mit dünnen, markgefüllten Stengeln und spitz zulaufenden, nicht selten stielrunden Blättern. Lediglich zwei Gattungen eignen sich als Zierpflanzen: Binse *(Juncus)* sowie Hainsimse *(Luzula)*. Im Gegensatz zu Süßgräsern schließen sich ihre Blüten nicht zu Ähren zusammen, und als Blütenstände sind doldenähnliche Rispen die Regel.

Rohrkolbengewächse sind rhizombildende, ausdauernde Sumpfpflanzen, deren aufrechte Halme von einem zylindrischen, dichtgepackten, als Kolben bezeichneten Blütenstand gekrönt werden. Sie tragen grasartige, flache Blätter. Die Familie ist auf die Gattung *Typha* (Rohrkolben) beschränkt.

Ziergräser zur Auswahl

Welche Gräser für welchen Garten in Frage kommen, hängt von der Größe der Pflanzen, der Laubfärbung und den Ansprüchen an den jeweiligen Standort ab, die teilweise an Gestalt und Färbung der Blütenstände abgelesen werden können.

Viele Ziergräser fühlen sich an offenen, sonnigen Stellen im Garten wohl. Sie sind ein beliebter Schmuck für Staudenbeete und dienen als effektvoller Hintergrund für Pflanzen mit auffallenden Blüten. Die eine oder andere großwüchsige Art kann man auch als Blickfang mitten in den Rasen oder auf eine Fläche mit einförmigem Bewuchs pflanzen.

Hohe Gräser wie das Pampasgras *(Cortaderia selloana)*, das Riesenfedergras *(Stipa gigantea)* und das Chinaschilf *(Miscanthus sinensis)* kommen in einem gemischten Zierbeet am besten zur Geltung. Alle drei Arten werden zur Blütezeit bis zu 300 cm hoch und bilden üppige Horste aus grünen Blättern. Das Pampasgras trägt riesige, silbrigweiße, federartige Blütenbüschel, ist aber auch als rosablühende oder buntblättrige Sorte erhältlich. Für kleine Gärten bietet sich das Zwergpampasgras *C. selloana* 'Pumila' an, dessen blühende Halme nur eine Höhe von ungefähr 120 cm erreichen. *M. sinensis* 'Zebrinus', eine buntblättrige Form

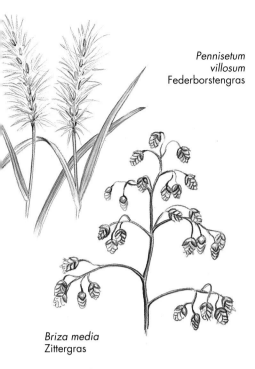

Pennisetum villosum
Federborstengras

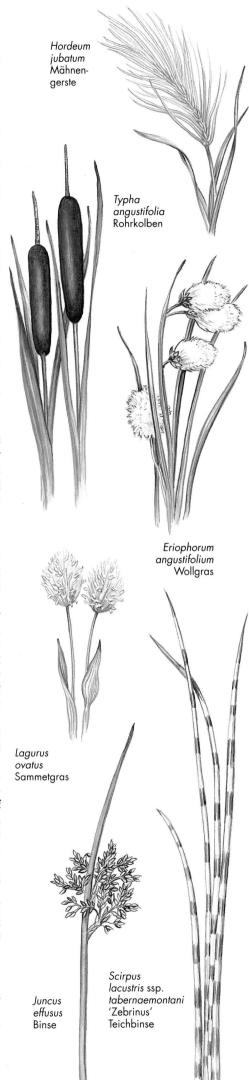

Hordeum jubatum
Mähnengerste

Typha angustifolia
Rohrkolben

Eriophorum angustifolium
Wollgras

Lagurus ovatus
Sammetgras

Scirpus lacustris ssp. *tabernaemontani* 'Zebrinus'
Teichbinse

Juncus effusus
Binse

Briza media
Zittergras

des Chinaschilfs, schmückt ihre Blätter mit gelben Querbinden.

Mittelhohe Gräser (von 60 bis 120 cm Höhe in blühendem Zustand), die sich für Stauden- oder Blumenbeete eignen, stehen in reicherer Auswahl zur Verfügung. Wenn Sie Gräser mit grünem Laub bevorzugen, können Sie zwischen Formen mit aufrechten, kompakten oder federartigen Ähren und solchen mit verzweigten Rispen wählen, deren Ährchen vom leisesten Windhauch bewegt werden. Am bekanntesten sind die Gattungen *Briza* (Zittergras), *Pennisetum* (Federborstengras) und *Deschampsia* (Schmiele).

Bläuliches oder graues Laub besitzen Wiesenhafer (*Helictotrichon sempervirens*) und Silberährengras (*Achnatherum calamagrostis*). Die Fuchsschwanzgrassorte *Alopecurus pratensis* 'Aureus' trägt gelbes Laub, während Glatthafer (*Arrhenaterum elatius* 'Variegatum') sowie Rohrglanzgras (*Phalaris arundinacea*) Blätter mit cremeweißer Musterung beisteuern.

Niedrige Gräser, deren Wuchshöhe etwa 45 cm nicht überschreitet, kommen am besten zur Geltung, wenn man sie an Beeträder pflanzt. Zu dieser Gruppe zählen die blaugrünen oder blaugrauen Schwingelarten (*Festuca*) und das weißberandete Honiggras (*Holcus mollis* 'Albovariegatus').

Einjährige Gräser kann man an einer sonnigen Stelle als Lückenfüller zwischen Stauden oder Büsche pflanzen, sie vertragen sich aber auch gut mit anderen einjährigen Zierpflanzen. Ihre Palette reicht vom 100–150 cm hohen Ziermais (Sorten von *Zea mays*) über 60 bis

90 cm hohe Formen wie Zittergras (*Briza maxima*), Hiobsträne (*Coix lacryma-jobi*) und Mähnengerste (*Hordeum jubatum*) bis zum zierlichen Liebesgras (*Eragrostis*) sowie dem Sammetgras (*Lagurus ovatus*).

Für einen halbschattigen Platz eignen sich Arten und Sorten wie das Flattergras (*Milium effusum* 'Aureum'), *Hakonechloa* oder auch die Rasenschmiele (*Deschampsia cespitosa*).

Einige Süßgräser ziehen feuchten Boden oder sogar nassen Untergrund vor. Dazu gehört das etwa 60 cm hohe Pfeifengras (*Molinia caerulea* 'Variegata'), dessen cremeweiß gestreifte Blätter üppige Büschel bilden, und *Spartina pectinata* 'Aureomarginata', ein 180 cm hohes, überhängendes Gras mit gelbrandigen Blättern.

Auch die bambusartigen Gräser wachsen am liebsten auf feuchtem Boden und gedeihen hier in der Sonne wie in lichtem Schatten. Ihre Wuchshöhe variiert von 450 cm und mehr bei *Pseudosasa japonica* bis zu knapp 60 cm bei *Pleioblastus humilis*. Die Laubfärbung reicht von reinem Grün über gelbfleckig (*Pleioblastus viridistriatus*) bis zu weiß (*Sasa veitchii*).

Die eigens geschaffene Flachwasserzone am Rand eines Gartenteichs oder der feuchte Uferbereich eines natürlichen Gewässers bietet Sumpfgräsern, Seggen, Binsen und Rohrkolbengewächsen gute Standortbedingungen. Die meisten der genannten Pflanzen bevorzugen Sonne, vertragen aber auch Schatten. Unter den echten Gräsern ist der buntblättrige Schwaden (*Glyceria maxima* 'Variegata') Favorit, der 90 cm Höhe erreicht und grün, gelb und weiß gestreifte Blätter trägt.

Zu den Sauergräsern, die gern in Wassernähe siedeln, gehören das Wollgras (*Eriophorum*), das Zypergras (*Cyperus longus*) und die grünweiß gebänderte Teichbinse (*Scirpus lacustris* ssp. *tabernaemontani* 'Zebrinus'). Auf kargen, feuchten Böden läßt sich mit etwas Glück die Flatterbinse (*Juncus effusus* 'Spiralis') ziehen.

Die aufgeführten Binsen und Sauergräser, ebenso die Rohrkolbenarten *Typha angustifolia* und *T. minima*, kann man bis in 15 cm Tiefe unter der Wasseroberfläche einpflanzen.

Kultur von Gräsern

Ausdauernde Gräser werden von Gartenbaubetrieben in Töpfen angeboten. Man kann sie zu jeder Jahreszeit setzen, doch empfiehlt sich das zeitige Frühjahr zur Pflanzung, denn die Gewächse erhalten in diesem Fall ausreichend Gelegenheit, sich bis zum Sommer einzugewöhnen. Graspflanzen, die zum Versetzen aus der Erde gehoben wurden, sollten ebenfalls im Frühjahr ihr Quartier wechseln.

Die meisten Ziergräser lieben lockeren und nicht zu fruchtbaren Boden. In nährstoffreichem Erdreich wird das Wachstum der Blätter gefördert, die Blütenbildung dagegen unterdrückt. Bei wenig durchlässigem Boden sollte vor der Pflanzung reichlich feiner Kies in die Erde eingearbeitet werden. Bodenflächen, die für feuchtigkeitsliebende Gräser bestimmt sind, werden nur mit organischen Nährstoffen gedüngt.

Obgleich sich die verschiedenen Grasarten in der Natur auf saure und alkalische Böden verteilen, kommen die meisten im Garten mit jedem Boden zurecht, wenn er ausreichend feucht ist.

Setzen Sie die jungen Gräser genauso tief in die Erde wie im Anzuchtbeet, und häufeln Sie diese leicht an, damit das Gießwasser den Wurzelballen erreicht und nicht in der Umgebung versickert. Der Boden muß gut gewässert werden.

Als Maß für den Pflanzabstand dient die maximale Höhe der Grasbüschel ohne die blühenden Halme. Wenn man sich danach richtet, erhält man mit der Zeit einen geschlossenen Grasteppich. Sollen die einzelnen Grasbüschel für sich erkennbar bleiben, verdoppelt man den berechneten Pflanzabstand.

Viele Gräser breiten sich mit kriechenden Stengeln oder mit Ausläufern aus. Abhilfe kann dabei eine Sperre um jede Pflanze schaffen. Gut sind dafür Eimer geeignet, deren Boden man herausschneidet und die man bis zum Rand in die Erde eingräbt. Die Graspflanze wird in die Mitte gesetzt, und oberirdische Ausläufer werden regelmäßig entfernt.

Ausuferndes Wachstum von Wasser- und Sumpfgräsern verhindert man, indem man sie in Behälter pflanzt.

Pflegemaßnahmen

Um zu vermeiden, daß die Erde um die Wurzeln herum austrocknet, mulcht man die Gräser an exponierten Standorten mit Laubhumus, Torf oder Rindenhäcksel. Die Mulchschicht muß jedes Jahr erneuert werden.

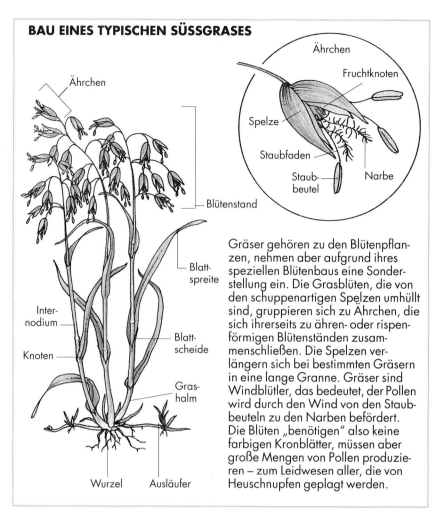

BAU EINES TYPISCHEN SÜSSGRASES

Ährchen · Fruchtknoten · Spelze · Staubfaden · Staubbeutel · Narbe

Ährchen · Blütenstand · Blattspreite · Internodium · Knoten · Blattscheide · Grashalm · Wurzel · Ausläufer

Gräser gehören zu den Blütenpflanzen, nehmen aber aufgrund ihres speziellen Blütenbaus eine Sonderstellung ein. Die Grasblüten, die von den schuppenartigen Spelzen umhüllt sind, gruppieren sich zu Ährchen, die sich ihrerseits zu ähren- oder rispenförmigen Blütenständen zusammenschließen. Die Spelzen verlängern sich bei bestimmten Gräsern in eine lange Granne. Gräser sind Windblütler, das bedeutet, der Pollen wird durch den Wind von den Staubbeuteln zu den Narben befördert. Die Blüten „benötigen" also keine farbigen Kronblätter, müssen aber große Mengen von Pollen produzieren – zum Leidwesen aller, die von Heuschnupfen geplagt werden.

Als einzige regelmäßige Pflegemaßnahme müssen die Gräser nach der Blüte ausgeputzt werden. Dazu entfernt man alle verwelkten Pflanzenteile mit einer Schere. Der richtige Zeitpunkt hängt vom Klima und von der Frostverträglichkeit der Pflanzen ab. Bei nicht völlig winterharten Arten ist es in kälteren Regionen vorteilhaft, die abgestorbenen Blätter zum Schutz des Wurzelstocks bis zum Frühjahr stehenzulassen. Winterharte Gräser werden im Spätherbst ausgeschnitten. Wenn Sie eine Selbstaussaat vermeiden wollen, schneiden Sie die Blütenstände direkt nach dem Verblühen ab.

Beim Ausschneiden von Pampasgras und vieler anderer Grasarten ist Vorsicht geboten, da die scharfkantigen Blätter Schnittverletzungen verursachen können. Schützen Sie Ihre Hände aus diesem Grund mit Handschuhen.

Ausdauernde, büschelige Gräser entwickeln sich besonders üppig, wenn sie gegen Mitte des Winters bis auf ungefähr 5 cm über dem Boden zurückgeschnitten werden. Alle neuen Triebe sprießen am Grund der Pflanze hervor. Durch das Entfernen vorjähriger Blätter und Hal-

me verbessert man daher nicht nur das Aussehen der Graspflanze, sondern trägt auch dafür Sorge, daß das junge Grün ungehindert heranwachsen kann. Häufiges Jäten ist unerläßlich, damit sich keine Wildgräser ansiedeln.

Vermehrung

Gräser lassen sich leicht aus Samen ziehen, die man selbst im Garten ernten kann. Da sich unter den Ziergräsern kaum Hybriden befinden, liefern die Samen zumeist sortenechte Pflanzen. Sie können das Saatgut aber auch im Fachhandel beziehen.

Einjährige Gräser sät man im Frühling, wenn der Rasen zu wachsen beginnt, an Ort und Stelle aus. Sie bevorzugen einen warmen, sonnigen Platz. Die Samen werden breitwürfig oder in Reihen gesät und nur leicht mit Erde abgedeckt. Zum Schutz gegen Vögel überspannt man das eingesäte Beet mit einem Netz. Die Keimlinge vereinzelt man auf 15–30 cm.

Wahlweise kann die Aussaat auch im Spätwinter bis Vorfrühling in Töpfe oder Saatkisten erfolgen. Horstbildende ausdauernde Gräser vermehrt man durch Teilung.

ZWIEBEL- UND KNOLLENPFLANZEN

Zwiebel- und Knollengewächse sind für jeden Gärtner eine unverzichtbare Pflanzengruppe, vor allem, weil viele von ihnen nicht nur im Freien blühen, sondern sich auch für die Topfkultur im Haus eignen. Dank ihrer Vielseitigkeit – ob als Beetpflanzen, die Jahr für Jahr aufs neue erblühen, als Zimmerpflanzen, die in bunten Arrangements Wintergarten und Wohnung verschönern, oder als Schnittblumen, die Farb- und Duftakzente setzen – lassen sich mit ihnen auch ohne viel Aufwand und Pflege Gestaltungseffekte erzielen, man denke etwa an verwilderte Krokusse, die bereits im Spätwinter für Farbtupfer im lichten Schatten von Bäumen sorgen.

Durchweg handelt es sich bei Zwiebel- und Knollengewächsen um ausdauernde Pflanzen, die ein wenig Zuwendung mit langanhaltender Blüte lohnen. Reihen von Zwergiris und zart duftende Narzissen, nickende Osterglocken und farbenfrohe Tulpen, die ihre Blüten in der Sonne öffnen, hochstengelige Lauchsorten mit bunten Blütendolden – Blumen, die das Frühjahr und den Sommer überbrücken, bis im Herbst Zeitlosen das Jahr mit ihrer zarten Farbenpracht beschließen.

Die exotisch wirkenden Lilien bestechen durch ihre vielfältige Schönheit und sind überraschend einfach zu kultivieren. Auch Gladiolen scheinen manchem Gärtner zu anspruchsvoll für die Gartenbepflanzung. Sie sind zwar nur in wärmeren Gegenden winterhart, doch leicht zu ziehen und bringen eine ungeheure Menge Schnittblumen hervor. Außerdem sind Gladiolenzwiebeln so preiswert, daß Sie in der nächsten Saison getrost neue setzen können. Hierzu noch ein Tip: Wenn Sie die Pflanzung der Zwiebeln staffeln, können Sie sich mehrere Wochen lang am Blütenmeer der Gladiolen erfreuen.

Die eleganten Türkenbundlilien gehören zu den beliebtesten Sommerblühern unter den Zwiebelgewächsen.

Elegante Lilien

Diese edlen Zwiebelgewächse zählen zu den ältesten Kulturpflanzen der Welt. Bereits vor 3000 Jahren schätzte man ihre vielgestaltige Schönheit.

Die Gattung *Lilium*, zu der unsere Gartenlilien zählen, umfaßt neben rund 100 Arten auch unzählige Hybriden. Daneben hat sich der Name „Lilie" auch für einige andere Pflanzen eingebürgert, die wie beispielsweise die Taglilien *(Hemerocallis)* nahe verwandten Gattungen oder gar einer anderen Familie angehören, wie etwa die Schwertlilien *(Iris)*. Alle europäischen und asiatischen Lilienarten sind bei uns geschützt.

Als eine der ältesten Kulturpflanzen wurden Lilien bereits vor mindestens 3000 Jahren gezüchtet. So galt beispielsweise die leuchtendweiße Madonnenlilie *(L. candidum)* einst als Symbol der Reinheit und Unschuld – sie ist auf zahlreichen Madonnenbildern abgebildet.

Lilien sind mehrjährige, meist winterharte Zwiebelgewächse, deren Größe, Blütenfarbe, Blütezeit und Ansprüche je nach Art und Sorte sehr verschieden sind. Da einige Arten ausgesprochen schwierig zu kultivieren sind, galten Lilien früher als Steckenpferd von sehr erfahrenen Gärtnern.

In den letzten Jahrzehnten haben Züchter jedoch unzählige Hybriden entwickelt, die die Wildarten an Wuchskraft, Farbenvielfalt und vor allem Widerstandskraft bei weitem übertreffen.

Die verschiedenen Blütenformen

Bei Lilien unterscheidet man zwischen Trichter- und Türkenbundblüten. Sehr weit geöffnete Trichterblüten werden auch als schalenförmige Blüten bezeichnet. Einige Trichter- und Türkenbundarten bilden zwar aufwärts gerichtete Blüten, doch sind waagrecht stehende oder nickende Blüten eher typisch für die Gattung.

Trichterlilien wie die Königslilie *(L. regale)* und die Osterlilie *(L. longiflorum)* tragen große, markante Blüten. Ihre Form variiert von den schlanken weißen Trichtern bei *L. formosanum* bis hin zu den purpurweiß gestreiften Blüten der Riesenlilie *(Cardiocrinum giganteum,* syn. *L. giganteum).*

Türkenbundlilien wie *L. martagon* haben kleinere, hängende Blüten mit nach oben zurückgerollten Petalen.

Ein schönes Beispiel für schalenförmige Blüten ist die Goldbandlilie *(L. auratum)* mit ihren 25 cm großen Blüten, deren weiße Petalen mit goldgelben Mittelstreifen und karminroten Punkten verziert sind.

Aufrechte Blüten treten meist zu dichten endständigen Blütenständen zusammen, wie bei der orangefarbenen Feuerlilie *(L. bulbiferum* ssp. *croceum).*

▲ *Die weißen Blüten der Königslilie Lilium regale 'Album' stehen horizontal in lockeren Blütenständen. Die Trichter sind bis zu 30 cm lang.*

▼ *L.-Tigrinum-Hybriden 'Enchantment' sind kräftige, unverwüstliche Gartenlilien mit leuchtend orangefarbenen Blüten.*

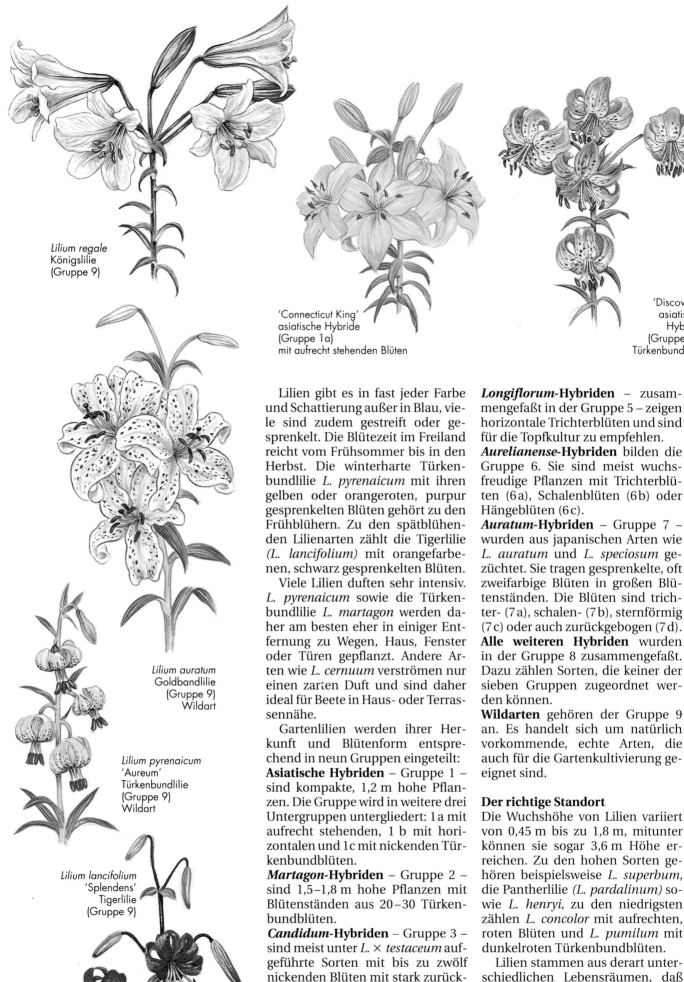

Lilium regale
Königslilie
(Gruppe 9)

'Connecticut King'
asiatische Hybride
(Gruppe 1a)
mit aufrecht stehenden Blüten

'Discovery'
asiatische
Hybride
(Gruppe 1c)
Türkenbundlilie

Lilium auratum
Goldbandlilie
(Gruppe 9)
Wildart

Lilium pyrenaicum
'Aureum'
Türkenbundlilie
(Gruppe 9)
Wildart

Lilium lancifolium
'Splendens'
Tigerlilie
(Gruppe 9)

Lilien gibt es in fast jeder Farbe und Schattierung außer in Blau, viele sind zudem gestreift oder gesprenkelt. Die Blütezeit im Freiland reicht vom Frühsommer bis in den Herbst. Die winterharte Türkenbundlilie *L. pyrenaicum* mit ihren gelben oder orangeroten, purpur gesprenkelten Blüten gehört zu den Frühblühern. Zu den spätblühenden Lilienarten zählt die Tigerlilie *(L. lancifolium)* mit orangefarbenen, schwarz gesprenkelten Blüten.

Viele Lilien duften sehr intensiv. *L. pyrenaicum* sowie die Türkenbundlilie *L. martagon* werden daher am besten eher in einiger Entfernung zu Wegen, Haus, Fenster oder Türen gepflanzt. Andere Arten wie *L. cernuum* verströmen nur einen zarten Duft und sind daher ideal für Beete in Haus- oder Terrassennähe.

Gartenlilien werden ihrer Herkunft und Blütenform entsprechend in neun Gruppen eingeteilt:
Asiatische Hybriden – Gruppe 1 – sind kompakte, 1,2 m hohe Pflanzen. Die Gruppe wird in weitere drei Untergruppen untergliedert: 1a mit aufrecht stehenden, 1 b mit horizontalen und 1c mit nickenden Türkenbundblüten.
***Martagon*-Hybriden** – Gruppe 2 – sind 1,5–1,8 m hohe Pflanzen mit Blütenständen aus 20–30 Türkenbundblüten.
***Candidum*-Hybriden** – Gruppe 3 – sind meist unter *L. × testaceum* aufgeführte Sorten mit bis zu zwölf nickenden Blüten mit stark zurückgebogenen Petalen.
***Pardalinum*-Hybriden**, jede mit ca. 20 braun gesprenkelten, zurückgebogenen Hängeblüten, bilden die Gruppe 4.

***Longiflorum*-Hybriden** – zusammengefaßt in der Gruppe 5 – zeigen horizontale Trichterblüten und sind für die Topfkultur zu empfehlen.
***Aurelianense*-Hybriden** bilden die Gruppe 6. Sie sind meist wuchsfreudige Pflanzen mit Trichterblüten (6a), Schalenblüten (6b) oder Hängeblüten (6c).
***Auratum*-Hybriden** – Gruppe 7 – wurden aus japanischen Arten wie *L. auratum* und *L. speciosum* gezüchtet. Sie tragen gesprenkelte, oft zweifarbige Blüten in großen Blütenständen. Die Blüten sind trichter- (7a), schalen- (7b), sternförmig (7c) oder auch zurückgebogen (7d).
Alle weiteren Hybriden wurden in der Gruppe 8 zusammengefaßt. Dazu zählen Sorten, die keiner der sieben Gruppen zugeordnet werden können.
Wildarten gehören der Gruppe 9 an. Es handelt sich um natürlich vorkommende, echte Arten, die auch für die Gartenkultivierung geeignet sind.

Der richtige Standort
Die Wuchshöhe von Lilien variiert von 0,45 m bis zu 1,8 m, mitunter können sie sogar 3,6 m Höhe erreichen. Zu den hohen Sorten gehören beispielsweise *L. superbum*, die Pantherlilie *(L. pardalinum)* sowie *L. henryi*, zu den niedrigsten zählen *L. concolor* mit aufrechten, roten Blüten und *L. pumilum* mit dunkelroten Türkenbundblüten.

Lilien stammen aus derart unterschiedlichen Lebensräumen, daß man praktisch für jeden Garten mindestens eine geeignete Art oder Sorte finden kann. Einige, wie z. B. *L. pardalinum* und die Goldbandlilie *L. auratum*, bevorzugen

'Shuksan'
Pardalinum-Hybride
(Gruppe 4)
mit nickenden
Türkenbundblüten

'Paprika'
asiatische Hybride
(Gruppe 1b)
mit horizontalen Blüten

'J.S. Dijt'
Martagon-Hybride
(Gruppe 2)
Türkenbundblüten

'Crimson Beauty'
Auratum-Hybride
(Gruppe 7b)
Schalenblüten

neutrale bis saure Böden. *L. longiflorum* und *L. bulbiferum* sowie die meisten Hybriden vertragen dagegen kalkreiche Böden sehr gut. Zudem gibt es auch kalkliebende Arten wie beispielsweise *L. candidum* und *L. × testaceum.*

Viele Lilien fühlen sich in voller Sonne am wohlsten, andere, wie etwa *L. superbum,* bevorzugen eher Halbschatten. Im Wurzelbereich benötigen hingegen alle Arten und Sorten Kühle und Schatten, so daß man auf jeden Fall Bodendecker um sie herum pflanzen sollte.

Weitgehend unkompliziert und praktisch überall kultivierbar ist die große Königslilie *(L. regale)* mit ihren weißen, außen rötlich überlaufenen Trichterblüten. Auch *L. martagon* und ihre Hybriden sowie die farbenprächtigen *L.-Tigrinum*-Hybriden sind relativ pflegeleichte Gartenpflanzen, die bei ausreichendem Platzangebot in jedem Mischbeet gedeihen. Wegen ihrer Formen- und Farbenvielfalt lassen sie sich auch gut mit anderen Pflanzen kombinieren.

Ein reines Lilienbeet kann von Frühjahr bis Herbst mit Blüten aufwarten. Die meisten Arten und Sorten benötigen jedoch Windschutz, und höhere Exemplare müssen gestützt werden, so daß man sie am besten mit anderen Pflanzen kombiniert. Sträucher im Hintergrund bieten einen guten Windschutz und zugleich eine schöne Kulisse für die Lilienblüten.

Besonders gut geeignet für naturbelassene Gärten sind *Pardalinum*-Hybriden. Die Blüten erscheinen in verschiedenen Rot-, Orange- und Gelbtönen, verziert mit braunen oder schwarzen Punkten.

Ideal für Strauchgärten sind *L. auratum* und die wohlriechende *L. monadelphum.*

In größeren Steingärten fühlen sich *L. cernuum* mit ihren purpurroten Türkenbundblüten und die rote Korallenlilie *(L. pumilum)* besonders wohl. Beide brauchen einen nicht zu trockenen, durchlässigen Boden.

Einige Arten – beispielsweise *L. candidum, L. lancifolium* und *L. × testaceum* – übertragen häufig Viruskrankheiten auf andere Lilien und sollten daher besser etwas abseits gepflanzt werden.

Vorbereitung des Standorts

Die meisten Lilien gedeihen in jedem gut durchlässigen Boden. Ideal sind leicht abschüssige Standorte in Südlage.

Vor dem Pflanzen den Boden bis zu einer Tiefe von 45 cm gut umgraben. In leichten Boden sollte etwas Laubstreu oder gut verrotteter Gartenkompost eingearbeitet werden – 10 l/m² Boden sind ausreichend –, schwere Böden werden mit grobem Sand aufgelockert. Düngen Sie im Wurzelbereich niemals mit frischem Mist, da die Wurzeln sonst schnell faulen könnten.

Achten Sie darauf, daß der Boden immer gut durchlässig bleibt, denn Lilien vertragen keine Staunässe. In ebenen, häufig staunassen Gärten sollte man deshalb erhöhte, eingefaßte Beete mit einer Dränageschicht anlegen.

Der Zwiebelkauf

Lilienzwiebeln erwirbt man am besten in guten Fachgeschäften. Achten Sie beim Kauf auf dicke, kräftig aussehende Zwiebeln mit festen,

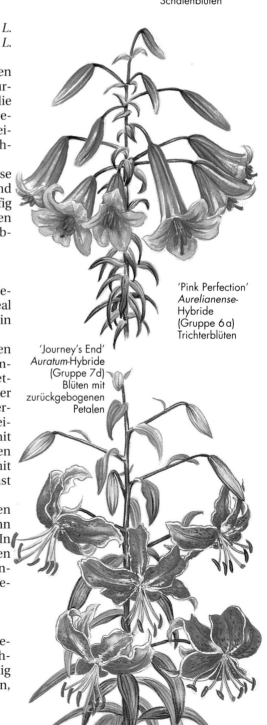

'Pink Perfection'
Aurelianense-Hybride
(Gruppe 6a)
Trichterblüten

'Journey's End'
Auratum-Hybride
(Gruppe 7d)
Blüten mit
zurückgebogenen
Petalen

eng anliegenden Schuppenblättern und gut ausgebildeten Wurzeln. Zwiebeln mit welken, lose ansitzenden Schuppenblättern oder solche, bei denen die Wurzeln zu dicht an der Zwiebel abgeschnitten worden sind, versprechen keine gute Anzucht.

Befinden sich doch einmal beschädigte oder weiche Zwiebeln im Sortiment, sollte man die äußeren Schuppenblätter entfernen und die Zwiebeln vor dem Pflanzen 1–2 Tage lang in feuchter Erde eingraben. Am besten eignen sich dazu junge Zwiebeln, da bei ihnen die Wurzeln die Zwiebel nach dem Pflanzen auf die richtige Bodentiefe herabziehen.

Das Setzen der Zwiebeln

Die meisten Lilien können jederzeit zwischen Spätsommer und Frühjahr gepflanzt werden, sofern der Boden nicht gefroren ist. Madonnenlilien sollten hingegen möglichst bald nach dem Absterben der Stengel im Herbst, jedoch vor der Bildung der Winterblattrosette eingepflanzt werden.

Einige Lilien setzen nur am Zwiebelboden Wurzeln an, bei anderen dagegen wachsen auch Wurzeln an der Stengelbasis. Erstere möglichst im Frühherbst pflanzen.

Bei ungünstigen Witterungsbedingungen im Herbst können die Zwiebeln in Kästen mit feuchter Erde aufbewahrt oder in Töpfe gepflanzt werden.

Für die meisten Lilien gräbt man ein Pflanzloch, das ungefähr zwei-

LILIENZWIEBELN SETZEN

 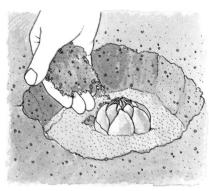

1 Bei den meisten Lilien sollte das Pflanzloch etwa zweieinhalbmal so tief sein, wie die Zwiebel lang ist. Den Boden mit grobem Sand bedecken; die Wurzeln darauf ausbreiten.

2 Anschließend eine Sandschicht auf die Wurzeln geben und das Pflanzloch mit Erde füllen. Mit einem kurzen Stock die Stelle markieren und etwas Knochenmehl einharken.

einhalbmal so tief ist, wie die Länge der Zwiebel mißt. Nur bei *L. candidum, L. giganteum* und *L.* × *testaceum* setzt man die Zwiebeln direkt unter der Erdoberfläche ein.

Die Wurzeln werden in etwas Sand eingebettet, um die Dränage zu verbessern. Dann wird das Loch mit Erde gefüllt und die Stelle markiert. Nach dem Einpflanzen sollten Sie mit einer feinen Harke etwa 1 Handvoll Knochenmehl/m² Boden einharken.

Lilien in Topfkultur

Lilien können auch in Töpfen gezogen werden – entweder als Zimmerpflanzen oder unter den etwas ungünstigeren Freilandbedingungen –, dies allerdings nur vorübergehend. Am besten eignen sich

dafür kleinere frühblühende Sorten wie die *L.-Tigrinum*-Hybriden 'Connecticut King' (gelb), 'Cinnabar' (dunkelrot) sowie 'Enchantment' (orangerot).

Die Pflanzen können von Herbst bis Frühjahr eingetopft werden, am besten jedoch so früh wie möglich. Setzen Sie mittelgroße, etwa 5 cm lange Zwiebeln in 15-cm-Töpfe. Den Topf zunächst mit einer 2,5 cm dicken Sandschicht füllen.

Lilien ohne Stengelwurzeln werden in den halb mit Substrat gefüllten Topf gepflanzt. Dabei das Substrat in der Mitte etwas anhäufeln und die Zwiebel daraufsetzen. Die Wurzeln gut ausbreiten, mit Substrat bedecken und gut andrücken. Erst dann den Topf ganz mit Erde füllen. Das Pflanzgefäß nun am besten im Freiland bis zum Rand eingraben und mit einer 10 cm dicken Erd- oder Sandschicht bedecken.

Zu Frühjahrsbeginn, sobald sich die Stengel zeigen, werden die Zwiebeln schließlich ins Freiland gepflanzt oder die Töpfe im Haus an einen hellen Standort mit 12–16 °C gestellt. Keinesfalls die Töpfe an einen wärmeren Ort plazieren, bevor die Blüten sich öffnen.

Bei Lilien mit Stengelwurzeln wird der Topf nur zu einem Viertel mit Substrat gefüllt, bevor die Zwiebel eingesetzt wird, so daß sie hier tiefer in der Erde sitzt. Die Zwiebel dann einfach dünn mit Erde bedecken und im unbeheizten Gewächshaus oder frostfreien Gartenhaus aufstellen. Erst wenn die Triebspitze den Topfrand erreicht hat, den Topf bis zum Rand mit Erde füllen.

Sobald das Stengelwachstum eingesetzt hat, sollte man auch mit dem regelmäßigen Gießen begin-

DAS EINTOPFEN VON LILIEN

1 Bei Lilien ohne Stengelwurzeln erst eine 2,5 cm hohe Sandschicht aufbringen, dann den Topf zur Hälfte mit Erde füllen. In der Mitte etwas anhäufeln, die Zwiebel darauf setzen und den Topf mit Substrat auffüllen.

2 Bei Lilien mit Stengelwurzeln den Topf zu einem Viertel mit Substrat füllen, die Zwiebel einsetzen und dünn mit Substrat bedecken. Erst ganz mit Erde auffüllen, wenn der Sproß bis zum Topfrand gewachsen ist.

nen. Zuviel Wasser schadet allerdings – am besten hält man das Substrat gleichmäßig feucht. Zusätzlich sollte man etwa alle 2 Wochen einen leichten Mineraldünger verabreichen.

Pflege

Die meisten Lilien sind winterhart, doch sollten junge, noch sehr empfindliche Pflanzen im Frühjahr unter Glas geschützt werden.

Lilien, die im Spätsommer blühen und eine Höhe von 90 cm und mehr erreichen, werden oft durch Herbststürme geschädigt. Um dies zu vermeiden, sollte man hochwüchsige Lilien bereits während des Wachstums stützen.

Halten Sie den Boden immer feucht. In Trockenperioden während der Wachstumszeit wird kräftig gewässert und möglichst mit Laubstreu gemulcht.

Verwelkte Blüten sollten stets umgehend entfernt werden, damit der Fruchtansatz die Pflanze nicht allzusehr schwächt.

Im Herbst werden die Stengel sofort nach dem Absterben vorsichtig aus dem Boden gezogen. Sie sollten auf keinen Fall abgeschnitten werden, da sonst der im Boden verbleibende Rest verfaulen und die Zwiebel schädigen würde. Verwenden Sie das abgeschnittene Material nicht zur Kompostierung, da es Krankheiten übertragen kann.

Wenn man Lilien aus Samen vermehren will, werden ein bis zwei Samenkapseln an jeder Pflanze belassen. Ernten Sie diese, sobald sie gelb gefärbt sind und bevor sie sich öffnen.

Im Zimmer kultivierte Pflanzen sollten kurz vor der Blüte nicht mehr ins Freiland umgesetzt werden, nach der Blütezeit ist das Auspflanzen hingegen kein Problem; sie können die Lilien jedoch auch für ein weiteres Jahr im Topf belassen. Empfindliche Arten wie *L. davidii*, *L. longiflorum* und *L. formosanum* gedeihen besser im Zimmer oder in einem Wintergarten.

Vermehrung

Es gibt mehrere Methoden, um Gartenlilien zu vermehren: Die einfachste Vermehrungsmethode besteht darin, einzelne Zwiebelschuppenblätter in die Erde zu setzen. Je nach Art muß man 2–5 Jahre bis zur ersten Blüte warten.

Die beste Zeit dafür ist der Frühherbst, doch können die Schuppen auch zu jeder Zeit zwischen Herbst und Frühjahr eingesetzt werden.

VERMEHRUNG MIT ZWIEBELSCHUPPEN

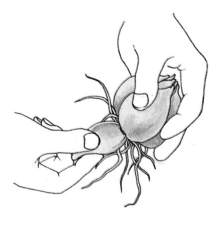

1 Die äußeren verwelkten oder beschädigten Schuppenblätter entfernen. Dann vorsichtig einige kräftige Schuppen abziehen. Die beste Zeit dafür ist der Frühherbst.

2 Den Anzuchtkasten mit feuchter Erde füllen und die Schuppen bis zur Hälfte einsetzen. Dann den Kasten mit einem Deckel oder mit Plastikfolie abdecken.

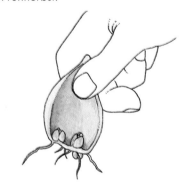

3 Nach 6 Wochen sollten sich an der Blattbasis kleine Knöllchen gebildet haben. Überprüfen Sie dies durch vorsichtiges Entfernen der Erde. Anschließend die Pflanzen kühl stellen.

4 Sehr bald stoßen die neuen Sprossen durch die Erde. Dann jede Pflanze in einen 7,5-cm-Topf umpflanzen und mit dem Topf im Freiland eingraben. Den Topf mit Sand bedecken.

Nur kräftige, gesunde Zwiebeln aus dem Garten sind für diese Art der Vermehrung geeignet, bei fremden Zwiebeln ist das Krankheitsrisiko zu groß.

Die äußeren verwelkten oder beschädigten Schuppenblätter abziehen und nur die darunterliegenden Schuppen nahe der Basis vorsichtig abtrennen. Die meisten Zwiebeln tragen 12–24 geeignete Schuppen. Wenn die Mutterzwiebel wieder eingesetzt werden soll, nicht mehr als fünf Schuppen abnehmen.

Die Schuppenblätter anschließend etwa zur Hälfte – mit der Basis nach unten – im Abstand von 1,2–2,5 cm in mit feuchter Erde gefüllte Töpfe oder Kästen einsetzen. Gut eindrücken und mit Klarsichtfolie abdecken. Bereits früh im Jahr eingesetzte Schuppenblättchen werden im Frühbeet, im unbeheizten Gewächshaus oder im Haus auf einer kühlen Fensterbank bei 10–12 °C angezogen.

ZWIEBELN TEILEN

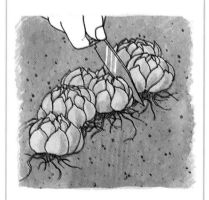

Robuste Gartenlilien wie z. B. die Pantherlilie *(L. pardalinum)* bilden mit der Zeit gleich mehrere Tochterzwiebeln. Diese hin und wieder teilen, damit die Blühfreudigkeit erhalten bleibt. Dazu die Zwiebeln mit einem Messer auseinanderschneiden und an anderer Stelle wieder eingraben; nicht den ganzen Stock auf einmal zerteilen.

Sobald die Stengel erscheinen, können die Jungpflanzen ins Freiland gesetzt oder in kleinere Töpfe umgepflanzt werden. Die Pflanzgefäße im Freiland in Sand oder Erde eingraben und etwa 2,5 cm hoch mit Substrat bedecken – geeignet sind auch unbeheizte Gewächshäuser, Frühbeete oder frostfreie Gartenhäuschen.

Zwiebeln von robusten *Lilium*-Hybriden können im nachfolgenden Herbst ausgepflanzt werden, Zwiebeln von empfindlicheren Sorten erst 1 Jahr später. Man beläßt diese im Topf oder pflanzt sie in den Garten.

Eine weitere Art der Vermehrung ist die Teilung. Einige Gartenlilien, wie beispielsweise *L. pyrenaicum* und die Feuerlilie (*L. bulbiferum* ssp. *croceum)*, bilden so schnell neue Tochterzwiebeln, daß die gesamte Pflanze alle 3–4 Jahre ausgegraben und geteilt werden sollte. Auch *L. regale* kann auf diese Weise vermehrt werden. Nachdem die Stengel im Spätsommer abgestorben sind, werden die Zwiebeln vorsichtig gelockert und mit einer Grabegabel ausgegraben. Die Zwiebeln trennen und in frische Erde eingraben.

Manche Lilien können auch aus Brutzwiebeln vermehrt werden. Bei einigen Arten bilden sich an den Blattachseln kleine grüne oder purpurschwarze Knöllchen – die Bulbillen genannten Brutzwiebeln.

Diese Brutzwiebeln lassen sich nach der Blütezeit einfach von den Stengeln abziehen, etwa 12 mm tief im Abstand von 2,5 cm in Kästen oder Töpfe setzen und ins Frühbeet stellen. Im darauffolgenden Herbst werden die Jungpflanzen dann an Ort und Stelle gesetzt.

Unterirdische Brutzwiebeln sind kleine Tochterzwiebeln, die bei einigen Lilienarten direkt unter der Erdoberfläche gebildet werden – beispielsweise bei *L. wardii* und *L. nepalense*. Sie wachsen entweder zwischen den Stengelwurzeln oder am Zwiebelboden. Sie können abgetrennt und direkt in den Boden oder auch in Anzuchtkästen unter Glas gesetzt werden.

Die Vermehrung aus Samen eignet sich zum Anziehen vieler neuer, krankheitsfreier Zwiebeln. Leider lassen sich Hybriden durch Samen jedoch nicht sortenecht vermehren, zudem muß man oft mehrere Jahre bis zur ersten Blüte warten.

Die reifen Samen können im Herbst oder zu Frühjahrsbeginn in 12 mm Tiefe und im Abstand von 2,5 cm in Anzuchtkästen ausgesät und im unbeheizten Gewächshaus angezogen werden.

Bei Lilien unterscheidet man je nach der Art des Keimungsprozesses zwei Gruppen – epigäisch keimende und hypogäisch keimende Arten. Bei epigäisch keimenden Arten bilden sich innerhalb weniger Wochen die ersten Blätter und Stengel. Bei hypogäisch keimenden Arten entwickelt sich zunächst die Zwiebel, und es dauert oft viele Wochen oder Monate, bevor die ersten Blätter erscheinen.

Schädlinge und Krankheiten
Typische Lilienkrankheiten sind Virusbefall und Grauschimmel. Viruskrankheiten verursachen oft blasse, gelb gestreifte oder gefleckte Blätter und führen häufig zum Absterben der Pflanze. Eine spezielle Form von Grauschimmel wird an Feuchtstellen der Blätter sichtbar, die sich nach und nach grau verfärben.

BRUTZWIEBELN

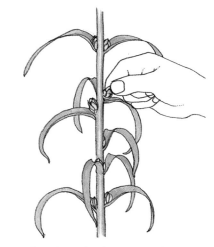

1 In den Blattachseln einiger Lilien wachsen winzige Brutzwiebeln, aus denen die Pflanzen vermehrt werden können. Im Spätsommer die Zwiebeln abnehmen und in mit Erde gefüllte Töpfe oder Anzuchtschalen einsetzen.

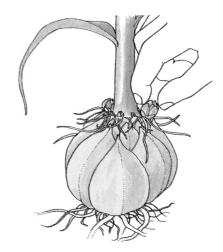

2 Bei anderen Lilien wachsen unterirdisch kleine Brutzwiebeln zwischen den Stengelwurzeln oder am Zwiebelboden. Im Spätsommer abnehmen und wieder einsetzen. Sie lassen sich auch unter Glas anziehen.

VERMEHRUNG AUS SAMEN

1 Die Samenkapseln werden im Herbst geerntet, sobald sie sich gelb verfärben. Die Samen sofort oder im Frühjahr 12 mm tief in Anzuchtkästen im Abstand von 2,5 cm aussäen.

2 Bei epigäisch keimenden Lilien werden die Pflanzen nach dem Erscheinen des zweiten Blatts mit 2,5 cm Abstand in Töpfe oder tiefe Anzuchtschalen umgesetzt.

3 Hypogäisch keimende Lilien, bei denen zunächst die Zwiebel und dann erst der Sproß gebildet wird, werden nach Erscheinen des ersten Blatts in 6-cm-Töpfe pikiert.

Eindrucksvolle Schwertlilien

**Bereits vor Christi Geburt wurden diese anmutigen Blumen
in Asien kultiviert. Auch heute noch bereichern Schwertlilien unsere
Gärten den ganzen Sommer über mit ihrer Blütenfülle.**

Die Schwertlilie, auch Iris genannt, wird schon seit vielen Jahrhunderten in heimischen Gärten kultiviert. Der griechische Name „Iris" bedeutet Regenbogen, und ihre einzigartigen Blüten erscheinen tatsächlich in allen erdenklichen Farben.

Es gibt ungefähr 300 verschiedene Arten, die vor allem aus nördlich gemäßigten Regionen stammen. Schwertlilien gehören neben Krokussen, Gladiolen und Freesien zu der großen und weitverbreiteten Familie der *Iridaceae* (Schwertlilien- oder Irisgewächse).

Eine typische Irisblüte ist dreizählig aufgebaut. Die drei herabhängenden äußeren Blütenblätter nennt man Hängeblätter oder auch Fahnen, die drei aufrecht stehenden inneren bilden den „Dom". Dazwischen ragt jeweils ein wie ein weiteres Kronblatt geformter Griffelast heraus, der die den Pollen empfangende Narbe mit den im Inneren des unterständigen Fruchtknotens verborgenen Samenanlagen verbindet. Die grau- bis kräftig grünen, schwertförmigen Blätter sitzen fächerartig an der Stengelbasis.

Arten, Sorten und Gruppen

Es werden zwei große Gruppen unterschieden: rhizom- und zwiebelbildende Schwertlilien (Rhizome sind Wurzelstöcke mit verdickten unterirdischen Sproßteilen). Darüber hinaus werden sie, je nach Herkunft, Blütenbau, Wuchs und anderen Merkmalen in zahlreiche weitere Untergruppen und Sektionen unterteilt.

Bei rhizombildenden Arten und Sorten unterscheidet man zunächst zwischen bärtigen und bartlosen Schwertlilien:

Bartiris tragen auf den Hängeblättern einen „Bart" aus saftigen Haaren. Die Rhizome sind dick, die Blätter immergrün und relativ breit. Aus jedem Blattfächer wächst ein

einziger Blütenstiel heraus, der mehrere Blüten trägt.

Die Gruppe wird wiederum in verschiedene Höhenklassen unterteilt – hohe (ab 70 cm), halbhohe (25–70 cm) und niedrige Formen (7,5–25 cm). Zu den Bartiris zählen die beiden Arten *Iris germanica* und *I. pallida*, doch sind die zahllosen Hybridformen weitaus beliebter.

Eine Untergruppe stellen Formen dar, die mitunter auf allen Petalen breite, kissenartige Bärte

bilden. Hierzu gehören *I. stolonifera* (bei uns kaum winterhart), *I. susiana* sowie *Regelia-* und *Onocyclus-*Hybriden. Alle Sorten benötigen leichte Böden und sind nur bei mildem Klima einfach zu kultivieren.

Bartlose Iris haben ähnliche Blüten wie die Bartiris, jedoch ohne Bart und mit langen, schmalen Blättern. Auch hier gibt es einige Untergruppen:

Die *Pacific-Coast-*Arten stammen aus Nordamerika und bilden dunk-

▶ *Die hübsche* Iris sibirica 'Purple Cleak' *trägt ihre samtartigen Blüten im Frühsommer auf schlanken Stielen. Sie liebt feuchte Böden und halbschattige Standorte.*

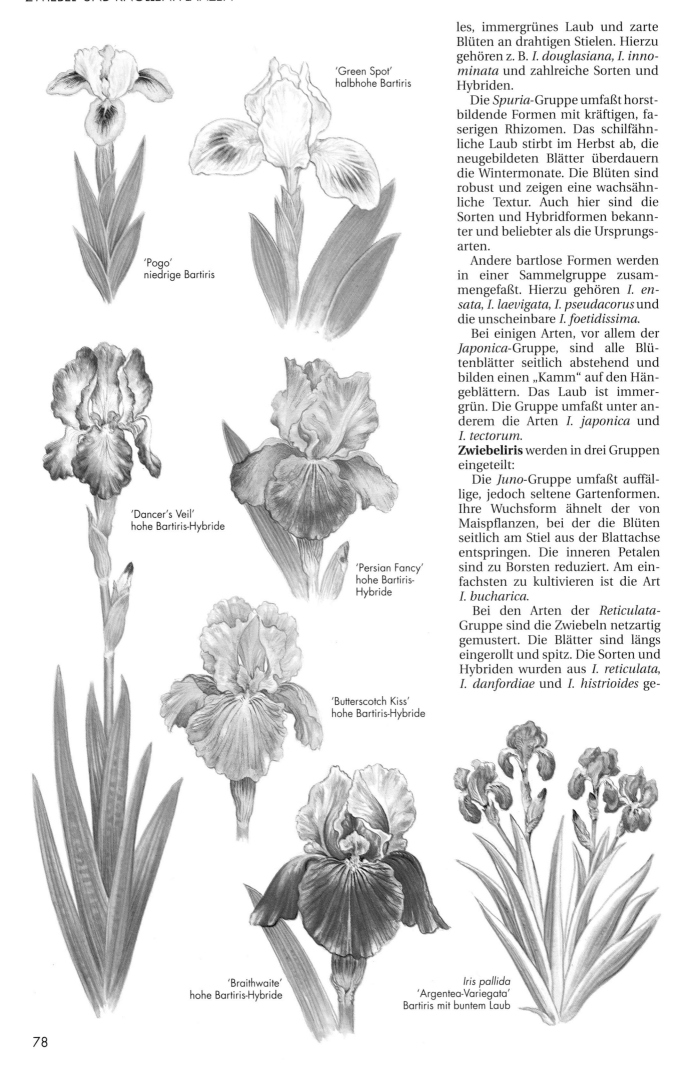

'Green Spot'
halbhohe Bartiris

'Pogo'
niedrige Bartiris

'Dancer's Veil'
hohe Bartiris-Hybride

'Persian Fancy'
hohe Bartiris-
Hybride

'Butterscotch Kiss'
hohe Bartiris-Hybride

'Braithwaite'
hohe Bartiris-Hybride

Iris pallida
'Argentea-Variegata'
Bartiris mit buntem Laub

les, immergrünes Laub und zarte Blüten an drahtigen Stielen. Hierzu gehören z. B. *I. douglasiana, I. innominata* und zahlreiche Sorten und Hybriden.

Die *Spuria*-Gruppe umfaßt horstbildende Formen mit kräftigen, faserigen Rhizomen. Das schilfähnliche Laub stirbt im Herbst ab, die neugebildeten Blätter überdauern die Wintermonate. Die Blüten sind robust und zeigen eine wachsähnliche Textur. Auch hier sind die Sorten und Hybridformen bekannter und beliebter als die Ursprungsarten.

Andere bartlose Formen werden in einer Sammelgruppe zusammengefaßt. Hierzu gehören *I. ensata, I. laevigata, I. pseudacorus* und die unscheinbare *I. foetidissima.*

Bei einigen Arten, vor allem der *Japonica*-Gruppe, sind alle Blütenblätter seitlich abstehend und bilden einen „Kamm" auf den Hängeblättern. Das Laub ist immergrün. Die Gruppe umfaßt unter anderem die Arten *I. japonica* und *I. tectorum.*

Zwiebeliris werden in drei Gruppen eingeteilt:

Die *Juno*-Gruppe umfaßt auffällige, jedoch seltene Gartenformen. Ihre Wuchsform ähnelt der von Maispflanzen, bei der die Blüten seitlich am Stiel aus der Blattachse entspringen. Die inneren Petalen sind zu Borsten reduziert. Am einfachsten zu kultivieren ist die Art *I. bucharica.*

Bei den Arten der *Reticulata*-Gruppe sind die Zwiebeln netzartig gemustert. Die Blätter sind längs eingerollt und spitz. Die Sorten und Hybriden wurden aus *I. reticulata, I. danfordiae* und *I. histrioides* gezüchtet. Die Blüte erfolgt im Spätwinter.

Zur *Xiphium*-Gruppe gehören Englische, Holländische und Spanische Schwertlilien. Sie bilden wenige, schilfähnliche Blätter und ein bis drei elegante Blüten pro Stiel. Viele Hybriden und Farbmischungen eignen sich als Schnittblumen, doch sind die Pflanzen relativ kurzlebig.

Die richtige Wahl treffen

Hohe Bartiris-Sorten sind ideal für Einzelbeete, wo man ihren besonderen Ansprüchen am besten gerecht werden kann, doch gedeihen sie auch in Stauden- oder Strauchrabatten. Ihre Blüte erfolgt im Frühsommer.

Halbhohe Arten blühen im Spätfrühjahr und eignen sich als Randbepflanzung für gemischte Staudenbeete. Auch in Steingärten sind sie häufig anzutreffen.

Niedrige Formen vertragen nur wenig Konkurrenz von seiten anderer Pflanzen und werden meist in Steingärten oder vor kleineren Beetpflanzen kultiviert. Ihre Blüten entfalten sich im Frühjahr. Einen besonders schönen Anblick bieten Mischpflanzungen von verschiedenen Sorten.

Von den bartlosen Formen lassen sich die Sorten von *I. sibirica* in feuchten Böden kultivieren. *Pacific-Coast*-Hybriden sind kleiner und blühen im Spätfrühjahr und Frühsommer. Diese 23–45 cm hohen Pflanzen gedeihen in sonniger oder halbschattiger Lage in kalkfreien Böden. Am besten pflanzt man sie im Vordergrund von Blumen- oder Strauchrabatten.

Die langlebigen, 90–120 cm hohen *Spuria*-Hybriden kommen vor allem dann zur Geltung, wenn man sie im Hintergrund von Rabatten setzt. Ihre langen Stiele tragen im Hochsommer mehrere Blüten. Als Winterblüher empfiehlt sich die Art *I. unguicularis*, die am besten vor Südwänden gedeiht, wo sich der Boden im Sommer stark aufheizt und schnell austrocknet.

Andere Schwertlilien bevorzugen eher sumpfige oder sehr feuchte Standorte. So können *I.-ensata*-Hybriden in Sumpfgärten oder an Teichränder, jedoch nicht direkt im Wasser gepflanzt werden. Sie entfalten ihre prächtigen Blüten im Hochsommer.

I. pseudacorus sowie *I. laevigata* sind sehr robuste Arten, deren Blüte im Früh- bis Hochsommer erfolgt. Sie gedeihen in 5–10 cm tiefem

EINPFLANZEN VON BARTIRIS

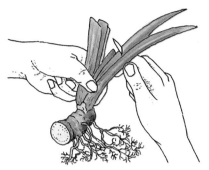

1 Vor dem Einpflanzen die Blätter auf einen kurzen Fächer zurückschneiden, da die Pflanze sonst durch das schwere Laub zum Kippen neigt und entwurzelt werden kann.

2 Mit einer kleinen Handschaufel ein schräg abfallendes, fächerförmiges Pflanzloch ausheben. Es sollte groß genug und ungefähr 10 cm tief sein.

3 Das Rhizom an der tiefsten Stelle einsetzen und die Wurzeln im Pflanzloch so gut wie möglich verteilen, damit die Pflanze einen festen Halt bekommt.

4 Das Substrat um das Rhizom herum fest andrücken. Das Ende mit dem Blattfächer sollte über der Bodenoberfläche liegen. Dann die Pflanze kennzeichnen und wässern.

AUFBAU EINER IRISBLÜTE

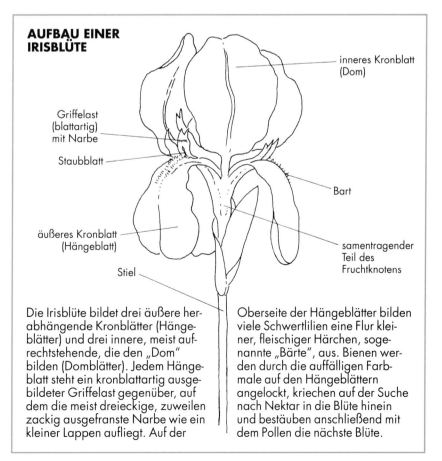

inneres Kronblatt (Dom)

Griffelast (blattartig) mit Narbe

Staubblatt

Bart

äußeres Kronblatt (Hängeblatt)

Stiel

samentragender Teil des Fruchtknotens

Die Irisblüte bildet drei äußere herabhängende Kronblätter (Hängeblätter) und drei innere, meist aufrechtstehende, die den „Dom" bilden (Domblätter). Jedem Hängeblatt steht ein kronblattartig ausgebildeter Griffelast gegenüber, auf dem die meist dreieckige, zuweilen zackig ausgefranste Narbe wie ein kleiner Lappen aufliegt. Auf der Oberseite der Hängeblätter bilden viele Schwertlilien eine Flur kleiner, fleischiger Härchen, sogenannte „Bärte", aus. Bienen werden durch die auffälligen Farbmale auf den Hängeblättern angelockt, kriechen auf der Suche nach Nektar in die Blüte hinein und bestäuben anschließend mit dem Pollen die nächste Blüte.

EINPFLANZEN BARTLOSER SCHWERTLILIEN

1 Die Blätter von bartlosen Schwertlilien vor dem Pflanzen auf etwa 23 cm Länge zurückschneiden. Das schwere Laub würde die Pflanze sonst zum Kippen bringen.

2 Mit einer Schaufel ein rundes Pflanzloch graben, das groß genug ist, um alle Wurzeln aufzunehmen. Die Rhizome in 2,5 cm Tiefe einsetzen. Der Boden darf nicht zu trocken sein.

3 Die Wurzeln gleichmäßig ausbreiten, die abgeschnittenen Blätter stehen nach oben. Anschließend das Substrat vorsichtig andrücken und die Pflanze markieren.

4 Weitere Rhizome in Abständen von 45–60 cm einsetzen. *Spuria*-Hybriden gruppenweise 5 cm tief einpflanzen. Bis zum Anwachsen der Pflanzen wird die Erde ständig feucht gehalten.

Wasser entweder in Töpfen oder Körben oder auch direkt im Bodensubstrat von Gartenteichen.

Unter den zwiebelbildenden Iris-Sorten findet man auch einige, die sowohl im Freiland wie auch als Zimmerpflanzen kultiviert werden können. Die Formen der Reticulata-Gruppe blühen von Winterbeginn bis Frühjahr, einige duften sehr aromatisch.

In der Gruppe der zwiebelbildenden *Xiphium*-Sorten entfalten die Holländischen Schwertlilien im Spätfrühling als erste ihre Blüten. Die Spanischen folgen im Frühsommer, die Englischen erst im Hochsommer. Mit einer Höhe von etwa 45–60 cm sind sie vor allem für gemischte Staudenbeete oder Blumenrabatten geeignet.

Schwertlilien auspflanzen

Bartiris bilden dicke, fleischige Rhizome, deren obere Hälfte an der Erdoberfläche liegt und nicht mit Substrat bedeckt sein sollte. Die Rhizome von bartlosen und *Japonica*-Sorten sind dünner und sollten völlig mit Erdreich abgedeckt sein.

Rhizomiris gedeihen am besten in nahrhaften Böden, die einen hohen Humusanteil aufweisen. Der Standort sollte sonnig sein und nicht von größeren Pflanzen überschattet werden, da diese Arten stark aufgewärmte Böden lieben. Wichtig ist ein gut dränierter Boden; deshalb sollten schwere Lehmböden mit einem Spaten möglichst gründlich umgegraben und größere Erdschollen mit dem Spaten oder einer Grabegabel geteilt werden. Hierbei bietet sich auch die Anlage von Hochbeeten an, die am Grund mit einer Dränageschicht aus grobem Kies versehen werden. Der Standort sollte vor dem Einpflanzen gut umgegraben und mit Universaldünger oder Knochenmehl verbessert werden. Saure Böden neutralisiert man durch Kalkbeigaben.

Pacific-Coast-Hybriden und *Japonica*-Schwertlilien benötigen dagegen saure Bodenverhältnisse, die man durch das Einarbeiten von Torf oder Laubspreu erzielen kann.

Bartiris pflanzt man am besten im Früh- oder Hochsommer. Die Rhizome werden in Dreier- oder Vierergruppen eingesetzt. Der Pflanzabstand beträgt 45 cm bei hohen, 23–30 cm bei halbhohen und etwa 23 cm bei niedrigen Formen.

Schneiden Sie vor dem Einpflanzen die Blätter zu einem kurzen Fächer zurück, und entfernen Sie auch beschädigte Wurzelteile. Dann graben Sie ein etwa 10 cm tiefes Pflanzloch und setzen die Pflanze schräg, mit dem Blattende nach unten ein. Die Wurzeln gleichmäßig nach allen Seiten um das Rhizom verteilen.

Die Wurzeln mit Erde bedecken, das Rhizom oben jedoch unbedeckt lassen. Die Erde fest andrücken, den Standort markieren und kräftig angießen. Das Erdreich im Bereich der Rhizome darf während der ersten 3 Wochen nach dem Setzen der Pflanze nicht austrocknen.

Bartlose Iris sowie Schwertlilien der *Japonica*-Gruppe müssen mit ihren Rhizomen vollständig eingegraben werden. Rhizome von *Sibirica*-Sorten werden wie bereits beschrieben geschnitten und im Frühherbst an einen sonnigen Standort gepflanzt. Die Pflanzen 2,5 cm tief und 45–60 cm voneinander entfernt in nicht zu trockenen Boden einsetzen, dabei die Wurzeln gut verteilen. Nach dem Einpflanzen gut wässern und die Erde feucht halten.

Die faserigen Rhizome der Sorten von *I. spuria* werden im Herbst gruppenweise 5 cm tief eingesetzt. Geeignet ist jeder gute Gartenboden in sonniger Lage. Die Rhizome nach dem Einpflanzen niemals austrocknen lassen.

Pacific-Coast-Hybriden werden meist als Sämlinge angeboten und im Herbst eingesetzt. Um die Wurzelballen herum etwas Torf einarbeiten, mit den Fingern fest andrücken und wässern.

Die schlanken Rhizome von *Japonica*-Schwertlilien werden entweder im Spätfrühjahr oder Frühsommer einzeln oder gruppenweise flach in den Boden gesetzt. Sie brauchen einen mit Torf oder Laubspreu verbesserten, feuchten Boden und einen geschützten, halbschattigen Standort.

Zwiebeliris benötigen sonnige Standorte mit leichten Böden, die mit gut verrottetem Kompost oder Mist angereichert wurden. Holländische, Spanische und Englische Schwertlilien werden im Herbst ungefähr 10–15 cm tief eingesetzt.

Englische Schwertlilien bevorzugen Böden, die an warmen Sommertagen nicht zu schnell austrocknen. Sie sind am leichtesten zu kultivieren und auf gute, feuchte Böden angewiesen. Ein Ausgraben der Pflanzen nach der Blüte ist nicht notwendig, der Pflanzabstand beträgt ungefähr 20 cm.

Holländische Schwertlilien werden im Abstand von 15–20 cm in leichte Böden gepflanzt. Spanische Schwertlilien gedeihen besser mit ca. 10 cm Abstand. Bei ihnen kann der Boden noch leichter und der Standort noch wärmer und trockener sein als bei den Holländischen Schwertlilien.

Reticulata-Sorten pflanzt man im Herbst 5–7,5 cm tief, in Abständen von 5–10 cm gruppenweise in leichte Böden in sonniger Lage. Schwere Böden sollten vor dem Einpflanzen mit Gartenkompost und Sand aufgelockert werden.

Juno-Hybriden bilden dicke Speicherzwiebeln, aus denen während der Wachstumsperiode die Wurzeln herauswachsen. Die Zwiebeln werden einzeln oder gruppenweise in sehr leichte Böden gesetzt. Der Standort sollte vor starkem Sommerregen geschützt sein. Die Pflanzen im Frühherbst 5 cm tief und im Abstand von etwa 15–23 cm einsetzen.

Kultivierung

Die Rhizome von Bartiris können durch Aufstreuen von Kaliumsulfat (ungefähr 1 Teelöffel/m² Boden) winterhart gemacht werden. Wenn spät eingepflanzte Rhizome durch Frost aus dem Substrat herausgehoben wurden, häufelt man um die Rhizome herum Sand oder leichten Boden an, oder man gräbt die Pflanzen aus und setzt sie dann wieder ein. Abgestorbene Blätter

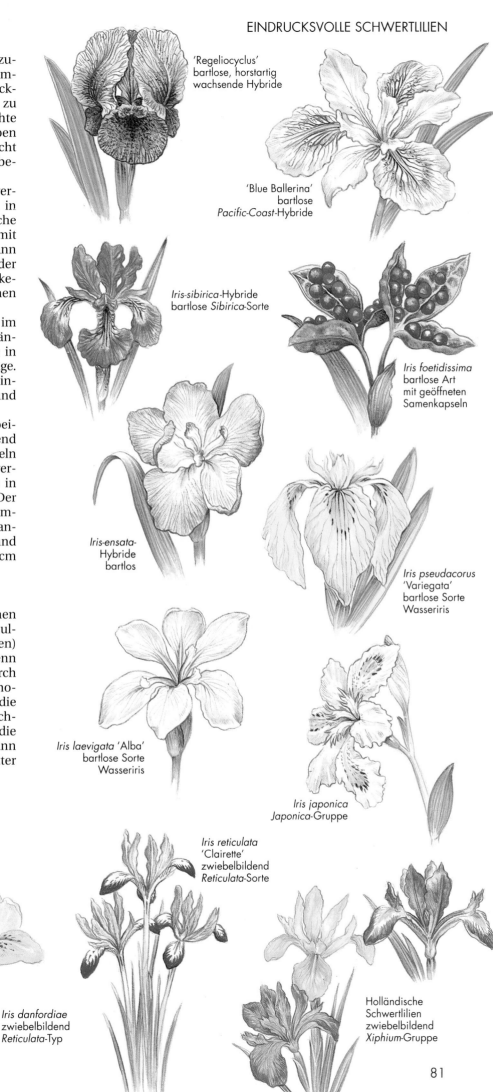

'Regeliocyclus'
bartlose, horstartig
wachsende Hybride

'Blue Ballerina'
bartlose
Pacific-Coast-Hybride

Iris-sibirica-Hybride
bartlose *Sibirica*-Sorte

Iris foetidissima
bartlose Art
mit geöffneten
Samenkapseln

Iris-ensata-
Hybride
bartlos

Iris pseudacorus
'Variegata'
bartlose Sorte
Wasseriris

Iris laevigata 'Alba'
bartlose Sorte
Wasseriris

Iris japonica
Japonica-Gruppe

Iris bucharica
Zwiebeliris
Juno-Gruppe

Iris reticulata
'Clairette'
zwiebelbildend
Reticulata-Sorte

Iris danfordiae
zwiebelbildend
Reticulata-Typ

Holländische
Schwertlilien
zwiebelbildend
Xiphium-Gruppe

PFLEGE VON SCHWERTLILIEN

1 Starker Frost kann die Rhizome bartloser Schwertlilien aus dem Boden heben. Nicht wieder eindrücken, da dies die Wurzeln beschädigt. Statt dessen etwas Sand oder Erde anhäufeln.

2 Abgestorbene Blätter ziehen Schädlinge an und sollten entfernt werden. Das übrige Laub zurückschneiden, damit die Pflanze nicht durch starken Wind entwurzelt wird.

3 Im Frühjahr den Boden um bartlose Schwertlilien mit Gartenkompost, Mist oder Torf mulchen. Dies verhindert das Wachstum von Wildkräutern und erhält die Bodenfeuchtigkeit.

4 Im Sommer werden bei *Sibirica*-Hybriden die Samenkapseln entfernt, damit die Pflanze nicht geschwächt wird. Die dekorativen Samenkapseln von *I. foetidissima* läßt man stehen.

den Winter über entfernen, da sie schnell Schneckenbefall verursachen. Zu Frühjahrsbeginn wird ein Universaldünger (ca. 3 Teelöffel/m² Boden) vorsichtig untergeharkt.

Den umliegenden Boden möglichst nicht bearbeiten, da sonst die flach liegenden Wurzeln beschädigt werden; Wildkräuter am besten von Hand zupfen. Wenn man den Boden im Frühjahr mit gut verrottetem Mist, Torf oder Gartenkompost mulcht, verhindert dies weitgehend das Wachstum von Wildkräutern und hält zudem das Substrat ausreichend feucht.

Die Blätter von *Sibirica*-Hybriden sterben im Winter ab. Sie sollten entfernt werden, um Schnecken- oder Krankheitsbefall vorzubeugen und Licht und Luft an die Wurzeln zu lassen.

Nach der Blüte sollte man bei *Sibirica*-Hybriden die Samenkapseln entfernen, damit die Samen-

entwicklung die Pflanzen nicht zu sehr schwächt. Die Wuchshöhe und die zartgrüne Laubfarbe bleiben besser erhalten, wenn man zu Frühjahrsbeginn in das umliegende Substrat etwas Universaldünger einarbeitet.

Spuria-Hybriden sollten nach der Blüte im Spätsommer nicht mehr gegossen werden, da sie so in den nächsten Jahren einen reicheren Blütenansatz zeigen.

Pacific-Coast-Hybriden sowie *Japonica*-Schwertlilien im Frühjahr häufig mit einer 2,5–5 cm dicken Schicht Laubspreu mulchen, da sie kalkhaltige Böden nur schlecht vertragen.

Einige zwiebelbildende Sorten müssen vor dem Winter ausgegraben und trocken gelagert werden, andere können im Boden bleiben. Englische Schwertlilien sind relativ winterhart und überwintern im Boden. Nach dem Absterben der Blät-

ter harkt man etwas Kompost leicht in den Boden ein.

Holländische Schwertlilien müssen nur bei schweren und feuchten Böden ausgegraben werden. Dies sollte im Spätsommer nach dem Absterben der Blätter erfolgen. Bereits im Frühherbst, wenn die Zwiebeln getrocknet und reif sind, werden sie wieder eingesetzt. Die Zwiebeln der Spanischen Schwertlilien reifen besser, wenn sie jährlich nach dem Absterben der Blätter ausgegraben werden. Die Zwiebeln müssen dann trocken und luftig gelagert werden, damit sie nicht schimmeln. Im September werden sie dann wieder eingesetzt.

Reticulata-Sorten werden nach der Blüte gedüngt, damit sie im nächsten Jahr wieder kräftige Zwiebeln bilden. Dabei bis zum Absterben der Blätter alle 2 Wochen mit einem Universaldünger behandeln.

Die Zwiebeln der *Juno*-Hybriden sollte man erst ausgraben, wenn sie zu dicht stehen. Vorsichtig gut verrotteten Kompost einharken, kalkfreie Böden jährlich mit 1 Teelöffel Kalk/m² Boden verbessern.

Vermehrung

Die meisten Schwertlilien vermehrt man durch Teilung. Auch Samen können – sofern es sich nicht um Hybriden handelt – gesammelt und ausgesät werden, sie benötigen mehrere Jahre bis zur ersten Blüte.

Rhizome von Bartiris können alle 3 Jahre geteilt werden: am besten direkt nach der Blüte, doch ist eine Teilung in aller Regel bis zum Herbst möglich.

Auch bartlose, *Japonica*- und Wasseriris-Sorten müssen nach einigen Jahren geteilt werden. Allerdings muß man hier sehr vorsichtig vorgehen, da ihre Rhizome leicht Schaden nehmen können.

Große Gruppen von *Sibirica*-Hybriden werden schließlich in der Mitte hohl, und die Rhizome sterben von hinten her ab, da hier das Substrat ausgelaugt ist. Der Ballen sollte daher alle 3 Jahre im Herbst oder Frühjahr geteilt werden.

Auch zwiebelbildende Sorten vermehrt man durch Teilung. Englische und Holländische Schwertlilien werden ausgegraben, sobald sie zu dicht stehen, Spanische werden jährlich geteilt.

Reticulata-Schwertlilien werden ausgegraben, sobald sich das Laub gelb färbt, und im Herbst wieder eingesetzt. *Juno*-Hybriden erst nach dem Absterben und Vertrocknen der Blätter vermehren.

Der imposante Zierlauch

**Mit seiner auffälligen Erscheinungsform
ist der Zierlauch ein vielseitiger Gartenschmuck,
der sich zudem leicht kultivieren läßt.**

Die Gattung *Allium* umfaßt etwa 700 Arten. Darunter sind einige wichtige Nutzpflanzen wie beispielsweise Zwiebel, Lauch, Schalotte, Knoblauch und Schnittlauch. Viele *Allium*-Arten sind auch wegen ihrer purpurnen, violetten, rosafarbenen, gelben und weißen Blüten als Zierpflanzen sehr beliebt.

Die Pflanzen besitzen meist Zwiebeln, einige Arten überdauern auch mit Rhizomen. Die Mehrheit der Laucharten ist winterhart. Ihr Verbreitungsgebiet umfaßt die Nordhalbkugel, wo wilder Lauch in den trockenheißen Regionen Zentralasiens ebenso anzutreffen ist wie in unseren Laubwäldern oder in Sibirien.

Besondere Merkmale

Alle *Allium*-Arten verströmen einen deutlichen Zwiebelgeruch, der sich vor allem dann bemerkbar macht, wenn ihre Blätter geknickt werden.

Die Blütezeit reicht vom Spätfrühling bis zum Frühherbst. Die Einzelblüten sind klein und vereinen sich an der Spitze aufrechter, kahler Stengel zu kugeligen Büscheln. Diese Blütenbüschel können beträchtliche Ausmaße erreichen. Die Blüten stehen oft gerade nach allen Seiten weg. Bei einigen Arten sind sie auch glockenförmig und hängen von der Stengelspitze herab, richten sich jedoch nach der Befruchtung der Blüten meistens auf.

Die Blätter des Zierlauchs sind grasförmig, stielrund oder breit. Ihre Farbe variiert von Graugrün bis Mittelgrün.

Arten für Zierbeete

Verschiedene Zierlaucharten fühlen sich auf sonnigen Beeten mit durchlässigem Boden ganz besonders wohl. Dazu zählt *Allium giganteum*, das bis zu 1,5 m hoch wird. Besonders apart sind im Frühsommer seine violetten, kugelförmigen Blüten mit einem Durchmesser von 10–15 cm. Seine graugrünen Blätter treiben früh aus und reagieren empfindlich auf Frühjahrsfröste.

Eine gute Wahl für sonnige Zierbeete ist auch *A. aflatunense,* das bis zu 75 cm hoch wird. Seine sternförmigen, violetten Blüten ordnen sich im Spätfrühjahr und Frühsommer zu lockeren Kugeln mit einem Durchmesser von 7,5–10 cm an.

Gut für Halbschatten eignet sich *A. christophii,* das bis zu 60 cm hoch wird. Es zeichnet sich durch violettblaue, metallisch glänzende Blüten aus, deren Blütenblätter in eine schmale Spitze auslaufen. Die etwa 25 cm breiten Blütenkugeln bleiben auch als Fruchtstand lange Zeit ansehnlich, während die Blätter bereits zu Beginn der Blütezeit welken.

A. rosenbachianum öffnet im späten Frühjahr und im Frühsommer seine purpurnen Sternblüten, die einen Durchmesser von 15 cm haben. Die Blüten bilden einen dichten, runden Kopf und sitzen an der Spitze der 1,2 m hohen Stengel.

Unter den Arten mit hängenden Blüten ist *A. cernuum* besonders empfehlenswert, dessen 45 cm hohe Stengel violettrosa Glockenblüten tragen. Recht ansehnlich ist auch das *A. siculum,* das heute der Gattung *Nectaroscordum* zugeordnet wird und nun folglich den

◀ Allium giganteum *mit seinen kugeligen Blütenköpfen bildet im frühsommerlichen Garten einen reizvollen Kontrast zum graufilzigen Laub des Beifußes* (Artemisia) *und den rosa Blütenähren von Diascia.*

Namen *N. siculum* trägt. Diese 60–80 cm hohe Art trägt grünliche, purpurn überhauchte Blüten, die sich nach der Befruchtung aufrichten und später dann in dekorative strohfarbene Samenkapseln verwandeln.

Im Frühsommer ist die Blütezeit von *A. roseum*, dessen große rosa Blüten an der Spitze der mindestens 30 cm hohen Stengel entspringen. *A. sphaerocephalon* dagegen blüht von Sommermitte bis Spätsommer. Seine eiförmigen, bräunlichpurpurnen Blütenköpfe sitzen auf schlanken Stengeln von etwa 60 cm Höhe.

A. tuberosum schließlich ist ein 50 cm hoher Zierlauch. Seine weißen Blüten mit grünem Schlund schmücken den Garten im Spätsommer und Frühherbst.

Schnittlauch *(A. schoenoprasum)* bildet auf feuchterem Boden einen hübschen Schmuck für Beet- und Wegränder. Er wächst im Früh- und Spätsommer in dichten Horsten, über denen rosa Blütenköpfe aufragen. Seine eßbaren, grasartigen Blätter, die sich zum Kochen eignen, haben einen milden Zwiebelgeschmack.

Arten für den Steingarten

Kleinwüchsiger Zierlauch eignet sich hervorragend für Steingärten. Zu den blau blühenden Arten zählt der bis zu 45 cm hohe *A. beesianum* mit seinen grasartigen Blättern. Die blauen, kugeligen Blütenköpfe bilden Mitte bis Ende des Sommers sternförmige Blüten, die wunderschön mit Pflanzen harmonieren, die gräuliches Laub tragen.

Das bis zu 60 cm hohe *A. caeruleum* trägt von Anfang bis Mitte Sommer leuchtend himmelblaue, sternförmige Blüten. Im Spätsommer folgt ihm *A. cyaneum* mit violettblauen kugeligen Blütenköpfen, die sich auf 25 cm hohen Stengeln erheben und von dünnen, runden Blättern umgeben sind.

Für einen Steingarten, in dem gelbe Farbtöne vorherrschen, bietet sich *A. flavum* an, das im Hochsommer hängende gelbe Glockenblüten und später grasähnliche, bläuliche Blätter hervorbringt. Für den Steingarten eignet sich vor allem die nur 10 cm hohe Sorte 'Minor'.

Im Unterschied zu den meisten anderen Zierlaucharten besitzt *A. karataviense* nicht nur dekorative Blüten, sondern auch überaus attraktives Laub. Seine breiten, graugrünen Blätter, die im zeitigen Frühjahr sprießen, schimmern metallisch purpurn. Im Spätfrühling erheben sich dazwischen an ungefähr 20 cm hohen Stengeln kugelige Köpfe aus rosafarbenen oder weißgrauen Sternblüten. *A. karataviense* ist auch in einem sonnigen Zierbeet immer eine ganz besondere Augenweide.

Allium albopilosum

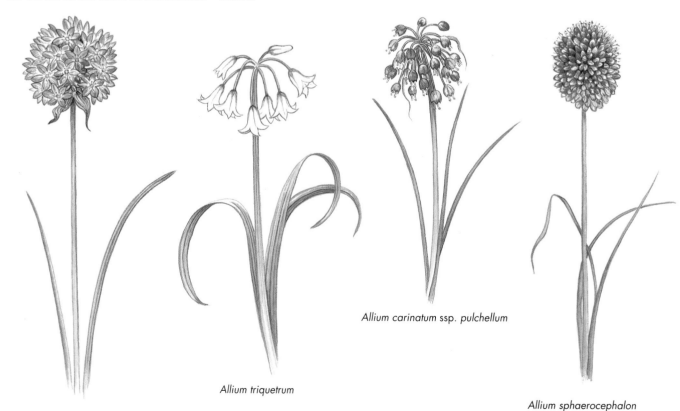

Allium caeruleum

Allium triquetrum

Allium carinatum ssp. pulchellum

Allium sphaerocephalon

Allium ursinum
Bärenlauch

Wenn Sie eine Vorliebe für rosablühende Steingartenpflanzen haben, werden Sie sich an dem horstbildenden Zierlauch *A. narcissiflorum* erfreuen. Er treibt in der Zeit von Hoch- bis Spätsommer kleine, filigrane Büschel glockenförmiger Blüten. Reizvoll ist *A. oreophilum*, das seine sternförmigen Blüten im Frühsommer entfaltet.

A. carinatum ssp. *pulchellum* besitzt grasartige Blätter und besticht im Hochsommer durch purpurfarbene Glockenblüten, die an der Spitze 30–60 cm hoher Stengel entspringen. Die Art sät sich selbst aus und eignet sich daher für Beeteinfassungen.

Violettpurpurfarbene Blüten sind kennzeichnend für *A. tuberosum*, syn. *A. senescens*, dessen Blütezeit in den Spätsommer fällt. Dank ihrer flachen, gedrehten Blätter ist diese Art ein guter Bodendecker.

Das nur bedingt winterharte *A. neapolitanum* benötigt einen geschützten Standort und gedeiht ausschließlich in wärmeren Gegenden oder im Kalthaus. Es trägt im Frühsommer an 20–30 cm langen Stengeln lockere Köpfe reinweißer, sternförmiger Blüten.

Wildgartenarten

A. moly, eine bis zu 30 cm hohe Art, sät sich selbst aus und verwildert leicht auf Rasenflächen oder unter lichten Gehölzen. Es blüht Mitte des Sommers leuchtend gelb und besitzt graugrüne Blätter.

Zwischen Bäumen und Büschen fühlt sich das bei uns nicht winterharte *A. triquetrum* wohl, das sich durch gekielte Blätter und duftende, reinweiße, hängende Glockenblüten auszeichnet und von Frühling bis Sommer blüht.

Als guter Bodendecker für halbschattige, feuchte Standorte erweist sich der Bärenlauch *(A. ursinum)*. Er treibt zahllose weiße Blütenköpfe und breite, maiglöckchenähnliche Blätter.

Kultivierung

Pflanzen Sie die Zwiebeln in normalen durchlässigen Boden. In schweren Boden arbeitet man vor dem Pflanzen Kies oder Sand ein.

Die meisten Zierlaucharten verlangen einen offenen, sonnigen Standort. Die Pflanztiefe beträgt das Drei- bis Vierfache der Zwiebelhöhe, das bedeutet, daß eine Zwiebel von beispielsweise 2,5 cm Höhe 7,5–10 cm hoch mit Erde bedeckt werden muß. Pflanzen Sie die Zwiebeln in Gruppen, und halten Sie bei den größeren Arten einen Abstand von etwa 25 cm, bei den kleineren von ungefähr 10 cm ein.

Die Zwiebeln werden erst nach der Blüte umgepflanzt, wobei in die Erde verrotteter Kompost eingearbeitet wird, um die verbrauchten Nährstoffe zu ersetzen.

Allium oreophilum

Allium moly

Allium cernuum

Allium schoenoprasum
Schnittlauch

Höhere Arten sollten in windreichen Gegenden auf jeden Fall abgestützt werden. Wenn Sie die Fruchtstände nicht für Trockensträuße verwenden wollen, schneiden Sie die verblühten Köpfe ab und lassen dann Stengel und Blätter einziehen, damit sich in den Zwiebeln Nährstoffe ansammeln können. Im Herbst werden schließlich alle abgestorbenen Pflanzenteile entfernt.

Niedrige Zierlaucharten lassen sich als Topfblumen ziehen. Sie bleiben bis kurz vor der Blüte im Frühbeet oder kühlen Gewächshaus und werden dann ins Haus gebracht.

Vermehrung

In der Regel lassen sich die Zierlauchpflanzen leicht durch Samen vermehren. Säen Sie die Samen dünn auf torfhaltige Anzuchterde, und stellen Sie die Saatschalen für 1 Jahr in ein kühles Frühbeet oder Gewächshaus.

Die Sämlinge werden dann einzeln in Töpfe oder in ein Saatbeet pikiert, worin sie weiter heranwachsen, bis sie an ihren endgültigen Platz ausgepflanzt werden können. Nach etwa 2–3 Jahren entwickelt sich aus dem Samen eine blühfähige Zwiebel. Bei *A. giganteum* mit seinen großen Zwiebeln muß man noch 1 Jahr länger warten.

Manche Arten vermehren sich rasch durch Tochterzwiebeln. Man gräbt die Zwiebeln dieser Pflanzen im Frühherbst oder Frühling aus, löst die Tochterzwiebeln ab und setzt alle Teile sofort wieder ein.

▲ *Hohe Zierlaucharten wie das abgebildete* Allium stipitatum *kommen besonders gut zur Geltung, wenn sie mit farblich harmonisierenden Partnern zusammentreffen, wie beispielsweise mit purpurnen Schwertlilien und blauen Präriekerzen. Die Mauer im Hintergrund leistet gute Dienste als Windschutz.*

▶ *A.* karataviense *macht sich mit seinen breiten, gebogenen Blättern gut in Steingärten und Beeteinfassungen. Im Spätfrühjahr schmückt sich dieser Zierlauch mit 10 cm breiten Kugelköpfen aus hellrosa, sternförmigen Blüten. Eine hübsche Ergänzung dazu bildet der gelbblühende, schmalblättrige Goldlack.*

Gefällige Gladiolen

Diese ausdrucksstarken Knollengewächse entfalten ihre ganze Pracht von Sommermitte bis weit in den Herbst hinein. Mit ihren eleganten, trompetenförmigen Blüten wirken sie auch in der Vase sehr apart.

Der Gattungsname *Gladiolus* ist lateinischen Ursprungs, bedeutet auf deutsch „kleines Schwert" und nimmt auf die Form der Blätter Bezug. Ähnlich geformte Blätter zeichnen auch die verwandten Schwertlilien *(Iris)* aus, die der gemeinsamen Familie der *Iridaceae* ihren Namen geliehen haben.

Ihre Beliebtheit verdanken die auch Siegwurz genannten Gladiolen der Pracht ihrer ährenförmigen Blütenstände. Die Einzelblüten entspringen in zwei gegenüberliegenden Reihen am oberen Ende des langen und kräftigen Stengels, blicken jedoch alle in eine Richtung. Die Ähren werden bis zu 60 cm lang und setzen sich in der Regel aus 16–26 Blüten mit sechszähliger Krone zusammen.

Die Blütenfarbe variiert entsprechend der großen Sortenzahl beträchtlich und reicht vom blassesten Gelb bis zum dunkelsten Scharlachrot; lediglich blaue Farbtöne fehlen in der Palette. Die Blüten sind manchmal einfarbig, häufiger jedoch zwei- und dreifarbig mit auffälliger Zeichnung.

Neben einigen echten Arten, darunter *G. communis* ssp. *byzantinus* und *G. tristis*, werden für den Garten meist Gladiolenhybriden, die sogenannten „Edelgladiolen", ausgewählt. Bei den Edel- oder Gartengladiolen begegnet man den stattlichsten Blütenähren. Die nahezu dreieckigen, dichtgepackten Blüten erreichen einen Durchmesser von 10–15 cm und zeigen ein sehr breites Farbenspektrum. Die Pflanzen blühen von der Mitte des Sommers bis zum Frühherbst.

Vollerblühte Gladiolenhybriden messen teilweise 1–1,5 m Höhe. Sie lassen die Merkmale verschiedener *Gladiolus*-Arten erkennen.

Die *Butterfly*-Gladiolen umfassen aber auch Hybriden mit kürzeren Ähren – bis zu 45 cm lang – und verhältnismäßig kleinen, etwa 7,5 cm breiten Blüten mit gekräuselten Kronblättern und einem markanten Farbmuster im Schlund, das ihnen das Aussehen tropischer Schmetterlinge verleiht. Die Pflanzen erreichen zur Blütezeit, die in der zweiten Sommerhälfte liegt, 60–90 cm Höhe.

Die *Primulinus*-Hybriden unterscheiden sich durch schlankere und kürzere, etwa 40 cm hohe Blütenähren und Blüten mit einem Durchmesser von 5–7,5 cm, die in Abständen rechts und links am Stengel entspringen. Das oberste Kronblatt der Blüten ist helmartig aufgefaltet – ein Charakteristikum der Stammpflanze *G. natalensis*, syn. *G. primulinus*.

◄ *Großblumige Gladiolenhybriden sind eine Augenweide in jedem Garten. Für einen Blumenstrauß werden die Ähren abgeschnitten, sobald sich die erste Blüte öffnet. Verwenden Sie dazu eine Gartenschere, und lassen Sie vier bis sechs Blätter an der Pflanze stehen, um das Wachstum der nächstjährigen Knolle zu gewährleisten.*

Die 60–100 cm hohen *Primulinus*-Hybriden eignen sich vorzüglich als Schnittblumen. Sie stehen von der Sommermitte bis zum Spätsommer in Blüte.

Die Miniaturhybriden, die den *Primulinus*-Hybriden ähneln, besitzen nur 4–5 cm breite Blüten, die sich eng aneinanderdrängen und Ähren von ungefähr 40 cm Länge bilden. Die 45–75 cm hohen Vertreter dieser Gladiolengruppe blühen in der Regel zwischen Sommermitte und Spätsommer.

Eine dritte Gruppe, die die Hybriden von *G. × colvillei* umfaßt, stammt von verschiedenen Gladiolenarten ab, darunter *G. tristis*. Sie wird heute zu den Edelgladiolen gezählt. Kennzeichnend für diese Gruppe sind lockere Ähren aufwärts gerichteter Blüten, die Mitte bis Ende des Sommers blühen. Die Pflanzen werden in der Regel 45 cm hoch.

Kultivierung

Wenn Sie Gladiolenknollen kaufen, suchen Sie dickliche Knollen mit langgezogenem Stengelansatz und kleiner Wurzelscheibe aus – Sie werden mit äußerst üppigem Blütenflor belohnt!

Die langstieligen Hybriden werden in den Hintergrund von Beeten gepflanzt, die niedrigen an die Vorderseite eines Zierbeets. Zwischen anderen Pflanzen blühen die Gladiolen einige Wochen früher als in einem reinen Gladiolenbeet oder an einer ungeschützten Stelle. Falls sie ausschließlich als Schnittblumen vorgesehen sind, setzt man sie ein, wo gerade Platz ist.

Bereiten Sie Ihr Gladiolenbeet gleich zu Beginn der Gartensaison vor. Die Gladiolen bevorzugen gut durchlässigen Boden und lieben Sonne. Schatten, auch wenn er nur sehr gering ist, hat zur Folge, daß die Gladiolen verkümmern und nur spärlich blühen.

Graben Sie beim Umstechen des Bodens eine kleine Menge gut abgelagerten Stallmist unter. Schwerer oder sandiger Boden wird mit Torf vermischt. Harken Sie in die Oberfläche 1 Handvoll Knochenmehl/m² Boden ein.

Pflanzen Sie die Knollen in schwerem Boden 10 cm, in leichtem, fruchtbarem Boden 15 cm tief ein. Die beste Pflanzzeit ist Anfang bis Mitte Frühjahr. Wenn die Knollen zu flach eingesetzt werden, kippen die Pflanzen zur Blütezeit

Gladiolus-Hybride
Edelgladiole

Gladiolus-Hybride

Gladiolus tristis

KNOLLEN PFLANZEN

Die Knollen zu Frühjahrsbeginn etwa 10 cm tief in schwere und 15 cm tief in leichte Böden pflanzen. Bei schweren, zu Staunässe neigenden Böden in das Pflanzloch etwas Sand einfüllen. Die Knollen gut andrücken, dann mit Erde abdecken.

Gladiolus-Hybride
Primulinus-Gruppe

Gladiolus-Hybride
Grandiflorus-Gruppe

Gladiolus-Hybride
Primulinus-Gruppe
kleinblütig

um. Drücken Sie jede Knolle auf dem Boden des Pflanzlochs an, und bedecken Sie diese von allen Seiten sorgfältig mit Erde. Wenn Hohlräume zurückbleiben sollten, in denen sich Wasser ansammeln kann, besteht die Gefahr, daß die Knollen, falls Staunässe entsteht, faulen. In schwerem Boden sorgt eine Schicht Sand am Grunde der Pflanzlöcher für Dränage.

Auf einem gemischten Blumenbeet pflanzt man die Knollen in lockeren Gruppen mit 10–25 cm Abstand. Knollen, die Schnittblumen liefern sollen, werden am besten in Reihen mit 30–40 cm Abstand gesetzt.

Pflegemaßnahmen
Bevor die jungen Triebe erscheinen, darf weder geharkt noch gedüngt werden. Harken Sie das Gladiolenbeet später wiederholt oberflächlich durch, um unerwünschte Wildkräuter zu jäten und den Boden zu belüften. Verteilen Sie um die jungen Triebe herum ein wenig Guano. Dieser phosphor- und stickstoffreiche Vogeldung enthält eine ideale Kombination der benötigten Nährstoffe.

Um die Bewurzelung zu fördern, werden die Gladiolen in den ersten 8–10 Wochen nicht gegossen. Danach erhalten sie reichlich Wasser, vor allem bei trockenem Wetter während der Blütenentwicklung. In dieser Zeit sind sie auch für Blumendünger dankbar. Damit der Boden nicht zu stark austrocknet, decken Sie ihn mit einer Schicht Torf oder Grasschnitt ab. Kontrollieren Sie die Pflanzen regelmäßig, um einen Befall von Thripsen oder Blattläusen – den Hauptfeinden der Gladiolen – rechtzeitig abwehren zu können.

Langstielige Hybriden müssen zum Schutz gegen Windbruch angebunden werden, die niedrigen Sorten kommen dagegen zumeist ohne Stütze aus. Wenn Gladiolen in Reihen wachsen, genügt ein Stützgerüst aus zwei Stangen mit dazwischen gespannten Schnüren. Die Blütenähren bindet man mit Bast an den Schnüren an.

STÜTZEN UND ANBINDEN

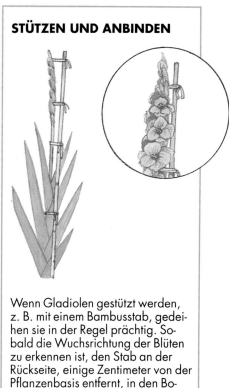

Wenn Gladiolen gestützt werden, z. B. mit einem Bambusstab, gedeihen sie in der Regel prächtig. Sobald die Wuchsrichtung der Blüten zu erkennen ist, den Stab an der Rückseite, einige Zentimeter von der Pflanzenbasis entfernt, in den Boden stecken; mit Schnur befestigen.

Im Zierbeet benötigt jede Gladiolenpflanze ihren eigenen Stützstab. Er muß hoch genug sein, um auch der ausgewachsenen Gladiole genügend Halt zu geben. Achten Sie darauf, daß der Stab auf keinen Fall die Knolle verletzt, und stecken Sie ihn an der Rückseite der Pflanze in den Boden.

Binden Sie die Gladiolen im Bereich der Blätter und der Blütenähre an mehreren Stellen mit Bast oder Gärtnerschnur an, damit die Stengel nicht abbrechen.

Überwinterung der Knollen

Außer in Gegenden mit sehr mildem Klima kann keine der Gartenhybriden im Freiland überwintern. Lediglich einige Wildarten, wie etwa *G. communis* ssp. *byzantinus*, sind weniger kälteempfindlich und überdauern, wenn sie ausreichend geschützt werden, den Winter im Garten.

Heben Sie die Knollen mit einer Grabegabel aus dem Boden, sobald sich das Laub braungelb verfärbt, spätestens aber vor dem ersten strengen Frost. Entfernen Sie die Erdreste, und schneiden Sie den Stengel 1 cm über der Basis ab.

Die Knollen werden 7–10 Tage lang an einem luftigen, nicht zu warmen Platz getrocknet.

Danach folgt die gründliche Reinigung, bei der Sie die eingeschrumpften alten Knollen abstreifen und die neuen Knollen von der derben Außenhaut befreien. Brechen Sie auch die kleinen Nebenknollen ab – sie werden getrennt aufbewahrt und zur Vermehrung verwendet.

Die ausgeputzten Knollen breiten Sie in Steigen oder Kisten aus und bringen sie in einem kühlen, aber frostfreien Raum – beispielsweise einem Schuppen, Keller oder Dachboden – unter. Sie müssen zum Schutz gegen fäulniserregende Pilze luftig gelagert werden. Regelmäßige Kontrollen des Lagerguts sind ebenfalls anzuraten.

Wenn Sie möchten, daß Ihre Gladiolen im darauffolgenden Jahr früher blühen, stellen Sie die Knollen im Spätwinter im Gewächshaus an einen hellen Platz. Bei einer Temperatur von 12 °C beginnen sie bald zu treiben und können Anfang Frühjahr ausgepflanzt werden.

▶ Gladiolus communis *ssp.* byzantinus *ist relativ winterhart. Die Knollen dieser Unterart können daher unter Reisigschutz im Boden überwintern.*

ÜBERWINTERUNG DER GLADIOLENKNOLLEN

1 Heben Sie die Knollen aus der Erde, sobald sich die Blätter gelbbraun verfärben. Streifen Sie die anhaftende Erde ab, und kappen Sie den Stengel 1 cm über der Basis.

2 Legen Sie die Knollen in einer flachen Kiste aus, am besten auf Packoder Zeitungspapier, und lassen Sie diese an einem trockenen, luftigen Platz gründlich trocknen.

3 Wenn die Knollen vollständig getrocknet sind, zupfen Sie alle losen Teile und die eingeschrumpften alten Knollen ab. Entfernen Sie auch immer die kleinen Nebenknollen.

4 Überwintern Sie die Knollen an einem kühlen, aber frostfreien Platz. Ein luftdurchlässiger Behälter, etwa ein Sieb, verhindert Fäulnis. Kennzeichnen Sie die Sorten.

Krokusse und Zeitlosen

**Beide Gattungen ähneln sich so sehr, daß sie auf den ersten Blick
verwechselt werden können. Diese aparten Pflanzen sollten
in keinem Frühlings- oder Herbstgarten fehlen.**

Die Vertreter der Gattung *Crocus* gehören zur Familie *Iridaceae* und sind damit Verwandte der Schwertlilien, Freesien, Montbretien und Gladiolen. Die Vertreter der Gattung *Colchicum* (Zeitlosen) entstammen dagegen der Familie der *Liliaceae*. Zu ihren Verwandten zählen Lilien, Tulpen, Schachbrettblumen, Blausterne, Hyazinthen und Traubenhyazinthen.

Der Name „*Crocus*" geht auf das griechische Wort „*krokos*", das auf deutsch „Safran" bedeutet, zurück, womit die orangeroten, fädlichen Griffeläste von *Crocus sativus* bezeichnet werden, mit denen man auch heute noch Lebensmittel färbt und Speisen würzt. Das Wort „*Colchicum*" findet seinen Ursprung im Namen der Provinz Colchis in Kleinasien.

Aus den getrockneten Knollen und den Samen des *Colchicum autumnale*, der Herbstzeitlosen, wird eine Tinktur gewonnen, die als Schmerzmittel vor allem bei der Behandlung von Gicht Verwendung findet. Alle Pflanzenteile von *Colchicum*-Arten sind stark giftig.

Merkmal beider Gattungen sind dünne, röhrenartige Stengel, die direkt aus dem Boden wachsen und die kelch-, becher- oder sternförmige Blüten tragen. Krokusse und Zeitlosen sehen sich so ähnlich, daß Zeitlosen oft auch als Herbstkrokusse bezeichnet werden. Dies ist insbesondere deshalb verwirrend, als die meisten Zeitlosen nur im Herbst blühen, manche Krokusse hingegen im Frühling und im Herbst. Am bekanntesten sind die „echten" Krokusse für ihren farbenprächtigen Frühjahrsflor.

Bei den Krokussen ist der lange Griffel mit seinen auffälligen Nebenästen von sechs Blütenblättern umgeben. Zeitlosen besitzen ebenfalls sechs Blütenblätter, doch ist ihre Narbe wesentlich unauffälliger. Es gibt auch gefüllte Sorten.

Krokusse besitzen schmale, grasartige, meist mittel- bis dunkelgrüne Blätter mit einem weißen Mittelstreifen, während die der Zeitlosen größer und breiter, meist riemenförmig und glänzend grün sind. Manchmal überragen sie sogar die Blüten.

Die Form der zwiebelähnlichen Knollen ist ein weiteres Unterscheidungsmerkmal. Bei der Gattung *Crocus* sind sie rundlich-abgeflacht, während die Gattung *Colchicum* oval-aufrechte Knollen bildet.

Auch präsentieren sich Krokusse „ordentlicher" und machen sich bestens als Beeteinfassung, gruppiert in Steingärten oder als farbenfrohe Frühlingsboten mitten im

◄ Holländische Krokushybriden treiben jedes Frühjahr farbenprächtige Blüten. Bei Sonnenschein öffnen sie sich weit und zeigen ihre orangefarbene Narbe, nachts und bei bedecktem Himmel bleiben sie hingegen geschlossen.

Rasen. Zartere Sorten lassen sich besser im Topf oder in einem kühlen Gewächshaus ziehen.

Auswahl von Krokussen

Es gibt über 70 *Crocus*-Arten und noch mehr Sorten. Da sie aus den Höhenregionen des nördlichen und östlichen Mittelmeerraums stammen, sind die meisten sehr winterhart und lassen sich gut im Garten ziehen.

Krokusse gibt es ausschließlich als Zwergformen, die während der Blüte nur eine Höhe von 5–10 cm erreichen. Die später erscheinenden Blätter ragen zuweilen etwas höher empor. Blüten wie Blätterbüschel entspringen direkt der zwiebelähnlichen Sproßknolle; ein verlängerter Stengel fehlt.

Bei Sonne sind die Blüten weit geöffnet, bei bedecktem Himmel bleiben sie geschlossen. Da die Blütenblätter außen oft dekorativ gezeichnet sind, wirken die Blüten halbgeschlossen genauso hübsch wie offen. Die Farbpalette umfaßt Gelb-, Malven-, Flieder-, Rosa-, Lila- und Cremetöne sowie Weiß. Die federartige Streifung oder Schattierung auf den Außenseiten der Blütenblätter ist in dunkleren Violett-, Malven-, Braun- oder Bronzetönen gehalten.

Krokusse können von Ende Winter bis zum Frühling und vom Herbst bis Winteranfang blühen. Die bekanntesten Frühlingsblüher sind die holländischen Kreuzungen aus *C. vernus*. Sie werden bis zu 13 cm hoch und treiben sehr große, kräftige Blütenkelche in lebhaften Farben. Beliebt sind auch die Sorten und Kreuzungen des *C. chrysanthus*, eines späten Winterblühers. Sie sind eher pastellfarben und an der Außenseite in kontrastierenden Farben sehr reizvoll gezeichnet.

Als Frühlingsblüher stehen noch zur Auswahl *C. ancyrensis* mit seinen langlebigen orangegelben bis gelben Blüten, *C. biflorus* mit weißen bis blaßblauvioletten, dunkel gestreiften Blüten, *C. sieberi* mit weißen bis tiefvioletten, auffällig gezeichneten Blüten sowie *C. tommasinianus* mit schmalen, lavendelblauen bis purpurroten Blüten.

Krokusse, die im Herbst und Anfang Winter blühen, sind in Gärten eine Seltenheit. Wie die Frühlingskrokusse blühen diese Sorten meist noch, bevor sie Blätter treiben. Als Beispiele seien genannt der duftende, langkelchige, tiefviolette *C. longiflorus*, der rotviolette *C. nudiflorus*, der rosaviolette *C. sativus* sowie *C. speciosus* mit Sorten in Lavendelblau, Blau und Weiß, die stets dunkel geädert und getupft sind.

Auswahl von Zeitlosen

Fast alle *Colchicum*-Sorten blühen im Herbst, treiben im Frühling Blätter, und die oberirdischen Teile ziehen zu Sommerbeginn ein. Lediglich *C. luteum* – eine ungewöhnliche, gelbblühende Art – entfaltet seine Pracht erst im Frühling. Die Blüten werden 15–20 cm hoch, während die Blätter bis zu 40 cm lang sind. Zeitlosen eignen sich damit nur für Standorte, an denen sie anderen niedrigwachsenden Nachbarpflanzen im Frühling nicht zuviel Licht nehmen; ansonsten sollte man herbstblühende Krokusse vorziehen.

Typische Blütenfarben sind Rosa-Violett und Weiß, aber es gibt auch rosarote und malvenfarbene Zeitlosen. Häufig sind die Blütenblätter außen markant gesprenkelt. Bei Wind und Regen knicken die Blütenkelche leicht um, so daß man Zeitlosen am besten zwischen niedrige Bodendecker setzt, die ihnen Halt geben. Auch in eine Wiese passen sie gut.

Die aus der Kreuzung von *C. autumnale* mit *C. speciosum* entstandenen Sorten blühen in allen Farben außer Gelb. Gefüllte Sorten, die in der Regel als Namenserweiterung die Bezeichnung „Plenum" erhalten, zeichnen sich durch eine besonders üppige Blüte aus. Andere Kreuzungen, meist unter Beteiligung von *C. speciosum* var. *speciosum*, besitzen besonders große Blüten, darunter auch die bekannte 'Waterlily' mit ihren vielblättrigen, malvenvioletten Blütenkelchen.

Weitere beliebte *Colchicum*-Arten sind *C. agrippinum* mit strahlenförmigen, weißen Blüten, die eine purpurfarbene, schachbrettartige Musterung aufweisen, sowie *C. byzantinum* mit zahlreichen lilarosa Blüten.

Krokusse pflanzen

Die meisten Arten lieben viel Sonne und durchlässigen Boden, in dem ihre Knollen im Sommer gut heranreifen können. *Crocus vernus* und *C. cancellatus* bevorzugen eher feuchten Boden und vertragen im Sommer keine längeren Trockenperioden. Am besten bleiben die Knollen ein paar Jahre ungestört. Aus diesem Grund sind Plätze wie Steingärten oder Beeteinfassungen, die nicht regelmäßig tief umgegraben werden, ideal geeignet.

Für Pflanzungen in Rasenflächen eignen sich Winter- und Frühlingsblüher wie *C. speciosus* und *C.-vernus*-Kreuzungen. Sie treiben viele Blätter, um für die nächste Saison genügend Nährstoffe für den Sproß zu speichern. Warten Sie daher mit dem Mähen des Rasens, bis sich die Blätter ausreichend entwickelt haben, oder besser, Sie sparen Krokuspflanzungen bis zum Vergilben der Blätter Ende Mai beim Mähen aus.

Krokusse sind tolerant, daher ist die Bodenart nicht entscheidend, jedoch sollte bei sehr saurem Boden der pH-Wert durch Zugabe von Kalkdünger erhöht werden – es sei denn, Sie wollen Krokusse zwischen säureliebende Rhododendren pflanzen. Die Durchlässigkeit schwerer Böden läßt sich mit Kiessand verbessern.

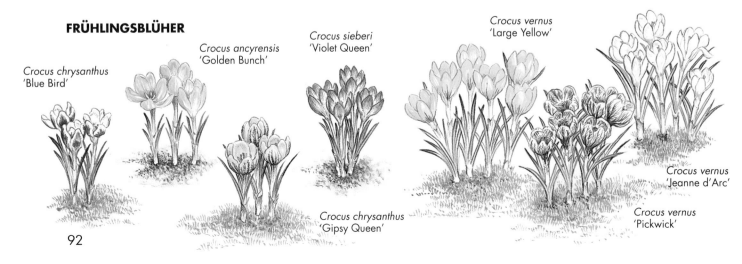

FRÜHLINGSBLÜHER

Crocus chrysanthus 'Blue Bird'

Crocus ancyrensis 'Golden Bunch'

Crocus sieberi 'Violet Queen'

Crocus vernus 'Large Yellow'

Crocus vernus 'Jeanne d'Arc'

Crocus chrysanthus 'Gipsy Queen'

Crocus vernus 'Pickwick'

Krokusse werden als Knollen entweder lose, in perforierten Plastiksäckchen oder in Kisten verkauft. Sie müssen sich fest anfühlen und dürfen keine verfaulten Stellen oder Nagespuren aufweisen. Am besten pflanzt man sie gleich dann, wenn sie angeboten werden, also Frühlingsblüher im Herbst und Herbstblüher zu Sommeranfang.

Krokusse werden 5–7,5 cm tief und mit einem Abstand von 7,5 bis 10 cm in den Boden gesteckt. In leichten Böden, wo sie durch die Sommerbepflanzung gestört werden könnten, sollte man sie bis zu 13 cm tief setzen. Alle Krokusarten wirken in zwanglosen Gruppen verteilt am schönsten.

Bei Pflanzungen in Rasenflächen verwendet man am besten einen Zwiebelpflanzer, mit dem sich das Pflanzloch mit der ausgestochenen Rasennarbe mühelos wieder verschließen läßt.

Zeitlosen pflanzen

Zeitlosen sind entweder im ruhenden Zustand oder als bereits bewurzelte Pflanzen erhältlich. Topfpflanzen können jederzeit an Ort und Stelle eingepflanzt werden, während der Sproß erst gegen Ende Sommer in die Erde gesetzt wird. Alternativ können Sie Zeitlosen aus dem Vorjahr auch umsetzen, sobald Anfang oder Mitte Sommer ihre Blätter absterben.

Colchicum verträgt jeden durchlässigen Boden an einem sonnigen oder halbschattigen, geschützten Standort. In fruchtbarer Erde vermehren sich die Sprosse natürlich besser, daher empfiehlt sich bei magerem Boden eine Verbesserung durch Kompost.

Jeder Sproß treibt zwar mehrere Blüten, aber am schönsten wirken Zeitlosen in Gruppen von sechs oder mehr Pflanzen. Die Sprosse werden 7,5–10 cm tief und ebenso weit voneinander entfernt in die Erde gesteckt und leicht eingedrückt.

KROKUSSE ALS ZIMMERSCHMUCK

Sie können Krokusse in der Wohnung Wochen vor ihrer normalen Blüte als Frühlingsvorboten heranziehen, indem Sie die Zwiebeln Ende des Sommers eintopfen, an einem kühlen Ort anwurzeln lassen und dann durch mäßige Wärmezufuhr zur Blüte anregen. Am besten gelingt dies mit den Sorten von *Crocus chrysanthus*.

Verwenden Sie Anzuchterde oder ein handelsübliches Substrat auf Torfbasis. Es gibt auch spezielle Zwiebelfaserstoffe. Diese sind jedoch nicht mit Dünger angereichert, so daß die Knollen keine Nährstoffe speichern können. Nach der Blüte können Sie die Pflanzen in den Garten setzen, wo sie jedoch erst nach einigen Jahren wieder blühen.

Die Treibkultur mit Krokussen gelingt zwar auch in gewöhnlichen Töpfen, dekorativer sind jedoch spezielle Tonbehälter mit seitlichen Öffnungen. In diese werden die Zwiebeln so eingesetzt, daß die Krokusse später durch die Öffnungen nach außen wachsen.

Füllen Sie diese Tonbehälter zur Hälfte mit feuchter Erde oder Zwiebelfaserstoff. Dann betten Sie die Zwiebeln so ein, daß die Spitzen durch die Öffnungen ragen. Füllen Sie nochmals Erde ein, und setzen Sie die nächste Lage. Bis die Triebe mindestens 2,5–5 cm lang sind, sollte der Topf im Freien kühl und dunkel stehen.

Pflegemaßnahmen

Sowohl Krokusse als auch Zeitlosen benötigen wenig Pflege. Verwelkte Blüten brauchen nicht entfernt zu werden, da sie sich rasch, oft über Nacht, von selbst zersetzen, ohne dem Sproß zu schaden. Grüne Blätter sollten nie abgeschnitten werden, auch wenn die Pflanze unordentlich wirkt. Warten Sie, bis sie sich gelbbraun verfärbt haben, sie

können dann, ohne den Erdsproß zu schädigen, abgezupft werden.

Krokusse – vor allem gelbblühende Sorten – werden häufig von Vögeln attackiert. Die Übeltäter sind meist Spatzen oder Amseln. Sie können die Pflanzen unter einem Netz aus schwarzem Garn schützen, das zwischen kleine Pflöcke gespannt wird – was leider nicht sehr dekorativ ist.

HERBSTBLÜHER

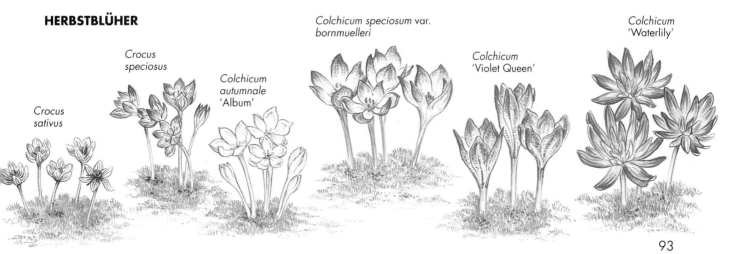

Crocus sativus

Crocus speciosus

Colchicum autumnale 'Album'

Colchicum speciosum var. *bornmuelleri*

Colchicum 'Violet Queen'

Colchicum 'Waterlily'

Im Handel sind Vogelabwehrsprays erhältlich. Die Herstelleranweisungen sollten strikt eingehalten werden. Nach einem heftigen Regenschauer müssen die Blumen jedesmal aufs neue besprüht werden. Diese Mittel sind, ebenso wie alle anderen Schutzmaßnahmen, nur von mäßigem Erfolg gekrönt.

Die unterirdischen Wurzelknollen werden häufig von Mäusen angeknabbert. Um Schaden abzuwehren, kann man die Gewächse tiefer setzen oder in spezielle Gitterkörbe pflanzen.

Vermehrung

Beide Gattungen lassen sich aus Samen oder mittels der rings um den Hauptsproß sitzenden Brutknöllchen vermehren, die rasch zur Blüte gelangen. Die Zahl der Brutknollen ist abhängig von der jeweiligen Art oder Sorte.

Sämlinge brauchen lange bis zur ersten Blüte, oft 2–6 Jahre, manchmal sogar noch länger. Weder *Crocus*- noch *Colchicum*-Samen sind leicht erhältlich, Sie müssen sie meist selbst sammeln. Namenssorten entwickeln sich durch Aussaat von selbst gesammeltem Samen in der Regel nicht sortenecht.

***Crocus*-Brutknollen** trennt man erst dann ab, wenn sich die Blätter der Mutterpflanze braun färben. Diese wird dann aus dem Boden gezogen, die Knöllchen werden behutsam abgenommen und in flachen Schalen in einem warmen Gewächshaus ein paar Tage lang zum Trocknen aufbewahrt.

Anschließend werden alle losen, abgestorbenen Blatt- und Schalenreste sowie die Überbleibsel der Mutterpflanze entfernt und die Knollen nach zwei oder drei Größen sortiert. Pflanzen Sie die größten für die nächste Frühjahrsblüte wieder ein. Die übrigen werden an einer sonnigen Stelle in Rillen gesetzt, die weit genug auseinanderliegen, damit sich mit einer schmalen Hacke zwischen den Rillen unerwünschte Wildkräuter entfernen lassen. Der Boden muß gut durchlässig sein, und die kleinen Knollen sollten 5–7,5 cm tief und 2,5–5 cm auseinander liegen.

Während der Wachstumsperiode hält man die Rillen frei von Wild-

▶ *Herbstblühende Zeitlosen wie* Colchicum speciosum *bilden hübsche Farbtupfer aus tiefrosa, lila oder weißen Blüten, die die Farbpalette des Herbstes mit ihren Braun- und Rosttönen bereichern.*

kräutern. Nach 2 Jahren sind die Knollen blühreif.

***Colchicum*-Brutknollen** behandelt man wie *Crocus*-Brutknollen. Hierzu werden die Mutterpflanzen Anfang oder Mitte Sommer nach dem Absterben des Laubs ausgegraben.

***Crocus*-Samen** werden von einigen Arten reichlich produziert und ermöglichen – sofern keine Fremdbefruchtung stattfand – die Anzucht von relativ sortenreinen Pflanzen. Die Samen von Gartenhybriden bringen hingegen die vielgestaltigsten Sämlinge hervor.

Die Samenkapseln bilden sich Anfang bis Mitte Sommer an kurzen Stielen und werden abgesammelt, sobald sie aufplatzen. Sie werden in eine Kiste mit Anzuchterde gesät,

mit einer 1,2 cm dicken Schicht Kompost abgedeckt und ins Frühbeet oder in ein kühles Gewächshaus gesetzt. Dort verbleiben die Sämlinge 2 Jahre. Dann werden sie an den endgültigen Standort oder in ein Freibeet gepflanzt und ein weiteres Jahr herangezogen.

Aus ***Colchicum*-Samen** lassen sich alle Arten Zeitlosen außer *C. byzantinum* vermehren. Die Samen werden Anfang/Mitte Sommer in ein Frühbeet in 15–20 cm große Töpfe mit Anzuchterde gesät. Zum Keimen benötigen sie bis zu 18 Monate. Nach ungefähr 1 Jahr entwickelt sich in der Regel an der Basis jedes Sämlings eine Knolle. Die Jungpflanzen werden dann in ein Anzuchtbeet gestellt.

Narzissen und Osterglocken

**Mit ihren leuchtenden Blüten läuten Narzissen das Ende des Winters ein.
Es gibt unzählige Sorten, die sich allesamt leicht kultivieren lassen
und ausgesprochen robust sind.**

Narzissen zählen zu den Zwiebelgewächsen, deren Kultur im Garten keinerlei Probleme bereitet. Sie kommen besonders gut unter Bäumen, in Rasenecken und auf Grasböschungen zur Geltung. Die meisten Sorten eignen sich aber genauso gut für Steingärten, Beete, Rabatten und Tröge.

Die scheinbar so einfachen Blüten sind recht kompliziert gebaut: die in der Mitte gelegene, kugelförmige „Trompete" wird korrekt als Nebenkrone bezeichnet. Sie ist eine Bildung der Staubblätter. Umgeben wird sie von einer für diesen Verwandtschaftskreis typischen sechsteiligen Blütenhülle. Jeder Vertreter der Gattung *Narcissus* kann als „Narzisse" bezeichnet werden, der Volksmund verwendet diesen Begriff jedoch gemeinhin vor allem für Arten mit kurzer Trompete.

Osterglocken *(Narcissus pseudonarcissus* ssp. *pseudonarcissus)* sind eine besondere Narzissenart, deren

Trompete genauso lang oder länger ist als die Blütenhülle. Die Trompete ist außen gekräuselt oder umgestülpt, und die sechs sich überlappenden Blütenblätter sind meist zugespitzt. Es gibt sie in verschiedenen Farbkombinationen: bei der beliebten Sorte 'King Alfred' sind Trompete und Blütenhülle hellgelb, andere Sorten haben Blütenblätter, die dunkler oder heller sind als die Trompete. Zweifarbige Osterglocken besitzen gelbe Trompeten und weiße Blütenblätter, andere Sorten wiederum sind vollständig weiß gefärbt. Bei den seltenen, sogenannten umgekehrt zweifarbigen Osterglocken besitzen die Trompeten eine blassere Farbe als die Blütenblätter.

Außer den echten Osterglocken und Narzissen mit kurzer Trompete gibt es zahlreiche Arten mit unterschiedlich geformten Trompeten. Die Farbpalette reicht von Weiß über Cremefarben, Gelb und Pink

bis Rot und Orange. Trompete und Blütenhülle sind entweder ein- oder gemischtfarbig.

Gefüllte Sorten zeigen zerfranste Blütenkelche, die fast nicht von den Blütenblättern zu unterscheiden sind. Sie sind weiß, cremefarben, blaßgelb oder orange und haben kaum Ähnlichkeit mit anderen Narzissenarten. Viele gefüllte Sorten duften stark.

Klasseneinteilung
Je nach Blütenform und Abstammung werden Narzissen in zwölf Klassen unterteilt. Osterglocken-

---

▼ *Frühblühende, reinweiße Osterglocken und gelbe* Narcissus cyclamineus *künden mit ihrer zauberhaften Blütenpracht den nahen Frühling an. Sie gedeihen selbst direkt unter Bäumen, wo der Boden für tieferwurzelnde Pflanzen zu mager und trocken wäre. Eine dicke Schicht aus Laubmulch dient als idealer Feuchtigkeitsspeicher.*

KLASSIFIZIERUNG

hybriden werden der Klasse 1 zugerechnet. Großkronige Narzissen, deren Trompete ein drittel- bis einhalbmal so lang wie die Blütenhülle ist, bilden die 2. Klasse. Kleinkronige Narzissen, deren Trompeten kürzer als ein Drittel im Vergleich zu den Blütenblättern sind, zählen zur 3. Klasse.

Innerhalb der ersten drei Klassen gibt es vier Untergruppen, in denen man die Arten nach der Farbe ihrer Trompeten und Blütenhüllen unterscheidet: einfarbig gelb, zweifarbig, weiß oder umgekehrt zweifarbig. Einfarbig gelbe Osterglocken werden beispielsweise der Klasse 1a zugeordnet, reinweiße, kleinkronige Narzissen zur Klasse 3c.

Gefüllte Narzissen, deren Trompete durch ein unregelmäßiges Büschel von Blütenblättern ersetzt ist, zählen zur Klasse 4. Die Klassen 5–9 umfassen die Blütenmerkmale einer besonderen Wildnarzissenart. So weisen Einkreuzungen von *N. triandrus* (Klasse 5) und Einkreuzungen von *N. cyclamineus* (Klasse 6) die Merkmale ihrer Eltern *N. triandrus* bzw. *N. cyclamineus* auf: hängende, glockenförmige Trompeten und zurückgeschlagene Hüllblätter.

Jonquillen-Narzissen (Klasse 7) verströmen einen stark süßlichen Duft. Jeder Stengel trägt kleine Blütendolden mit cremefarbenen, gelben oder orangefarbenen Kelchen sowie kontrastfarbigen, abgerundeten oder spitzen Blütenblättern. Ihre binsenartigen Blätter

'King Alfred'
Klasse 1a
Trompetennarzissen
reingelb

'Newcastle'
Klasse 1b
Trompetennarzissen
zweifarbig

'Mount Hood'
Klasse 1c
Trompetennarzissen
weiß

'Spellbinder'
Klasse 1d
Trompetennarzissen
umgekehrt zweifarbig

'Carlton'
Klasse 2a
großkronige oder
Schalennarzissen
gelb

'Fortune'
Klasse 2b
großkronige oder
Schalennarzissen
zweifarbig

'Birma'
Klasse 3a
kleinkronige oder
Tellernarzissen
gelb-orange

'Limerick'
Klasse 3b
kleinkronige oder
Tellernarzissen
weiß mit orangefarbener Krone

'Beersheba'
Klasse 2c
großkronige Narzisse
weiß

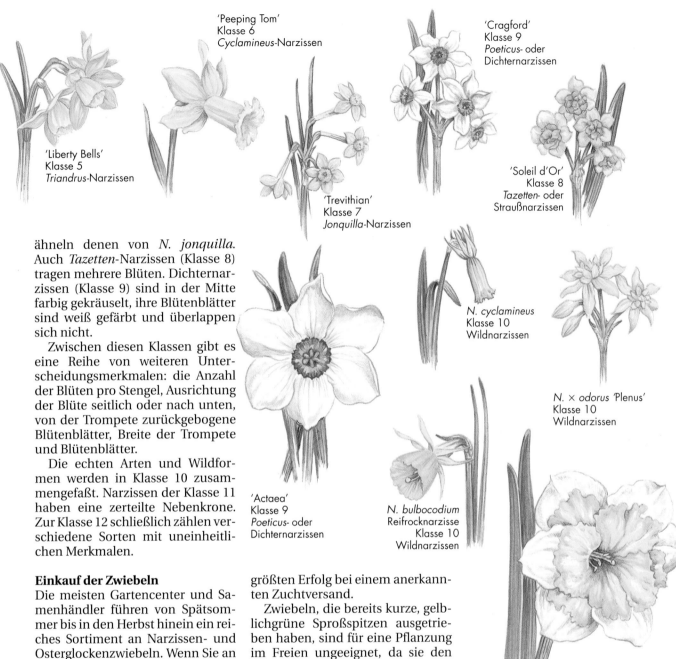

'Peeping Tom'
Klasse 6
Cyclamineus-Narzissen

'Liberty Bells'
Klasse 5
Triandrus-Narzissen

'Cragford'
Klasse 9
Poeticus- oder
Dichternarzissen

'Trevithian'
Klasse 7
Jonquilla-Narzissen

'Soleil d'Or'
Klasse 8
Tazetten- oder
Straußnarzissen

N. cyclamineus
Klasse 10
Wildnarzissen

N. × odorus 'Plenus'
Klasse 10
Wildnarzissen

'Actaea'
Klasse 9
Poeticus- oder
Dichternarzissen

N. bulbocodium
Reifrocknarzisse
Klasse 10
Wildnarzissen

'Evolution'
Klasse 11
Halskragennarzissen

ähneln denen von *N. jonquilla.* Auch *Tazetten*-Narzissen (Klasse 8) tragen mehrere Blüten. Dichternarzissen (Klasse 9) sind in der Mitte farbig gekräuselt, ihre Blütenblätter sind weiß gefärbt und überlappen sich nicht.

Zwischen diesen Klassen gibt es eine Reihe von weiteren Unterscheidungsmerkmalen: die Anzahl der Blüten pro Stengel, Ausrichtung der Blüte seitlich oder nach unten, von der Trompete zurückgebogene Blütenblätter, Breite der Trompete und Blütenblätter.

Die echten Arten und Wildformen werden in Klasse 10 zusammengefaßt. Narzissen der Klasse 11 haben eine zerteilte Nebenkrone. Zur Klasse 12 schließlich zählen verschiedene Sorten mit uneinheitlichen Merkmalen.

Einkauf der Zwiebeln

Die meisten Gartencenter und Samenhändler führen von Spätsommer bis in den Herbst hinein ein reiches Sortiment an Narzissen- und Osterglockenzwiebeln. Wenn Sie an ausgefallenen Züchtungen interessiert sind, haben Sie meist den

'Angel'
Klasse 3c
kleinkronige oder
Tellernarzissen
weiß

'Petit Four'
Klasse 4
gefüllte Narzissen

größten Erfolg bei einem anerkannten Zuchtversand.

Zwiebeln, die bereits kurze, gelblichgrüne Sproßspitzen ausgetrieben haben, sind für eine Pflanzung im Freien ungeeignet, da sie den kalten Winter nicht überleben würden. Kaufen Sie auch keine Zwiebeln, die in warmen Räumen gelagert wurden. Eine gesunde Zwiebel fühlt sich sehr fest an, ist gleichmäßig groß und frei von Pilzbefall; bei in Beuteln eingeschweißten Zwiebeln ist Pilzbefall manchmal schwer festzustellen. Von einer relativ großen Zwiebel mit mehreren kleinen Nebenzwiebeln ist keine große Blühfreudigkeit zu erwarten.

Geld sparen läßt sich bei Fachhändlern, die ihre Ware offen anbieten. Aber Vorsicht – manchmal befinden sich minderwertige Exemplare darunter.

Wenn Zwiebeln nicht sofort eingepflanzt werden, sollten sie aus ihrer Verpackung genommen, offen und mit einigem Abstand auf Tabletts gelegt und an einem luftigen, kühlen Ort aufbewahrt werden.

Geeignete Böden

Narzissen gedeihen in nahezu jedem Boden, ob kalkhaltig, neutral oder leicht sauer. Kalkdüngung ist nur bei extrem sauren Böden erforderlich. Feste oder stark verdichtete Böden müssen vor dem Setzen gut aufgelockert werden.

Die meisten Narzissenarten benötigen lockeres Erdreich, da ihre Zwiebeln bei Staunässe schnell faulen. Gegebenenfalls sollte viel Grobsand oder Kleinkies in den Boden eingearbeitet werden. Gegen Frühlingsende, zwischen der Blüte und dem Absterben der Blätter, darf der Boden nicht zu sehr austrocknen, da die Zwiebeln sonst langsam verkümmern. In den Folgejahren bilden sich dann nur noch kleinere und möglicherweise auch weniger Blüten.

Zur Pflanzzeit 1 Handvoll Universaldünger/m² Boden oder einen reinen Kali-Phosphat-Dünger untermischen. Kali fördert die Ausfärbung der Blüten. Unmittelbar vor dem Stecken darf keinesfalls frischer Stallmist eingearbeitet werden! Wo Mist verfügbar ist, muß er mindestens 9 Monate vorher unter die Erde gemischt werden.

Stecken der Zwiebeln
Narzissenzwiebeln sollte man so früh wie möglich setzen, das bedeutet zwischen Spätsommer und Herbstanfang.

Kleine Zwiebeln kann man mit einem Setzholz pflanzen, die größeren mit einem speziellen Blumenzwiebelpflanzer. Damit wird gleich-

▼ *Reifrocknarzissen (Narcissus bulbocodium) wirken in Steingärten oder in niedrigem Gras besonders attraktiv. Diese aparten kleinen Blumen mit ihren zarten, gelben Trompeten und den lanzettförmigen Hüllblättern ragen aus ihrem binsenartigen Blätterbüschel nur etwa 15 cm empor.*

zeitig der Hohlraum unterhalb der Zwiebeln eingeebnet, damit der Wurzelansatz direkt mit dem Boden in Berührung kommt. Andernfalls kann sich dort leicht Wasser sammeln und zur Fäulnis der Zwiebeln führen. Auf den Boden des Stecklochs wird eine 1,2 cm hohe Sandschicht gestreut, damit das Wasser gut absickern kann.

Wo ringsum keine anderen Gewächse stehen, sollte das Steckloch dreimal so tief sein, wie die Zwiebel lang ist. Eine 5 cm lange Zwiebel wird also in ein 15 cm tiefes Loch gesteckt und mit 10 cm Erde zugedeckt. In Staudenrabatten, die im Sommer gehackt und im Winter umgegraben werden, müssen die Zwiebeln einige Zentimeter tiefer liegen. Weiterhin ist wichtig, daß die Zwiebelspitze nach oben und die sogenannte Zwiebelscheibe, an der die Wurzeln entspringen, nach unten zeigt.

Anstatt die Zwiebeln in einzelne Löcher zu setzen, kann man auch einen größeren Graben der entsprechenden Tiefe ausheben, mehrere Zwiebeln auf einmal einsetzen und mit Erde auffüllen.

Der Abstand der Zwiebeln zueinander hängt von der Zwiebelgröße

ab, zu welchem Zweck sie angepflanzt und wie häufig sie ausgehoben werden. Wenn sie möglichst natürlich wirken sollen, werden sie in unregelmäßiger Anordnung an verschiedenen Stellen gesetzt. In dauerhaft angelegten Beeten sollte der Zwiebelabstand 10–20 cm betragen.

Bei einer Schnittblumenzucht müssen die Zwiebeln alle 2–3 Jahre aus dem Boden genommen werden. Hier setzt man sie in Reihenabständen von 45–75 cm und je nach Größe der Zwiebeln ca. 10–15 cm voneinander entfernt.

Je häufiger die Zwiebeln ausgehoben werden, desto enger können sie stehen. Die Zwiebeln kleinwüchsiger Sorten wie *N. bulbocodium*, *N. cyclamineus* und *N. triandrus* werden in Gruppen von zwölf oder mehr Pflanzen jeweils 5–7,5 cm auseinander gesetzt.

Wenn Sie viele verschiedene Sorten von Narzissen bunt gemischt anpflanzen, ist es oft schwierig, sie später auszuheben, ohne die Sorten miteinander zu verwechseln. Dieses Problem läßt sich lösen, indem Sie Zwiebeln derselben Sorte in ein einzelnes, großes Loch setzen und sie vollständig mit einem großen

NARZISSEN IN ZIMMERKULTUR

1 Die Zwiebeln gegen Sommerende und zu Herbstbeginn eintopfen. Vertrocknete Wurzeln mit einer Gartenschere oder einem scharfen Messer möglichst nahe an der Basis abschneiden.

2 Abzugslöcher mit Tonscherben abdecken. Wenn keine Löcher vorhanden sind, werden Holzkohlenstücke in den Topf gelegt, die das überschüssige Gießwasser aufsaugen.

3 Den Topf zur Hälfte mit feuchter Erde füllen und zwei bis drei Zwiebeln so einsetzen, daß die Spitzen zu sehen sind. Festdrücken und eventuell mit etwas Kultursubstrat abdecken.

NARZISSENBÜSCHEL IM TOPF

Kunststoffnetz bedecken. Die Maschen müssen so weit sein, daß die Sprößlinge hindurchwachsen können, aber klein genug, damit die Zwiebeln nicht durchfallen. Später brauchen Sie dann nur noch die Erde abzuschütteln und können das Netz mitsamt den Zwiebeln aus dem Boden heben.

Narzissen verschönern den Rasen

Dabei ist zu beachten, daß Narzissenblätter nicht abgeschnitten werden dürfen, bevor sie von selbst absterben. In der Praxis bedeutet das, daß Sie Ihren Rasen jedes Jahr erst zu Sommerbeginn mähen dürfen – für einen gepflegten Rasen viel zu spät. Doch auch auf einer etwas verwilderten Grasfläche oder einer Grasböschung wirken Narzissen sehr reizvoll.

Am besten benutzen Sie auch für diesen Zweck einen speziellen Zwiebelpflanzer. Damit können Sie einen Klumpen Erde samt der Begrasung ausheben und nach dem Pflanzen der Zwiebel wieder unbeschädigt einsetzen. Es gibt diese Geräte auch mit einem beweglichen Schneidekopf, damit sich der Erdpfropf leichter lösen läßt. Dies erleichtert die Arbeit bei feuchten, schweren Böden.

Regelmäßige Pflege

Nach dem Einpflanzen benötigen Narzissen kaum Pflege, lediglich die Zwiebeln dürfen nie im Wasser stehen. In der Regel reicht der natürlich fallende Regen zur Bewässerung der Narzissen aus.

Welke Blüten sollten sofort mit einer Schere oder einem scharfen Messer abgeschnitten werden – nicht nur aus ästhetischen Gründen, sondern auch, um die Zwiebelkraft zu erhalten. Die Stengel bleiben weitgehend stehen, da die

Blätter erst vollständig abgestorben oder wenigstens gelb sein müssen, bevor man sie abschneidet. Es gilt, möglichst viele grüne Pflanzenteile zu erhalten, sonst kann die Zwiebel keine Nährstoffreserven für das kommende Jahr bilden.

Es ist nicht empfehlenswert, die Blätter mit Bastschnur oder ähnlichem zusammenzubinden, um ein Beet „ordentlich" aussehen zu lassen, denn das Blattgewebe wird zerquetscht und der Nährstofftransport zur Zwiebel unterbrochen.

Zwiebeln aufnehmen

In der Regel werden Narzissenzwiebeln aus dem Boden geholt, wenn sie zu dicht stehen und keine zufriedenstellenden Blüten mehr entwickeln. Der beste Zeitpunkt dafür liegt zwischen Sommermitte und Herbstanfang. Die Zwiebeln sollten dann – unter Beachtung der empfohlenen Pflanzabstände – wieder eingesetzt werden.

Auch gelbe, aber noch nicht abgestorbene Blätter sind ein Zeichen dafür, daß die Zwiebeln versetzt werden sollten. Beim Ausgraben muß der Boden möglichst trocken sein, um Verletzungen der Zwiebeln zu vermeiden.

Wenn die Zwiebeln gelagert werden sollen, müssen diese zunächst an einem warmen Ort abtrocknen. Sobald die Blätter brüchig sind, werden vorsichtig die Blattreste sowie lose Wurzeln und Zwiebelhäute entfernt. Beschädigte oder verfaulte Zwiebeln werden stets aussortiert.

Zu diesem Zeitpunkt können die Zwiebeln auch geteilt werden, dabei trennt man die inzwischen gebildeten Tochterzwiebeln mit unversehrter Haut von der Mutterzwiebel ab. Sie können diese zur späteren Verwendung nach Größen

1 Einen Topf von 15 cm Ø wie oben beschrieben vorbereiten. Auf eine 5 cm dicke Erdschicht drei Zwiebeln setzen.

2 Rings um die Zwiebeln feuchtes Kultursubstrat verteilen. Ihre Spitzen müssen gerade noch freiliegen. Mit den Fingern gut festdrücken.

3 Zwischen die gesetzten Zwiebeln drei weitere stecken; mit Erde auffüllen. Größere Töpfe nehmen zwei Lagen mit je fünf Zwiebeln auf.

sortiert an einem kühlen, frostge-
schützten Ort aufbewahren.

Zimmerkultur

Viele winterharte Narzissen, die
im Frühjahr im Freiland wachsen,
können schon einige Wochen vorher zum Blühen gebracht werden.
Dafür setzt man sie im Spätsommer
in Töpfe, stellt sie während der Bewurzelung kühl und treibt sie bei
mäßiger Wärme zur Blüte.

Im Angebot der Samenkataloge
wird immer wieder auf Sorten
hingewiesen, die sich für Zimmer-
anzucht besonders gut eignen, wie
beispielsweise 'Paper White' oder
'Soleil d'Or' oder auch Zwergformen wie 'Tête-à-Tête' sowie Osterglocken der Sorte 'Golden Harvest'
und 'King Alfred'.

Am besten setzt man diese Zwiebeln in ein Torfkultursubstrat oder
in handelsübliche Pflanzerde auf
Torfbasis. Des weiteren gibt es auch
spezielles Zwiebelanzuchtsubstrat
zu kaufen. Da dieses jedoch nicht
gedüngt ist, können die Zwiebeln
keine Nährstoffe speichern.

In kleine Töpfe kann man zwei
bis drei Zwiebeln setzen, doch wirken die Blumen in Trögen oder Kübeln in dichten Büscheln wesentlich attraktiver. Nach der Blüte können Sie die Narzissen im Garten
einpflanzen, sie kommen aber in
der Regel erst nach 2–3 Jahren wieder zur Blüte.

Vermehrung

Am einfachsten ist es natürlich,
Narzissen als Zwiebeln zu kaufen,
die nach dem Einpflanzen zuverlässig zu blühen beginnen. Sie können sie auch selbst ziehen – müssen dann aber einige Jahre Geduld
haben, bis die Pflanzen zu blühen
beginnen.

Die meisten Zwiebeln bilden sogenannte Tochterzwiebeln, die man
nach dem Ausgraben der Mutterzwiebel entfernen und im Frühbeet
heranziehen kann.

Manche Narzissen produzieren
Samen – oft auf Kosten von Ab-
legern. Die Qualität der mit dieser Vermehrungsmethode erzielten
Blüten läßt aber im Hinblick auf Anzahl, Farbe und Form häufig zu
wünschen übrig. Aus natürlich ent-
wickelten Samen können bei Narzissen keine echten Namenssorten
gezogen werden.

Die reifen Samen werden im
Hochsommer gesammelt und nach
wenigen Wochen in einen tiefen
Topf in Torfkultursubstrat gelegt,
mit etwas Erde abgedeckt und vorsichtig gewässert. Eine dünn ge-
streute Sandschicht hält Schnecken
fern. Setzen Sie den Topf dann an
einen geschützten, halbschattigen
Ort in den Garten, und halten Sie
das Substrat stets feucht, aber nicht
zu naß.

In der Regel keimen die Samen
nach wenigen Monaten. Im 1. Jahr
haben die Pflanzen jeweils nur
ein einziges, dünnes Blatt. Sobald
dieses abgestorben ist, kratzen Sie
die oberste Erdschicht vorsichtig
ab und ersetzen sie durch frisches
Torfkultursubstrat. Bringen Sie eine
neue Lage Sand auf.

Im 2. Jahr erfolgt die gleiche Pro-
zedur. Es ist wichtig, darauf zu achten, daß beim Abkratzen der obersten Erdschicht die jungen Zwiebeln nicht verletzt werden. In der
Zeit von Mitte bis Ende Frühling
werden die Pflanzen mit Flüssigdünger versorgt. Nach dem Absterben der Blätter klopft man die Zwiebeln behutsam aus dem Topf heraus, untersucht sie auf Krankheiten
und lagert die gesunden bis zum
Sommerende.

Dann werden die Zwiebeln wie
beschrieben an einer abgelegenen
Stelle eingesetzt, nach 3 Jahren aus
der Erde geholt und an ihren endgültigen Standort gepflanzt. Die erste Blüte ist erst im 4.–7. Jahr nach
der Aussaat zu erwarten. Aus Samen
gezogene Narzissensorten sollten
bis zur ersten Blüte im Topf verbleiben.

▼ *Groß- und kleinkronige Narzissen
mit zweifarbigen Blüten sind oft attraktiver als die klassischen Osterglocken.
Zwanglos verteilte Narzissenbüschel
machen sich besonders gut in unge-
schnittenem Gras an einer sanft ab-
fallenden Böschung.*

Tulpen – Frühlingsblumen

Tulpen gelten als die absoluten Favoriten für die Bepflanzung von Frühlingsbeeten. Sie sind in vielen Farben, Formen und Größen erhältlich, leicht zu ziehen und zu pflegen.

Die Gattung *Tulipa* gehört zur Familie der Liliengewächse *(Liliaceae)* und umfaßt mehr als 60 Arten, die in Vorder- und Zentralasien, Südeuropa und Nordafrika beheimatet sind. Der Name „Tulpe" leitet sich von dem persischen Wort „Dulbant" ab, dem Wort für „Turban", dem die Tulpenblüte von der Form her ähnelt.

Die Tulpe ist seit etwa 300 Jahren eine der beliebtesten Gartenpflanzen Europas. Die ersten Zwiebeln kamen vermutlich im Jahr 1554 nach Europa. Binnen 100 Jahren hatte das Tulpenfieber fast ganz Europa ergriffen. Heute kultivieren Tulpenzüchter in den Niederlanden und Großbritannien einige hundert Sorten. Parallel zu dieser züchterischen Arbeit haben Pflanzenliebhaber die Suche nach den Wildarten in den Heimatländern fortgesetzt und damit die Palette an Farben, Blütenformen und Wuchshöhen stark erweitert.

Alle Tulpen haben rundliche bis eiförmige, leicht zugespitzte Zwiebeln mit trockenen äußeren Schalen. Die meisten Arten und Sorten tragen Einzelblüten an einem aufrechten Stengel, einige haben auch zwei- oder mehrblütige Schäfte. Die kelchförmigen Blüten weisen sechs Blütenblätter auf, deren Form zugespitzt, schlank, breit oder abgerundet sein kann. Es gibt auch gefüllte Sorten, deren Blüten weit mehr als sechs Blütenblätter haben.

Ein bis zwei Blätter sitzen am oder nahe dem Boden und zwei bis drei kleinere am Blütenstiel. Einige Arten wie *T. tarda* entwickeln direkt über dem Boden eine Rosette aus schmalen Blättern.

Viele Farbabweichungen von Tulpenblüten basieren auf einer harmlosen Virusinfektion. Dabei bilden sich scharf begrenzte Farbflecken, und das Virus kann in einem neuen Farbschlag isoliert und kultiviert werden. Natürliche Veränderungen der Erbanlagen sind eine weitere Quelle von Farbvarianten.

Nahezu jede Tulpensorte blüht bereits im 1. Jahr nach dem Pflanzen; nur ein staunasser oder mit Schädlingen und Krankheiten verseuchter Boden kann das verhindern. In den folgenden Jahren müssen einige Pflegemaßnahmen beachtet werden, um Tulpen erneut zur Blüte zu bringen.

Gärtnerische Einteilung
Das offizielle System der Gattung *Tulipa* umfaßt 14 Klassen von Kultursorten – meist basierend auf der

◄ *Ungefüllte spätblühende Tulpen, wie diese leuchtendroten Rembrandttulpen, sind ideal für großflächige Spätfrühlingsbeete. Einige auffällige Farbabweichungen, die durch ein harmloses Virus hervorgerufen wurden, setzen markante Akzente in der Bepflanzung.*

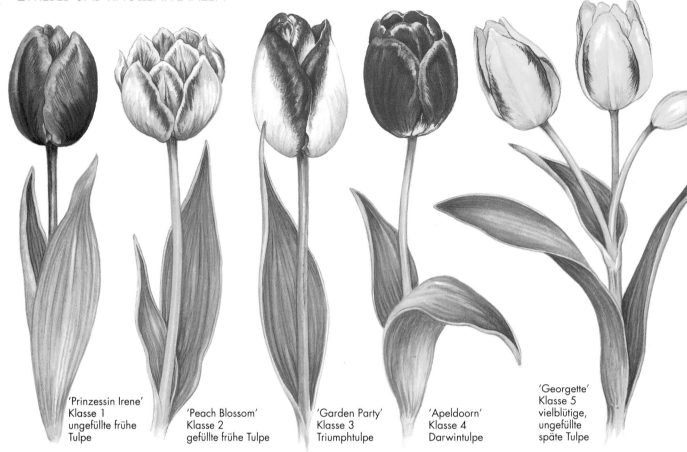

'Prinzessin Irene'
Klasse 1
ungefüllte frühe
Tulpe

'Peach Blossom'
Klasse 2
gefüllte frühe Tulpe

'Garden Party'
Klasse 3
Triumphtulpe

'Apeldoorn'
Klasse 4
Darwintulpe

'Georgette'
Klasse 5
vielblütige,
ungefüllte
späte Tulpe

Blütenform, Blütezeit und Abstammung – und eine weitere Gruppe mit den Wildarten.

Dieses System ist im Lauf der Jahre vielfach überarbeitet worden; das folgende System entspricht dem aktuellen Stand.

Ungefüllte frühe Tulpen bilden die Klasse 1; früher wurden einige davon in die Klasse 4 gestellt. Die 7,5 cm großen, tassenförmigen Blüten sitzen an 25–60 cm hohen Stielen und öffnen sich meist um die Frühlingsmitte, manchmal auch etwas früher.

Gefüllte frühe Tulpen – Klasse 2 – werden etwa 30 cm hoch und treiben ungefähr um die Frühlingsmitte 7,5–10 cm große, gefüllte Blüten, die Pfingstrosen ähneln.

Triumphtulpen – Klasse 3 – einschließlich einiger früher als Mendeltulpen bekannter Sorten besitzen eher konische, sich rundlich öffnende Blüten mit einem Durchmesser von bis zu 7,5 cm und werden 40–60 cm hoch. Sie blühen um die Frühlingsmitte und halten oft bis in den späten Frühling hinein.

Darwintulpen – Klasse 4 (früher Klasse 5) – besitzen 15–20 cm große Blüten, die in vielen leuchtenden Farben erscheinen. Die Blüte erfolgt meist im Spätfrühling oder etwas später. Darwintulpen werden 55–70 cm hoch.

Ungefüllte späte Tulpen bilden die Klasse 5 (hin und wieder auch Mai-blütige genannt und viele ehemalige Darwintulpen umfassend) und gehören mit bis zu 80 cm zu den höchsten Tulpensorten. Ihre Blüten wirken im Profil quadratisch bis oval, häufig mit etwas zugespitzten Blütenblättern, öffnen sich im Spätfrühling und halten oft bis in den Frühsommer hinein. Wie alle bisherigen Klassen besitzen sie Einzelblüten; lediglich die 'Bouquet'-Sorten sind mehrblütig.

Lilienblütige Tulpen werden in der Klasse 6 (früher 7) zusammengefaßt. Die langen, taillierten Blüten mit den nach außen gebogenen, zugespitzten Blütenblättern erreichen einen Durchmesser von über 15 cm. Sie blühen im Spätfrühling, gelegentlich auch etwas früher, und werden 50–65 cm hoch.

Gefranste Sorten – Klasse 7 (Teil der früheren Landsorten, auch orchideenblütige Tulpen genannt) – sind anhand ihrer gefransten Blütenblätter leicht von den anderen Klassen zu unterscheiden. In den übrigen Punkten gleichen sie den ungefüllten späten Sorten. Sie werden meist als Farbmischungen im Handel angeboten.

Viridiflora-**Sorten** sind auch als Grüne Tulpen bekannt und bilden die Klasse 8 (ebenfalls Teil der früheren Landsorten). Auch sie ähneln den ungefüllten späten Tulpen, jedoch zeichnen sie sich durch auffällige, grüngestreifte oder überlaufene Blütenblätter aus. Diese verleihen ihnen die unter Floristen sehr geschätzte, attraktive Wirkung.

Rembrandttulpen – Klasse 9 – tragen ein harmloses Virus in sich, durch das die Blütenfarbe in Streifen oder ein fiedriges Muster aufgelöst wird. In den anderen Punkten gleichen sie den ungefüllten späten Tulpen.

Papageientulpen bilden die Klasse 10. Sie ähneln in Wuchs und Blütezeit den ungefüllten späten Sorten, haben jedoch krausrandige, eingeschnittene und gedrehte Blütenblätter. Sie sind oft bunt gefärbt.

Gefüllte späte oder päonienblütige Sorten – Klasse 11 – tragen im Spätfrühling auf 40–60 cm hohen Stengeln große, ganz gefüllte, schwere Blüten mit einem Durchmesser von bis zu 12 cm.

Kaufmanniana-**Hybriden** – Klasse 12 – werden manchmal auch seerosenblütige Tulpen genannt. Sie leiten sich von *T. kaufmanniana*, einer sternblütigen Art aus Turkestan, ab. Diese Hybriden tragen im zeitigen Frühjahr etwa 6 cm große, Seerosen ähnelnde Blüten, die sich weit öffnen. Die Blüten sind in der Regel zweifarbig und die Blätter gelegentlich bräunlich- bis rötlichviolett gestreift oder gefleckt.

Fosteriana-**Hybriden** – Klasse 13 – stammen hauptsächlich von *T. fosteriana* ab, einer Art aus den Kalksteinbergen Zentralasiens mit roten

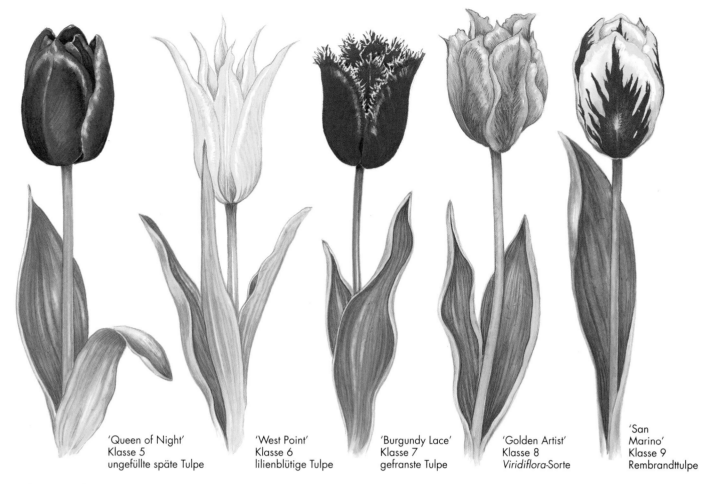

'Queen of Night'
Klasse 5
ungefüllte späte Tulpe

'West Point'
Klasse 6
lilienblütige Tulpe

'Burgundy Lace'
Klasse 7
gefranste Tulpe

'Golden Artist'
Klasse 8
Viridiflora-Sorte

'San
Marino'
Klasse 9
Rembrandttulpe

Blüten und glänzend grünen Blättern. Die Hybriden sind scharlach- bis gelbblütig bzw. weiß. Die um die Frühlingsmitte erscheinenden Blüten sitzen an 20–40 cm hohen Stielen, sind in geschlossenem Zustand schlank und weiten sich bei Sonnenschein auf 18–20 cm aus.

Greigii-**Hybriden** – Klasse 14 – leiten sich zumeist von *T. greigii* ab. Kräftige, kastanien- oder violettbraune Streifen und ein gewellter Rand kennzeichnen die Blätter. Die Sorten werden 30–50 cm hoch und entfalten ihre großen, in leuchten-

den Tönen gefärbten Blüten bis zur Frühlingsmitte.

Wildarten bilden die Klasse 15. Sie bieten ein weites Spektrum an Blütenfarben, -formen und -größen. Oft sind sie kleiner und zierlicher als die modernen Hybriden, jedoch sind die Wildarten nicht minder winterhart.

Sortenwahl

Blühende Tulpen gelten für viele Menschen als das Symbol für den Frühling schlechthin. Diese Zwiebelgewächse sind ideale Partner für

zweijährige Pflanzen wie beispielsweise Schöterich *(Erysimum)* und Stauden wie Vergißmeinnicht *(Myosotis)* sowie Gänseblümchen *(Bellis perennis)*. Jedoch eignen sich die hohen und robusteren modernen Sorten der Klassen 1–9 am besten für Beetbepflanzungen.

Sie werden kein Problem damit haben, im Hunderte von Sorten umfassenden Sortiment die passenden Farben und Wuchshöhen für eine Pflanzengruppe zu finden – egal, ob Sie nun dezente Pastelltöne oder sehr bunte Beete bevorzugen.

VERWENDUNG DES ZWIEBELPFLANZERS

1

2

3

Ein Zwiebelpflanzer erleichtert das Setzen einzelner Zwiebeln erheblich. Stoßen Sie den Pflanzer bis zur gewünschten Tiefe (entsprechend den seitlichen Markierungen) kräftig in den Boden **(1)**. Drehen Sie ihn etwas, wenn der Boden sehr schwer ist. Nun ziehen Sie den Pflanzer langsam mit der darin enthaltenen Erde heraus **(2)**. Geben Sie, um die Durchlässigkeit des Bodens zu verbessern, etwas Sand ins Loch, und legen Sie eine Zwiebel darauf. Schließlich lassen Sie die Erde aus dem Pflanzer einfach wieder ins Loch fallen **(3)**. Drücken Sie die Erde mit den Fingern fest.

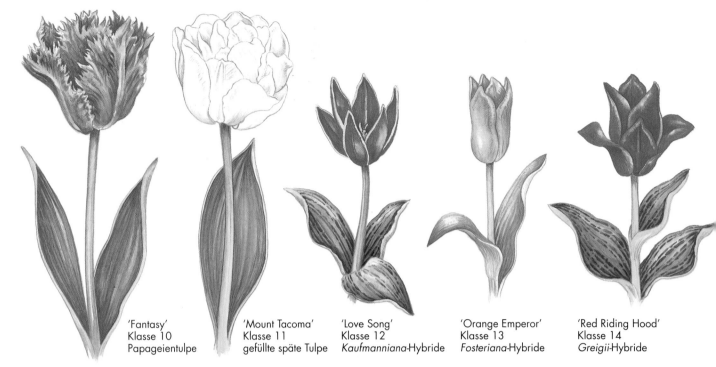

'Fantasy'
Klasse 10
Papageientulpe

'Mount Tacoma'
Klasse 11
gefüllte späte Tulpe

'Love Song'
Klasse 12
Kaufmanniana-Hybride

'Orange Emperor'
Klasse 13
Fosteriana-Hybride

'Red Riding Hood'
Klasse 14
Greigii-Hybride

Zusätzlich zu den reinen Sorten bieten viele Gartencenter Mischungen an, die zumeist mehrere Sorten einer Klasse enthalten.

Papageientulpen, die in der Höhe den ersten neun Klassen gleichen, besitzen schwere Blüten, die leicht durch Wind und Regen geschädigt werden. Sie sollten daher an einem geschützten Standort gepflanzt werden. Das gleiche gilt für die zwei gefüllt blühenden Klassen.

Um Lücken in sonnigen, gut dränierten Steingärten, Beeteinfassungen oder Freilandkübeln zu füllen, wählt man *Kaufmanniana*- oder *Greigii*-Hybriden. Viele der Wildarten sind ebenfalls bestens dafür geeignet – wie etwa *T. clusiana*, *T. humilis* und *T. tarda*.

Eine der wenigen Arten, die an schattigen Standorten gedeihen, ist *T. sylvestris*, die am besten den lichten Schatten eines waldähnlichen Gartens verträgt. Alle anderen Tulpenarten bevorzugen vollsonnige Standorte.

Freilandkultur

Tulpen gedeihen in alkalischen Böden, deshalb sollten Sie saure Böden vor dem Pflanzen mit ein paar Handvoll Düngekalk/m² Boden versetzen.

Leichte, gut durchlässige Böden bieten Tulpen bessere Wachstumsbedingungen als schwere Böden und erleichtern das Herausnehmen der Zwiebeln nach der Blüte. Graben Sie den Boden etwa eine Spatenlänge tief um, und fügen Sie bei nährstoffarmen Böden reifen Kompost oder Torf sowie Langzeitdünger hinzu. Den Wasserabzug in Tonböden können Sie verbessern, indem Sie Kies zugeben.

Pflanzen Sie die Zwiebeln im Spätherbst an einer sonnigen Stelle. Zu frühes Pflanzen führt oft zu vorzeitigem Austrieb, der dann durch Frost geschädigt wird.

Die optimalen Pflanztiefen und -abstände hängen vom Bodentyp und der beabsichtigten Wirkung ab. In extrem leichten Böden können die Tulpenzwiebeln bis maximal 30 cm tief gelegt werden. Das verleiht hohen Sorten Standfestigkeit und ermöglicht die Bodenbearbeitung sowie Zwischenpflanzungen, ohne die Zwiebeln dabei zu stören. Eine Pflanztiefe von 15 cm ist jedoch üblicher und erleichtert das Herausnehmen der Zwiebeln im Sommer, wenn die Tulpen verblüht sind. Setzen Sie Tulpen in schweren Böden nie tiefer als 15 cm.

Nicht selten graben Mäuse und andere Nager Tulpenzwiebeln aus und fressen diese dann an. Um dies zu verhindern, können Sie die Zwiebeln tiefer pflanzen, doch bedenken Sie, daß die Zwiebeln dadurch in nasser Erde anfälliger für Fäulnis werden.

Je nachdem, welchen Effekt Sie erzielen wollen, wählen Sie in Beeten einen Pflanzabstand von 10 bis 30 cm. Für Zierbeete und Rabatten genügen innerhalb der Pflanzungen 10–15 cm – je nach Zwiebelgröße. Der Abstand kann bei Mischbeeten größer gewählt werden.

Wenn Tulpen zur dauerhaften Bepflanzung eingesetzt werden sollen, können niedrige Arten, wie *T. turkestanica* und *T. tarda*, in Rabatten oder im Steingarten in Gruppen

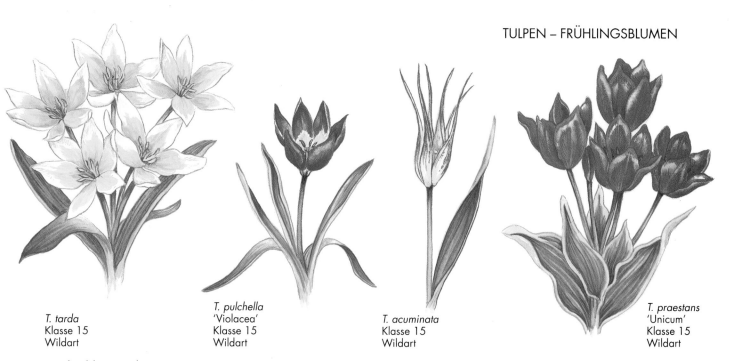

T. tarda
Klasse 15
Wildart

T. pulchella
'Violacea'
Klasse 15
Wildart

T. acuminata
Klasse 15
Wildart

T. praestans
'Unicum'
Klasse 15
Wildart

◀ Lilienblütige Tulpen, wie die gelbspitzige, karminrote 'Aladin', blühen im Spätfrühling und sind anmutige Partner für späte Narzissensorten, wie die vielblütige Hybride 'Geranium'. Viele Trompetennarzissen und ungefüllte späte Tulpen blühen ebenfalls um diese Zeit, so daß die Auswahl an Farbvariationen fast unbegrenzt ist.

▶ Greigii-Hybriden zählen zu den schönsten aller Tulpen, sowohl wegen ihrer farbintensiven Blüten als auch wegen ihrer meist gestreiften, gewelltrandigen Blätter. Aufgrund ihrer geringen Höhe lassen sie sich gut mit niedrigwüchsigen ein- und zweijährigen Pflanzen wie Gartenstiefmütterchen (Viola-Wittrockiana-Hybriden) kombinieren.

von sieben bis zwölf Zwiebeln und 15 cm tief gepflanzt werden. Guter Wasserabzug und eine gegen rauhen Wind geschützte Südlage bieten beste Bedingungen.

Es gibt im wesentlichen zwei Pflanzmethoden für Zwiebeln. Entweder gräbt man für jede ein eigenes Loch und legt sie eine nach der anderen, oder man gräbt für alle ein gemeinsames Loch der gewünschten Tiefe und setzt alle gleichzeitig. Die erste Methode wird durch einen Zwiebelpflanzer erheblich erleichtert. Damit läßt sich Erde aus dem Loch herausheben und nach dem Setzen der Zwiebel wieder hineinfüllen.

Um das Fäulnisrisiko nachhaltig zu mindern, setzen Sie die Zwiebel mit der flachen Seite nach unten ein und umgeben diese mit grobem Sand. Schließlich drücken Sie die Zwiebel etwas an, so daß keine Hohlräume bleiben.

Pflege
Wenn die Blütenblätter abfallen, wird der Rest der Blüten entfernt, nicht aber die Stiele und Blätter – es muß soviel grünes Gewebe wie möglich erhalten bleiben, um die Tulpenzwiebeln für das kommende Jahr mit ausreichenden Mengen an Nährstoffen zu versorgen. Die abgefallenen Blütenblätter sollten immer abgesammelt werden, da sie unter Umständen Krankheitserreger enthalten.

Die Zwiebeln einiger Arten, wie z. B. *T. kaufmanniana*, und deren Sorten reifen im Boden und blühen viele Jahre. Die meisten Tulpen, besonders die modernen Hybriden, bilden im Lauf der Zeit immer kleinere Blüten und gehen manchmal ein, wenn sie im Boden gelassen werden. Man muß sie jedes Jahr nach der Blüte herausnehmen und trocken lagern.

Am besten geschieht dies, wenn sich die Blätter und Stiele im Frühsommer gelblichbraun gefärbt haben. Benutzen Sie eine Grabegabel zum Lockern der Zwiebeln; ziehen Sie die Zwiebeln nicht an den Blättern heraus, da diese abreißen könnten und die Zwiebel dann in der Erde verlorengehen könnten.

Wenn der Pflanzort vorher für Sommerblumen oder andere Pflanzen benötigt wird, kann man die noch grünen Tulpen herausnehmen und sie vorübergehend in einem Beet einschlagen, bis die Blätter von allein einziehen.

Lagern Sie die Zwiebeln in flachen Schalen im Gewächshaus oder einem trockenen Schuppen. Blätter und Stiele werden entfernt, wenn sie trocken und brüchig sind, ebenso Wurzeln, alte Schalen und anhaftende Erde. Bewahren Sie die sauberen Zwiebeln bis zum Herbst trocken, luftig und für Mäuse unzugänglich auf. Sie sollten regelmäßig auf Fäulnis und Schädlinge kontrolliert werden.

Topfkultur

Die niedrigen Arten und Hybriden können in einem ungeheizten Gewächshaus gehalten werden. *T. humilis* eignet sich hierfür besonders gut. In der zweiten Herbsthälfte werden bis zu sieben Zwiebeln etwa 5 cm tief in niedrige, mit Blumenerde gefüllte 15-cm-Töpfe gesetzt.

Wässern Sie die Zwiebeln nach dem Pflanzen, und halten Sie die Erde stets feucht, bis sich die Blätter nach der Blüte gelb färben; dann verabreicht man drei- bis viermal wöchentlich Flüssigdünger. Lassen Sie das Substrat während der Ruhephase bis zum Frühherbst ganz austrocknen.

Frühe gefüllte und ungefüllte Hybriden kann man vom Spätsommer bis Mitte Herbst in Schalen pflanzen, damit sie im Winter im Zimmer blühen. Vorbehandelte Zwiebeln gedeihen am besten und sind in vielen Gartencentern erhältlich.

Die Zwiebeln setzt man – mit dem abgeflachten Teil nach unten – so in die Erde, daß sich die Spitzen nahe unter der Oberfläche befinden. Wenn die Zwiebeln dicht nebeneinander gepflanzt werden, wirken sie am besten.

Stellen Sie die Schalen an einem kühlen und dunklen Platz auf, um die Blatt- und Wurzelbildung zu fördern – ein Keller oder ein trockener Schuppen ist ideal, ebenso ein Torfbett nördlich einer Mauer. Gelegentliches Wässern verhindert das Austrocknen, Staunässe jedoch läßt die Zwiebeln faulen.

Sobald 2,5–5 cm der Blattspitzen sichtbar sind, kann man die Schale auf die Fensterbank eines kühlen Zimmers stellen; die ideale Temperatur sollte ungefähr 10 °C betragen. Die Temperatur wird mit dem Wachstum der Blätter langsam auf 18 °C erhöht. Die Pflanzung regelmäßig wässern. Damit hochwüchsige Tulpen nicht umknicken, müs-

PFLANZKÖRBE

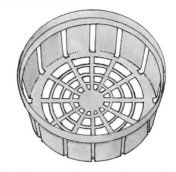

1 Da Tulpenzwiebeln am besten jährlich aus der Erde herausgenommen werden, erleichtert ein Pflanzkorb aus Plastik – erhältlich in vielen Gartencentern – die Arbeit des Pflanzens und Heraushebens.

2 Füllen Sie einfach eine dünne Schicht Erde in den Korb, und setzen Sie dann die Zwiebeln darauf. Heben Sie ein Loch aus, das groß und tief genug ist, um den gesamten Korb aufzunehmen.

3 Stellen Sie den Korb auf den Boden des Lochs, und kontrollieren Sie, ob sich die Zwiebeln in der richtigen Bodentiefe befinden. Anschließend füllen Sie das Loch mit Erde.

4 Wenn sich Stiele und Blätter nach der Blüte bräunlichgelb färben, nehmen Sie eine Grabegabel, um den Korb mit den Zwiebeln und der Erde aus dem Boden zu heben.

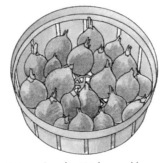

5 Säubern Sie jede Zwiebel vorsichtig von Erde, lockeren Schalen, alten Wurzeln und Brutzwiebeln. Letztere können Sie nach der Lagerung aufs neue pflanzen.

6 Reinigen Sie die Körbe und lagern Sie die Zwiebeln darin bis zum Herbst – die Schlitze in den Seiten und im Boden lassen die Luft zirkulieren und verhindern so Fäulnis.

---

sen sie sofort angebunden werden, wenn sich die Blüten entwickeln.

Vermehrung

Gartentulpen können aus Samen vermehrt werden – ein umständliches Verfahren mit ungewissem Ergebnis, da die Sämlinge der Gartenformen in der Regel von sehr unterschiedlicher Qualität sind. Die Anzucht aus Brutzwiebeln ist einfa-

cher. Diese Pflanzen sind sortenecht.

Wenn man die Zwiebeln zum Einlagern herausnimmt, werden zunächst die an der Basis befindlichen Brutzwiebeln entfernt und trocken bei 16–18 °C eingelagert. Die kleinsten Zwiebeln werden 5 cm, die größten 15 cm tief mit einem Abstand, der dem doppelten Durchmesser entspricht, gepflanzt.

KLETTERPFLANZEN ZIEHEN

Kaum eine andere Gartenpflanze kommt dem Zauber des Geißblatts nahe, das Bögen oder Tore überrankt und an warmen Sommerabenden seinen betörenden Duft verströmt. Kletter- und Schlingpflanzen stellen eine Bereicherung für jeden Garten dar und ermöglichen eine ausgewogenere Gestaltung. Pflanzen, die gern senkrecht in die Höhe wachsen, lassen sich so ziehen, daß sie Mauern und Zäune überwuchern, in alte Obstbäume hineinranken oder eine unschöne Ansicht mit ihrem Blätterkleid bedecken.

Wenn Kletterpflanzen gedeihen sollen, muß der Boden vor dem Einpflanzen sorgfältig vorbereitet sein. Viele Hobbygärtner begehen den Fehler, daß sie eine zu kleine Pflanzgrube ausheben. Gewächse, die sich über eine große Fläche ausbreiten sollen, benötigen jedoch nicht nur über der Erde viel Platz, sondern auch im Boden, damit sich ihre Wurzeln weiträumig ausdehnen können. Außerdem wird oft vergessen, daß auch eingelassene Fundamente diesen Raum beschränken können.

Zumeist sind ungünstige Bodenverhältnisse, Mangel an Wasser, Nährstoffen und Luft dafür verantwortlich, wenn Arten, die beim Einpflanzen noch gesund waren, später nicht gut gedeihen. Leicht wird unterschätzt, welchen Einfluß etwa Mauern auf die Standortbedingungen haben können. Sie entziehen dem Boden Wasser und speichern die Sonnenwärme, weshalb Pflanzen, die vor einer Mauer wachsen, leicht austrocknen. So benötigt eine Klematis beispielsweise in Trockenzeiten bis zu einem Eimer Wasser am Tag, um zu überleben.

Manche Kletterpflanzen wachsen langsam – die Glyzine braucht mindestens 7 Jahre, bis sie zum ersten Mal blüht –, andere hingegen, wie beispielsweise die Jungfernrebe, wuchern üppig und überdecken selbst größere Flächen innerhalb kurzer Zeit.

Die duftende Kalthauspflanze Solanum crispum *'Glasnevin' bezaubert mit ihren blauvioletten Blüten.*

Kletterpflanzen

**Sie setzen selbst in kleinen Gärten Akzente
und verschönern auf vielfältige
Art sogar den tristesten Winkel.**

Kletterpflanzen sind wegen ihrer attraktiven Blüten und ihrer unterschiedlichen Blattformen für jeden Garten ein Gewinn. Sie dienen als dekorativer Blickfang und benötigen nur wenig Grundfläche – ein großer Vorteil in kleinen Gärten.

Kletterpflanzen eignen sich zum Begrünen von Mauern, Lauben, Spalieren oder Pergolen und überwachsen selbst große Flächen wie beispielsweise Hauswände. Einige Kletterpflanzen, wie das Geißblatt *(Lonicera)*, können sogar in große Blumentöpfe oder Kübel gepflanzt werden; sie kommen somit für Innenhöfe oder Balkone ebenso wie für Beete in Frage.

Bei sorgfältiger Planung im Vorfeld können Sie eine Auswahl von Kletterpflanzen zusammenstellen, die Ihren Garten das ganze Jahr hindurch zu einer Augenweide machen. So gibt es Kletterpflanzen, die ihre Blütenpracht im Frühling oder Sommer entfalten, jedoch auch immergrüne Arten mit wunderschöner Herbstfärbung, die selbst im Winter sehr ansprechend wirken.

Obwohl Kletterpflanzen zumeist an Wänden oder Gerüsten gezogen werden, können sie im Garten auch neben Sträucher und Bäume gepflanzt werden und an diesen emporranken. Bäume oder Sträucher nehmen hierdurch im allgemeinen keinen Schaden, es sei denn, sie sind zu schwach und die Kletterpflanzen zu starkwüchsig. Es wirkt auch sehr dekorativ, wenn Kletter-

▲ *Der selbstklimmende Efeu* Hedera colchica *'Dentata Variegata' ist besonders für Pflanzungen an Nord- und Ostwänden geeignet.*

▼ *Eine echte Zierde ist diese Waldrebe* (Clematis) *mit violetten Blüten, die hier die scharfen Konturen der Mauer verdeckt und dem filigranen Tor einen passenden Rahmen gibt.*

pflanzen so gesetzt werden, daß einzelne Zweige herabhängen, anstatt emporzuranken – sie eignen sich somit sehr gut zum Überwuchern niedriger Mauern.

Oftmals werden zu starkwüchsige Arten gepflanzt – so kann z. B. der beliebte Halbstrauch Glyzine *(Wisteria)* bis zu 20 m hoch werden. Obwohl sich Kletterpflanzen durch einen regelmäßigen, starken Rückschnitt kleinhalten lassen, empfiehlt es sich, bei geringem Platzangebot schwachwüchsige Arten zu pflanzen.

Wenn Kletterpflanzen an Mauern gezogen werden, die später gestrichen oder renoviert werden müssen, sollten die Pflanzen entweder vorsichtig gelöst und wieder angebunden oder sehr weit zurückgeschnitten werden. Hier wäre es besser, die Pflanzen an einem Gerüst zu ziehen, das man zusammen mit den

▶ *Das Geißblatt* (Lonicera) *ist eine schnellwüchsige Schlingpflanze, die eine Höhe von 6 m erreichen kann.*

Pflanzen abnehmen und nach getaner Arbeit wieder befestigen kann.

Was sind Kletterpflanzen?
Kletterpflanzen benötigen entweder den Halt durch andere Pflanzen oder Kletterhilfen wie Mauern, Spaliere, Holzgerüste und Spanndrähte, um daran emporzusteigen.

Ziersträucher wie Feuerdorn *(Pyracantha)* werden zwar oft an Wänden gepflanzt und durch scharfen Schnitt erzogen, doch sind sie keine Kletterpflanzen und werden daher an anderer Stelle behandelt.

Kletterpflanzen können einjährig wie Edelwicken *(Lathyrus latifolius)*, ausdauernd und krautig wie z. B. Kapuzinerkresse *(Tropaeolum)* und Zierhopfen *(Humulus lupulus)* oder strauchig und mit verholzten Trieben wie Efeu sein.

Zum Emporranken haben Kletterpflanzen unterschiedliche Organe entwickelt. Am einfachsten in der Anzucht sind selbstklimmende Arten, die nur zu Beginn eine Kletterhilfe benötigen. Einige dieser Arten wie Efeu besitzen Haftwurzeln, andere wie die Jungfernrebe *(Parthenocissus)* klettern mit fadenförmigen Haftscheiben. Diese Pflan-

◀ *Die Glyzine* Wisteria sinensis *kann bis zu 20 m Höhe erreichen. Sie ist schnellwüchsig und benötigt eine Kletterhilfe.*

zen sollte man an Baumstämmen oder festen Wänden ziehen. Beachten Sie jedoch, daß besonders Efeu alte Mauern mit Kalkmörtel oder rissigem Putz durch Umwandlung der Haft- in Nährwurzeln schädigen kann.

Die Triebe einiger Kletterpflanzen, wie Geißblatt und Kiwi *(Actinidia chinensis)*, winden sich ohne spezielle Kletterorgane an anderen Pflanzen, Drähten oder Gerüsten empor. Die Schönranke *(Eccremocarpus)* steigt mit Hilfe von Ranken empor, Waldreben bilden windende Blatt- oder Blütenstiele. Diese Kletterpflanzenarten benötigen Drähte, Holzgerüste oder Geäst als Kletterhilfe und eignen sich für Pergolen oder Bögen sowie zum Beranken von Zäunen.

Spreizklimmer wie Winterjasmin *(Jasminum nudiflorum)* weisen keine Kletterorgane auf, sondern klimmen mit ihren langen Trieben an anderen Pflanzen empor. Wenn Spreizklimmer an senkrechten Flächen wachsen sollen, benötigen sie Drähte oder ein Gerüst, sie können aber auch in Hecken oder Sträuchern klimmen. Kletternde Zierbrombeeren wie *Rubus henryi* tragen Stacheln, mit denen sie sich verhaken und emporsteigen.

Die richtige Auswahl

Kletterpflanzen stellen besondere Ansprüche an ihren Standort. Legen Sie daher bereits vor dem Kauf einen Standort fest, und wählen Sie erst dann eine geeignete Kletterpflanze aus.

Sonnenlicht ist eines der wichtigsten Kriterien bei der Standortwahl. So erhalten Süd- und Südwestlagen am meisten direktes Sonnenlicht, ihnen folgen Ostlagen mit Morgensonne und Nordlagen ohne direkte Sonne.

Für Nord- und Ostlagen eignen sich beispielsweise kletternde Hortensien *(Hydrangea)*, Jungfernreben und echte Efeuarten, insbesondere die immergrünen und die buntblättrigen Formen von *Hedera colchica* und *Hedera helix*. Auch der nicht winterharte Korallenstrauch *(Berberidopsis corallina)* gedeiht in Nordlagen am besten, da er kühle, feuchte und geschützte Standorte benötigt. Einige Waldrebenarten sollten ebenfalls auf Nordseiten gepflanzt werden, da ihre violettrosafarbenen Blüten in der Sonne verblassen.

Viele Geißblatt- und Waldrebenarten lieben Standorte, an denen die Pflanzstelle und somit die Wur-

KLETTERORGANE

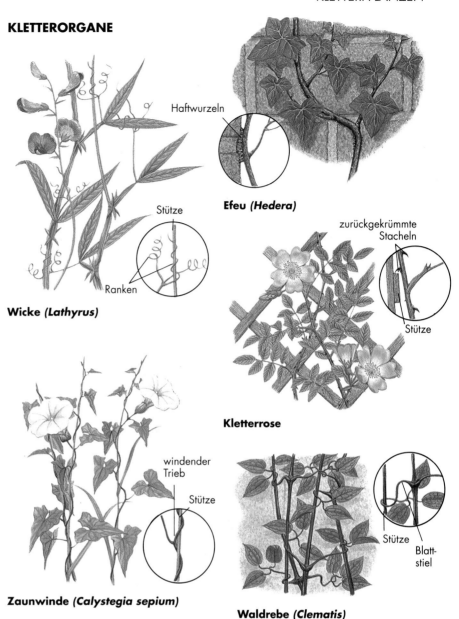

Wicke (Lathyrus)
Stütze
Ranken

Haftwurzeln
Efeu (Hedera)

zurückgekrümmte Stacheln
Stütze
Kletterrose

Zaunwinde (Calystegia sepium)
windender Trieb
Stütze

Waldrebe (Clematis)
Stütze
Blattstiel

▲ *Mit Ranken, windenden Trieben, Blattstielen und Stacheln können sich Kletterpflanzen an den meisten Oberflächen festhalten.*

◄ *Die Passionsblume (Passiflora caerulea) ist eine windende Kletterpflanze und kann in unseren Breiten höchstens an extrem geschützten Südlagen überwintern. Unter günstigsten Bedingungen erreicht sie eine Höhe von bis zu 9 m. Von Juni bis September tragen die verschiedenen Sorten weiße, blaue und violette Blüten.*

zeln im Schatten liegen. Ein idealer Standort ist daher die Nordseite eines niedrigen Zauns, an dem die Pflanzstelle im Schatten liegt, die Triebe jedoch zur Südseite ranken können. An Nordwänden von Häusern gedeihen hochwüchsige Waldrebenarten wie *Clematis montana*, da auch hier die Pflanzstelle gut beschattet ist und die Pflanzentriebe zur Sonnenseite hin gezogen werden können.

Wenn die Kletterpflanze an einen sonnigen Standort gesetzt wurde, sollte der Wurzelbereich entweder mit einer dicken Mulchschicht oder großen Steinen bedeckt werden. Eine weitere Möglichkeit ist es, den Fuß der Pflanze mit niedrigwachsenden Stauden oder Sommerblumen zu schützen.

Zierwein *(Hedera helix* ssp. *canariensis)* und buntblättrige Sorten

---

◀ *Die Jungfernrebe (Parthenocissus) ist eine Kletterpflanze, die sich auch für Nord- und Ostlagen eignet. Sie ist schnellwüchsig, und ihre Blätter färben sich im Herbst wunderschön rot.*

▼ *Diese üppige Waldrebe darf hier Mauer und Spalier ungehindert überwuchern.*

von *Hedera helix* sind Arten, die sich für Süd- und Westlagen eignen. Viele schöne Kletterpflanzen für Südlagen wie die Passionsblume und sommerblühende Jasminarten sind nicht zuverlässig winterhart und brauchen daher einen sehr guten Kälteschutz.

Kletterpflanzen, die zum Überwuchern von Zäunen oder unschönen Stellen verwendet werden, sollten immergrün sein, damit sie ihrer Aufgabe das ganze Jahr hindurch gerecht werden können. Sommergrüne Arten wie der Russische Wein müssen zumindest dichtwüchsig sein, damit sie auch ohne Belaubung einen gewissen Sichtschutz bieten. Die recht schwachwüchsige *Akebia quinata* mit ihren fast immergrünen, handförmigen Blättern eignet sich für kleinere Problembereiche. Vor solchen Stellen sollten Sie ein Gerüst errichten, das Sie dann mit dichtwüchsigen Arten Ihrer Wahl bedecken können.

Bei der Begrünung einer Fassade ist darauf zu achten, daß die Kletterpflanzen farblich mit der Wand harmonieren: so wirken dunkelviolette Waldreben gut vor weißen Wänden, und der im Sommer weiß blühende Jasmin paßt gut zu dunklen Backsteinmauern. Lassen Sie auch das Herbst- und Winterkleid der Kletterpflanzen nicht außer acht: *Vitis vinifera* 'Brandt' belebt im Winter trist wirkende Mauern; *Hedera helix* 'Goldheart' läßt dunkle Wände das ganze Jahr hindurch heller wirken.

Für Pergolen und Flechtwände sollte man besser niedrigere Kletterpflanzen wie großblütige Klematishybriden oder gelbblättrige Hopfensorten *(Humulus lupulus* 'Aurea'*)* wählen. Edelwicken bieten mit ihren vielfarbigen Blüten unzählige Gestaltungsmöglichkeiten.

Kletterpflanzen wirken durch die Farbigkeit ihrer Blätter, Blüten oder Früchte als Blickfang. Bedenken Sie bei der Wahl der Pflanzen stets die Blütezeit sowie das Erscheinungsbild der Pflanzen außerhalb der Blütezeit. So gibt es Kletterpflanzen, die das ganze Jahr hindurch gleichmäßig reizvoll sind – ohne jahreszeitlichen Höhepunkt. Andere Arten hingegen bringen für kurze Zeit eine beeindruckende Blütenpracht hervor, sind ansonsten jedoch unscheinbar.

Kombinationsmöglichkeiten

Durch die Kombination von Arten mit zeitlich versetzter Blüte können Flächen zwei- bis dreimal im Jahr mit Blüten geschmückt werden. Die klassische Kombination besteht aus Rosen und Waldreben. Die Pflanzen lassen sich auch so auswählen, daß einige zu blühen beginnen, wenn die anderen bereits verblühen. Für derartige Kombinationen eignen sich unter anderem auch Waldrebenarten, die im Frühling blühen, und Jasminarten, die bereits im Februar oder auch erst im Sommer blühen.

Das immergrüne Laub einer ausdauernden Kletterpflanze wie das des Efeus erweist sich als idealer Hintergrund für die bezaubernden Blüten empfindlicherer Gewächse wie der nicht winterharten und deshalb einjährig gezogenen Schönranke *(Eccremocarpus scaber)*.

Beachten Sie bei der Auswahl der Pflanzen, daß die Arten ähnliche Ansprüche an den Standort stellen

▲ *Bei sorgfältiger Planung läßt sich durch die Kombination verschiedener Kletterpflanzen eine außergewöhnliche Wirkung erzielen. Hier sind eine bedingt winterharte Kapuzinerkresse* (Tropaeolum) *mit karminroten Blüten und gelbblättriger Efeu* (Hedera) *zu sehen.*

◄ *Die Trichterwinde* (Ipomoea tricolor) *gedeiht in sehr milden Regionen in Süd- und Westlagen. Sie ist keine besonders kräftige Kletterpflanze, wächst jedoch schnell und erreicht eine Höhe von bis zu 3 m. Allerdings benötigt sie als Kletterhilfe Drähte, Stäbe oder ein Spalier.*

sowie gleichartiges Wuchsverhalten aufweisen. Denken Sie auch an den Schnitt. Eine Kletterpflanze, die jährlich scharf zurückgeschnitten werden muß, ist kein guter Partner für eine Pflanze, die nicht geschnitten werden darf.

Welche Kletterpflanzen Sie auch immer für Ihren Garten auswählen, Sie sollten stets darauf achten, das Gewächs der arttypischen Wuchsform entsprechend gedeihen zu lassen. Wenn Sie bei der Planung die spezifischen Ansprüche der Pflanze an ihren Standort berücksichtigen, wird sie es Ihnen mit gesundem Wachstum danken.

▶ *Drei verschiedene Kletterpflanzen wurden hier zu einer farbenfrohen und interessanten Kombination zusammengefaßt. Die gelbgrünen Blätter des Geißblatts bilden einen schönen Kontrast zu den violettgrünen Blättern des Strahlengriffels* (Actinidia kolomikta). *Eine Schönranke mit orangeroten Blüten vollendet das Bild.*

KLETTERPFLANZEN				
NAME	BESCHREIBUNG	HÖHE	BREITE	LAGE
Actinidia kolomikta (Strahlengriffel)	Schwachwachsende Kletterpflanze; weiße und rosaspitzige Blätter	6 m	3 m	N/O
Akebia quinata (Akebie)	Schnellwachsende, holzige Schlingpflanze mit handförmigen Blättern; rotviolette Blüten zur Frühlingsmitte	9–12 m	5 m	N/O
Berberidopsis corallina (Korallenstrauch)	Schnellwachsender, holziger Spreizklimmer; karminrote, glockenförmige Blüten im Sommer/Herbst	6 m	3 m	N
Celastrus orbiculatus (Baumwürger)	Schnellwachsende, holzige Schlingpflanze; leuchtendgelbe Herbstfärbung; eßbare Früchte	9–12 m	5 m	N/O
Clematis armandii (Waldrebe)	Langsamwachsende, holzige Schlingpflanze; immergrüne Blätter; weiße Blüten in der zweiten Frühlingshälfte	9 m	3 m	S/W
Clematis 'Jackmanii Superba' (Waldrebe)	Schnellwachsende, großblütige, violette Hybride, die von Hochsommer bis Frühherbst reich blüht	10 m	3 m	S/W
Clematis 'Nelly Moser' (Waldrebe)	Schnellwachsende, holzige Schlingpflanze; rote bis hellviolette Blüten im Frühling/Herbst	3–4,5 m	3 m	N
Eccremocarpus scaber (Schönranke)	Schnellwachsende, einjährige, da nicht winterharte Schlingpflanze; rote/gelbe Blüten im Sommer und Herbst	4,5 m	3 m	S/W
Fallopia baldschuanica (Schlingknöterich)	Schnellwachsende, holzige Schlingpflanze; rötlichweiße Blüten im Sommer/Herbst	15 m	15 m	N/O
Hedera colchica 'Dentata Variegata' (Efeu)	Schwachwachsender, holziger Selbstklimmer; cremegelb gerandete, immergrüne Blätter	15 m	9 m	N/O
Hedera helix 'Goldheart' (Efeu)	Schwach- bis starkwachsend; holziger Haftklimmer; Blätter mit goldgelber Mitte	6 m	4,5 m	S/O
Hedera helix ssp. *canariensis* (Efeu)	Schnellwachsender, holziger Haftklimmer; große graue/weiße Blätter	6 m	3 m	S/W
Humulus lupulus 'Aureus' (Gemeiner Hopfen)	Schnellwachsende, ausdauernde Schlingpflanze; gelbe, dreilappige Blätter	6 m	2 m	N
Ipomoea tricolor (Trichterwinde)	Schnellwachsende, einjährige oder ausdauernde Schlingpflanze; blüht im Sommer blau	3 m	1 m	S/W
Lathyrus latifolius (Edelwicke)	Schnellwachsende, bei uns einjährig gezogene Rankpflanze; im Sommer rötlich bis lila blühend	3 m	1 m	S/W
Lonicera periclymenum (Waldgeißblatt)	Schnellwachsende, holzige Schlingpflanze; mittelgrüne Blätter; cremefarbene, rotviolett überlaufene Blüten	6 m	3 m	N/O
Parthenocissus henryana (Jungfernrebe)	Schnellwachsender, holziger Haftklimmer; lebhaft rote Herbstfärbung der Blätter	9 m	6 m	N/O
Parthenocissus tricuspidata (Jungfernrebe)	Schnellwachsender, holziger Haftklimmer; kleine Blüten; karminrote Herbstfärbung	15 m	10 m	S
Passiflora caerulea (Passionsblume)	Schwach- bis schnellwachsender, holziger Spreizklimmer; weiße/blaue Blüten im Sommer/Herbst; nicht winterhart	9 m	1 m	S/W
Solanum jasminoides (Nachtschatten)	Schnellwachsende Schlingpflanze; fast immergrün; blaßblaue Blüten von Hochsommer bis Herbst; nicht winterhart	4,5 m	3 m	S/W
Tropaeolum speciosum (Kapuzinerkresse)	Schnellwachsende, ausdauernde Schlingpflanze mit gelappten Blättern; scharlachrote Blüten im Sommer	4,5 m	2–3 m	N/O
Vitis vinifera 'Brandt' (Weinrebe)	Schnellwachsende, holzige Schlingpflanze; karminrote Herbstfärbung; eßbare Früchte	15 m	6 m	S/W
Wisteria sinensis (Glyzine)	Schnellwachsende, holzige Schlingpflanze; fliederfarbene oder weiße Blüten im Spätfrühling	18 m	3 m	S/W

Strauchige Mauerpflanzen

Es gibt unzählige Möglichkeiten, Hauswände und Mauern mit nichtkletternden Sträuchern, Bäumen oder Stauden zu verschönern. Sie verdecken selbst tristes Gemäuer mit ihrem Kleid aus Blättern und Blüten.

Mit Hilfe bepflanzter Mauern gewinnt ein Garten an Höhe. Da viele Gewächse mit attraktiven Blüten- und Laubformen nur wenig Bodenraum benötigen, kann man selbst in kleinen Anlagen die geringe Fläche optimal ausnutzen. In größeren Gärten hingegen erzielt man mit einer dichten Mauerbepflanzung einen wirkungsvollen Rahmen für oft unschön wirkende, freistehende Einfriedungen.

Süd- und westwärts gerichtete Wände oder Mauern und, je nach Lage, auch Zäune und Gitter bieten ein mildes, geschütztes Mikroklima. Obwohl einige nichtkletternde Mauerpflanzen wie z. B. das Goldglöckchen winterhart sind, gedeihen in unseren Breiten empfindlichere Arten wie die Schönmalve oft nur an Mauerstandorten und würden an exponierteren Stellen den Winter nicht überstehen. Zudem fördert die Wärme an West- oder Südwänden den Blütenansatz. Dadurch erreicht man oft eine erstaunliche Blühfreudigkeit, auf die man an offenen Standorten vergebens wartet, und die Pflanzen werden dort meist auch viel größer.

Mauerpflanzen und ihre Vorteile

Mit Mauerpflanzen lassen sich unattraktive Mauerflächen, Garagen, Zäune oder Schuppen hervorragend verdecken. Vor allem in dichtbebauten Stadtvierteln verbergen sie die harten Konturen der Mauerflächen oder schwächen sie zumindest ab – am besten sollte man zu diesem Zweck immergrüne Arten wählen.

Viele Mauerpflanzen stellen zur Blüte- oder Fruchtzeit einen herrlichen Blickfang dar. Dennoch sollte man, wenn der Garten nicht sehr groß ist, besonders die langfristige Wirkung im Auge haben.

Mauerpflanzen brauchen im Vergleich zu ihrer Größe sehr wenig Bo-

▶ *Ideal für sonnige Mauern ist diese Zierquitte mit ihren leuchtendroten Frühjahrsblüten. Die Pflanze kann nur durch regelmäßigen Schnitt in der gewünschten Größe gehalten werden.*

▲ Ein exotischer Strauch ist die bis zu 4,5 m hohe Schönmalve (Abutilon megapotamicum) mit ihren rot-gelben Blüten, die bei uns allerdings nur an sehr geschützten, warmen Mauern gedeiht. A. vitifolium treibt weiße Glockenblüten und ist ebenfalls nur in milden Lagen kultivierbar. Da beide Gewächse nicht zuverlässig winterhart sind, empfiehlt es sich, sie in Kübel zu pflanzen.

◄ Sehr beliebt ist das schattentolerante Goldglöckchen (Forsythia suspensa), dessen goldgelbe Frühjahrsblüten noch vor den Blättern erscheinen. Die Pflanze erreicht eine Höhe von 3 m und mehr, wenn sie an Mauern gezogen wird. Jedoch sollte das Goldglöckchen nach der Blüte stark zurückgeschnitten werden.

denfläche – ein entscheidender Vorteil bei kleinen Gärten, Terrassen oder Balkonen.

Die richtige Pflanzenwahl

Wichtig ist die Lage der Mauerfläche. Standorte an nord- und ostwärts gerichteten Mauern sind schattig und im Winter und Frühjahr häufig kaltem Wind ausgesetzt, selbst wenn nahe gelegene Gebäude oder größere Pflanzen etwas Schutz bieten können. Süd- und Westmauern sind hingegen sonnig und damit ideal für frostempfindliche Arten. Allerdings bevorzugen gerade einige nichtkletternde Mauerpflanzen eher schattige Bedingungen.

Das Erdreich in der Nähe von Wänden ist meist trockener als der Boden in der näheren Umgebung. Die Mauer bildet einen Regenschutz, und das Fundament saugt zusätzlich Bodenfeuchtigkeit auf. An Wänden halten häufig auch überhängende Dachrinnen Regen vom Boden ab.

Der Boden vor einer Mauer variiert von magerem, flachgründigem Schotter bis hin zu nährstoffreichem, tiefgründigem Boden und von kalkreich bis sauer. Einige Mauerpflanzen wie die Feige bevorzugen magere Böden, während andere wie Kamelien nährstoffreiche Böden benötigen. Dementsprechend muß man entweder die geeigneten Pflanzen für den jeweiligen Boden wählen oder die Bodenverhältnisse ändern, damit sie den gewünschten Pflanzen genügen.

Ein anderer Aspekt sind der zur Verfügung stehende Raum und die Größe und Wuchsfreudigkeit der Pflanzen. So wachsen einige Arten wie Abelien immer relativ kompakt, andere, wie beispielsweise Winter-

▲ Ein hübscher Strauch ist Carpenteria californica *mit seinen großen, weißen Blüten und gelben Staubgefäßen, die fast den ganzen Sommer über gebildet werden. Die Art ist immergrün, jedoch frostempfindlich und nur in sehr milden Regionen winterhart.*

◄ Garrya elliptica *ist nur in milden Gebieten winterhart. Im Spätwinter schmückt sich der Strauch mit auffälligen Kätzchen. Die Blütenstände der männlichen Pflanze sind länger als die der weiblichen.*

jasmin, können höher als ein einstöckiges Haus werden, sind jedoch durch regelmäßigen Schnitt ohne Probleme klein zu halten. Wiederum andere, wie immergrüne Magnolien, benötigen viel Platz, um voll zur Geltung zu kommen.

Die meisten nichtkletternden Mauerpflanzen sind holzig, können also bei notwendigen Reparaturarbeiten nicht einfach beiseite gebogen werden. Für Zäune oder Mauern, die häufiger Pflege bedürfen, empfehlen sich daher biegsame Kletterpflanzen oder Arten, denen auch ein drastischer Rückschnitt nichts anhaben kann.

Kulturmaßnahmen

Die Art der Befestigung hängt davon ab, welche Wirkung man erzielen möchte – streng formale Wuchsformen oder eine dichte Wand aus Laub und Blüten. In jedem Fall sollte man bereits die Jungpflanzen befestigen, denn je länger man damit wartet, desto schwieriger wird das Formen holziger Triebe.

Im allgemeinen stützt das Hochbinden das Hauptgerüst der Pflanze, bestehend aus den Trieben, die auf die Mauer zu oder parallel zu ihr wachsen. Zu dicht stehende oder kranke Äste sollten stets entfernt werden.

Am besten bringt man das Stützgitter schon vor dem Einsetzen an, damit man dabei die Pflanze nicht beschädigt. Die endgültige Größe der Pflanze bestimmt die Art des Gitters. Stützgitter für Hauptäste sowie für kräftigere Triebe aus kunststoffummanteltem Maschendraht können in beliebiger Form angeordnet werden. Preiswerter, aber nicht so stabil sind Konstruktionen aus Blumendraht oder Schnur, die häufig erneuert werden müssen.

Lackierte Holz- und Kunststoffgitter sind ebenfalls praktisch und sehen zudem noch schön aus. Die gängigen festen Quadrat- und ausziehbaren Rhombengitter sind in jedem Gartencenter erhältlich. Stabilere Modelle können auch als freistehende Stützen aufgestellt werden. Der Phantasie sind dabei kaum Grenzen gesetzt – der Fachhandel bietet die unterschiedlichsten Modelle an. Wichtig ist, daß man Gitter nicht direkt an der Mauer befestigt, sondern mit Abstandhaltern für eine ausreichende Belüftung sorgt.

Zum Festbinden nimmt man bei jungen, unverholzten Trieben starken Bindfaden, bei holzigen, kräftigeren Zweigen kunststoffummantelten Blumendraht.

▲ Kamelien, deren prachtvolle Blüten im Spätwinter erscheinen, sind nur in milden Regionen zu kultivieren. Sie vertragen zudem keine Morgensonne.

▼ Sonnige Mauern bieten den richtigen Standort für die Säckelblume, einen der wenigen blau blühenden Sträucher, die in unserem Klima gedeihen.

Duftendes Geißblatt

**Die meist kletternden, buschigen Geißblattsträucher
lassen sich leicht ziehen. Mit ihren aparten, intensiv duftenden
Blüten sind sie eine Zierde für jeden Garten.**

Das Geißblatt gehört zur Gattung *Lonicera*, die weltweit mit ungefähr 180 Arten teils sommer-, teils immergrüner und vielfach kletternder Sträucher verbreitet ist. Etwa ein Dutzend Arten dieser Gattung, die ihren Namen Adam Lonicer, einem deutschen Naturforscher des 16. Jahrhunderts, verdankt, hat zusammen mit einer ganzen Reihe von Sorten und Hybriden Einzug in unsere Gärten gehalten.

Die Gattung *Lonicera* zählt zur Familie der Geißblattgewächse *(Caprifoliaceae)*, der auch die Abelie, die Kolkwitzie, die Schneebeere, der Schneeball, der Holunder, die Gattung *Leycestria* und die Weigelie angehören. Charakteristisch für diese Familie sind die röhren- oder trichterförmigen Blüten, deren Krone in fünf Zipfeln endet. Die Blüten entspringen paarweise und sind häufig in Zweiergruppen oder in Büscheln angeordnet.

Ein weiteres gemeinsames Merkmal der Geißblattgewächse sind ihre Beerenfrüchte, die allerdings bei *Lonicera* nicht sehr auffällig in Erscheinung treten. Die kletternden Arten tragen rote oder orangefarbene Beeren. Manche der strauchigen Geißblattarten fruchten mit roten, violetten, bläulichen oder dunkelpurpurnen, teilweise durchscheinenden Früchten. Vögel sind durch die Beeren nicht gefährdet, für den Menschen sind sie jedoch giftig!

Die Blätter von *Lonicera* sind in der Regel oval oder rundlich und laufen oft spitz zu. Die Zweigenden sind häufig mit ungestielten Blättern, die paarweise miteinander verwachsen sind, besetzt. Bei laubabwerfenden Arten herrschen mittelgrüne Blätter vor, doch gibt es auch Formen mit gelbem oder netzaderigem Laub. Immergrüne und halbimmergrüne Arten besitzen ein auffällig glänzendes, sattgrünes Blattwerk.

Kletternde Geißblattarten

Die kletternden oder windenden Arten, Sorten und Hybriden sind wohl jedem Gartenfreund vertraut. Am bekanntesten ist das cremeweiß und rötlich blühende Waldgeißblatt *(Lonicera periclymenum)*. Sein Verbreitungsgebiet reicht von Europa über Westasien, China und Japan bis nach Nordamerika.

Als Zierpflanze seit Jahrhunderten beliebt, fehlt das Waldgeißblatt mit seinem sommerlichen, duftenden Blütenflor kaum in einem ländlichen Garten. Die Blütezeit

◀ *Das heimische Waldgeißblatt (Lonicera periclymenum) ist in ganz Europa ein beliebter Schmuck in ländlichen Gärten. Im Sommer treibt es zahlreiche duftende Blüten und ist zudem leicht zu kultivieren.*

Lonicera japonica 'Halliana'
kräftiger Kletterstrauch

Lonicera standishii
buschiger Strauch

Lonicera
sempervirens
kräftiger
Kletterstrauch

Lonicera tatarica
buschiger Strauch

läßt sich verlängern, wenn früh- und spätblühende Sorten ausgewählt werden, etwa *L. periclymenum* 'Belgica', die schon im Spätfrühjahr Blüten treibt, und die Sorte 'Serotina', die bis weit in den Herbst hinein blüht. Alle Formen des Waldgeißblatts sind völlig winterhart, ausgesprochen robust und klettern an Mauern und Zäunen bis zu 6 m hoch.

Die mehr kriechend wachsende *L. japonica*, die große, weiße bis gelbe, stark duftende Blüten und immergrünes Laub besitzt, ist für große Gärten hervorragend geeignet. Die Sorte 'Aureoreticulata' wird in erster Linie wegen ihrer golden geäderten Blätter gepflanzt. Sie ist relativ frostempfindlich und daher nur für Gegenden mit milden Wintern zu empfehlen.

Die Hybride *L. × americana* erinnert in Wuchs und Blütenform an die vorgenannten Arten. Ihre großen Blüten, die man vom Frühsommer bis in den Frühherbst hinein beobachten kann, sind am Grund rosarot überhaucht und laufen in weiße oder auch blaßgelbe Kronzipfel aus.

Für Abwechslung sorgt die Hybride *L. × brownii* mit besonders attraktiven, orangescharlachroten Trompetenblüten, die im Spätfrühling und häufig ein weiteres Mal im Spätsommer auf üppige Weise blüht.

L. × tellmanniana, die *L. × brownii* ähnelt, treibt schmale Blüten, die zwischen den Farben Orangerot und Gelb variieren. Sie gedeiht nur im Schutz einer Süd- oder Westmauer.

In Gegenden mit mildem Klima oder in Wintergärten lohnt der Versuch, *L. sempervirens* zu ziehen, deren Zweige in Büscheln orangescharlachroter Blüten enden.

Strauchige Geißblattarten

Unter den zahlreichen strauchigen Geißblattarten sind für den Garten-

besitzer zwei von besonderem Interesse. *L. nitida* entwickelt sich zu einem dichten Busch, der eine Höhe und einen Durchmesser von 1,8 m erreicht und das ganze Jahr über kleine, dunkelgrüne Blätter trägt. Die Blüten sind unscheinbar, verwandeln sich jedoch in dekorative, durchscheinend violette Beeren. *L. nitida* verträgt Schatten und Wind und wird bevorzugt als Hecke gepflanzt. Die Sorte 'Baggesen's Gold' liefert eine prachtvolle goldgelbe Laubkulisse, wenn man den Sträuchern einen Standort in voller Sonne bietet.

Die immergrüne Art *L. pileata* ist ein ausgezeichneter Bodendecker und kommt mit ähnlichen Bedingungen zurecht wie die zuvor genannte Art. Sie besitzt ligusterähnliche Blätter und breitet ihre gebogenen Zweige in 60–90 cm Höhe über dem Boden aus. Ein einzelner Strauch kann einen Durchmesser von 1,8 m erreichen.

Als Sichtschutz oder Gartenumrahmung eignen sich die beiden Arten *L. tatarica*, die rote, rosafarbene oder weiße Blüten treibt, und *L. syringantha*, eine Art mit graugrünem Laub und violetten, fliederähnlichen Blüten.

Einige Arten blühen im Winter, lange bevor sie Blätter treiben: Die Blüten von *L. fragrantissima* und *L. × purpusii* duften süß – ein seltener Genuß im winterlichen Garten. *L. standishii*, ein kompakter Busch, blüht vom Frühwinter bis zum zeitigen Frühling.

Standortwahl

Geißblattarten gedeihen in der Regel in jedem gut durchlässigen Erdreich, sofern es nicht zu naß ist. Der Boden für kletternde Formen sollte entweder mit Humus oder mit ausgereiftem Kompost angereichert werden.

Alle Arten vertragen Sonne oder Halbschatten, wobei die Kletterer jedoch bevorzugt in kühlem Boden

Lonicera ×
tellman-
niana
Kletter-
strauch

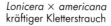

Lonicera japonica
'Aureoreticulata'
Kletterstrauch

Lonicera × americana
kräftiger Kletterstrauch

wurzeln. Setzen Sie die Pflanze so in die Erde, daß der Wurzelbereich im Schatten liegt, während die rankenden Zweige der Sonne entgegenwachsen können. Falls Sie Schwierigkeiten haben, einen geeigneten Platz zu finden, pflanzen Sie um jedes Geißblatt herum einige flachwurzelnde Bodendecker.

Kletterndes Geißblatt ist anfällig für Blattläuse. Treten diese Schädlinge häufig auf, setzen Sie die Geißblattpflanze am besten an einen schattigen Platz um. Allerdings blühen die Sträucher hier weniger üppig.

Die Kletterer benötigen einen Halt. Ideal ist eine Mauer oder ein Zaun, an denen die Zweige befestigt werden können. Die strauchigen Geißblattarten fühlen sich überall wohl, wo sie vor starkem Frost geschützt sind.

Kultivierung

Laubabwerfende kletternde sowie strauchige Lonicera-Arten können bei milder Witterung jederzeit zwischen Herbst- und Frühlingsbeginn gepflanzt werden. Für Pflanzen, die

in Töpfen gezogen wurden, gibt es keine Beschränkung der Pflanzzeit. Immergrüne Arten dürfen dagegen nur zwischen Mitte und Ende des Frühjahrs gesetzt werden.

Bringen Sie die Befestigungen für die Kletterer vor dem Pflanzen an (siehe Abbildungen), und ergänzen Sie sie bei Bedarf.

Stechen Sie ein Pflanzloch aus, das den ganzen Wurzelballen aufnehmen kann. Dabei ist darauf zu achten, daß jeweils die ursprüngliche Pflanztiefe eingehalten wird. Wenn das Geißblatt an einer Mauer oder einem Zaun emporklettern soll, wird das Pflanzloch 30–45 cm davon abgerückt, denn direkt an einer Mauer oder einem Zaun ist der Boden stets trocken und meist unfruchtbar.

Setzen Sie die Pflanze in das vorbereitete Pflanzloch, und füllen Sie um ihre Basis herum Erde ein. Die empfindlichen Stengel erhalten einen Kragen aus Stäben und feinem Maschendraht, der am Rand des Wurzelballens in die Erde gesteckt wird. Er kann entfernt werden, sobald das Geißblatt einen

▲ *An Fuchsien erinnern die Blüten von Lonicera × brownii 'Fuchsoides'. Der prächtige Kletterstrauch blüht im Spätfrühling und oft noch ein zweites Mal im Spätsommer.*

festeren, holzigen Stamm ausgebildet hat.

Um eine Hecke zu erhalten, pflanzt man die Geißblattsträucher in Abständen von ungefähr 30 cm nebeneinander. Im übrigen berechnet man als Pflanzabstand etwa die Hälfte des späteren Durchmessers der Sträucher.

Kletternde Arten werden an der Unterlage befestigt, dann ausreichend bewässert und schließlich mit Laubhumus oder Kompost gemulcht. Heckensträucher kann man zu buschigem Wachstum anregen, indem man alle neuen Triebe ungefähr um die Hälfte zurückschneidet.

Pflegemaßnahmen

Kletternde Geißblattarten bedürfen keiner besonderen Pflege. Es muß lediglich für ausreichende Befesti-

121

gung gesorgt werden. Kletternde und strauchige Formen benötigen in Abständen von mehreren Jahren einen Pflegeschnitt, bei dem nach der Blüte altes Holz und unansehnliche Zweige entfernt werden; zu häufiges Ausschneiden beeinträchtigt allerdings die Blütenbildung. Im Frühjahr sollte die Mulchschicht regelmäßig ergänzt werden.

Bei Heckenpflanzen werden im ersten Sommer mehrmals die neuen Triebe entfernt, um buschigen Wuchs zu erzeugen. In den folgenden Sommern schneidet man das junge Holz jeweils auf die Hälfte zurück, bis die erstrebte Höhe erreicht ist. Von da an werden die Hecken im Spätfrühjahr und Frühherbst geschnitten.

Besprühen Sie die kletternden Arten regelmäßig mit Brennesselbrühe, da sie zu Blattlausbefall neigen. Unbehandelte Pflanzen werden zum einen durch Blattläuse geschädigt, zum anderen durch Pilze, die sich gerne auf den mit „Honigtau", dem Sekret der Blattläuse, überzogenen Blättern ansiedeln.

Vermehrung
Geißblattsträucher vermehren sich in der Natur durch Absenker, das bedeutet durch Zweige, die auf den Boden herabhängen und bei Kontakt mit dem Erdreich Wurzeln

treiben. Strauchige und kriechende Arten lassen sich auch im Garten auf diese Weise vermehren. Bei einem kletternden Geißblatt gelingt diese Art der Vermehrung nur dann, wenn sich Zweige zur Erde biegen lassen. Der günstigste Zeitpunkt für die Bildung von Absenkern liegt zwischen Spätsommer und Spätherbst.

Wenn keine Absenker zur Verfügung stehen, behilft man sich mit 10 cm langen Triebabschnitten, die Mitte bis Ende des Sommers abgenommen und in ein mit Torf und Sand gefülltes Frühbeet gepflanzt werden. Sie sollten bis zum Ende des darauffolgenden Frühjahrs bewurzelt sein. Man setzt sie zu diesem Zeitpunkt in Töpfe mit einem Durchmesser von 10 cm um und stellt sie ins Freie. Im Herbst erhalten die jungen Klettersträucher ihren endgültigen Platz.

Es besteht auch die Möglichkeit, Geißblatt durch 25–30 cm lange Stecklinge zu vermehren. Zu diesem Zweck schneidet man diese Anfang bis Mitte Herbst und setzt sie danach in ein geschütztes Frühbeet.

▼ *Das goldfarbene Laub der strauchigen* Lonicera nitida 'Baggesen's Gold' *wirkt besonders schön zwischen anderen buntblättrigen Pflanzen wie der* Berberis thunbergii 'Rose Glow' *und der Salbeisorte* 'Purpurascens'.

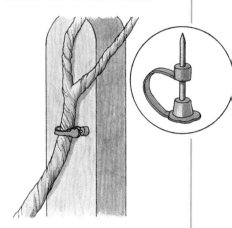

KLETTERHILFEN

1 Spezialhalter mit Metallklammern eignen sich zur Befestigung an einer Ziegelmauer. Den Halter in eine Fuge einschlagen; die am Kopf befestigte Klammer umschließt den Ast oder Stamm.

2 Nägel mit Plastikschelle halten Kletterpflanzen ebenfalls an einer Mauer, aber auch an Holzpfosten und -zäunen fest. Die Schelle um den Stamm schließen, bevor der Nagel eingeschlagen wird.

3 Auch verzinkter Draht kann verwendet werden. Diesen in Abständen von etwa 60 cm über die Unterlage spannen. Die Stämme und Äste mit plastikummantelten Drahtstücken locker anbinden.

Anspruchsloser Efeu

Die immergrünen kriechenden oder kletternden Efeusträucher sind äußerst genügsam. Efeu toleriert nahezu jede Art von Boden und Standort und gedeiht sogar bei Luftverschmutzung bestens.

Efeu gehört zur Gattung *Hedera*, zu der immergrüne kriechende sowie kletternde Sträucher gehören. Zwar umfaßt sie nur sechs Arten, doch erstreckt sich deren Verbreitungsgebiet von den Kanarischen Inseln und Madeira über ganz Europa bis nach Kleinasien, in den Himalaja und den Fernen Osten. Die Gattung gehört ebenso wie *Aralia, Fatsia* und *Schefflera* zur Familie der Araliengewächse *(Araliaceae)*.

Von den über 300 Efeusorten sind etwa 20 ohne Probleme im Handel erhältlich. Bei den meisten handelt es sich um Formen von *H. helix*, dem Efeu. Meist wird Efeu als Zimmerpflanze angeboten, einige Sorten sind jedoch winterhart und können im Freien gehalten werden.

Es sind völlig unproblematische Pflanzen, die sich im Garten vielseitig einsetzen lassen. Sie wachsen an Mauern, Zäunen und Baumstämmen; sie begrünen Schuppen, Garagen und Gartenhäuschen. Spaliere, Pfosten und Baumstümpfe verschwinden unter ihrem immergrünen Laubkleid. Viele Sorten bieten sich als Bodendecker für schattige Stellen an, während weniger wuchsfreudige Formen zur Begrünung von Kübeln dienen.

Merkmale

Das typische Efeublatt ist handförmig drei- oder fünffach gelappt. Daneben gibt es herz-, pfeil- und eiförmige Blätter und auch solche mit gewelltem Rand. Ihre Länge variiert von 2,5–20 cm. Achtung! Die Blätter sind wie die Früchte für den Menschen giftig!

Das Farbspektrum reicht von verschiedenen Grüntönen bis hin zu einer breiten Auswahl an Panaschierungen in Rahm, Gold, Gelb, Grau, Silber und Pink. Manche Formen zeigen ein bronze- oder purpurfarbenes Herbstgewand.

Efeu weist zwei unterschiedliche Arten von Trieben auf. Die Jugendform zeigt die charakteristisch gelappten Blätter. Diese Triebe finden mittels Luftwurzeln auf nahezu jeder Fläche Halt. Wenn die Oberkante des Untergrunds erreicht ist,

bilden sich buschigere Triebe mit ganzrandigem Laub. Diese Altersform klettert nicht. Statt dessen trägt sie Mitte bis Ende Herbst Dolden kleiner, sternförmiger, grünlichgelber Blüten. Ihnen folgen beerenartige, schwarze Früchte, die meist im folgenden Frühjahr reifen. Vor allem bei *H. helix* wird der Unterschied zwischen den Laub- und Fruchttrieben deutlich.

Buschiger, aus Fruchttrieben gezogener Efeu entwickelt auch weiterhin nur diese und wächst deshalb zu dichten Kuppeln heran.

Viele Efeusorten überwuchern binnen kurzer Zeit selbst 15–30 m hohe Mauern. Daneben gibt es aber auch langsamer wachsende Formen. Als Bodendecker überzieht Efeu besonders im Schatten rasch größere Flächen.

▼ *Ein Baumstumpf ist vollständig von* Hedera helix ssp. canariensis *'Gloire de Marengo' überwuchert, die auch im Winter ihr weißbuntes Laubkleid behält. Die großen, ledrigen Blätter sind in der Mitte dunkelgrün und zum Rand hin silbergrau bis cremegelb.*

Hedera helix ssp. canariensis
'Gloire de Marengo'

Hedera colchica
'Dentata Variegata'

Hedera helix
'Buttercup'

Hedera colchica
'Sulphur Heart'

großlaubige *H. colchica*. Die dekorative Form 'Dentata Variegata' belebt mit ihren breit und unregelmäßig rahmgelb geranderten Blättern eine schattige Ecke.

H. helix breitet sich über größere Flächen aus, wobei mehrere Formen zur Auswahl stehen. *H. helix* 'Ivalace' hat fünffach gelappte, gewellte Blätter in Dunkelgrün. Eine Zierde sind auch die glattrandigen, leuchtendgrünen, am Rand gewellten Blätter von *H. helix* 'Cristata'.

Die langsam wachsende *H. helix* 'Sagittifolia Variegata' mit kleinen, pfeilförmigen, graugrünen Blättern mit silbrigem Rand eignet sich gut, um beispielsweise Lücken zwischen Zwiebelpflanzen wie Schneeglöckchen und Krokussen zu schließen. *H. helix* 'Harold' mit dreifach gelappten, dick rahmweiß umrandeten Blättern paßt gut zu anderen Bodendeckern wie Günsel.

Winterschmuck

Panaschierter Efeu belebt den Garten im Winter mit Farbe. *H. helix* 'Tricolor' (auch unter dem Namen 'Marginata Elegantissima' angeboten) hat kleine, annähernd dreieckige, graugrüne Blätter mit rahmgelbem Saum und häufig einem schmalen pinkfarbenen Rand, der sich im Winter verbreitert.

Purpurne Farbtupfer liefern sowohl *H. helix* 'Atropurpurea' mit purpurn überhauchtem und hellgrün geädertem grünem Laub als auch *H. helix* 'Glymii' mit ovalen, verdrehten Blättern. Beide eignen sich als Bodendecker oder Hintergrundbepflanzung von Beeten.

Weitere Verwendung

Wenn Efeu an Drahtgerüsten, Lattenzäunen oder Plastiknetzen gezogen wird, bildet er sehr dekorative „Raumteiler" innerhalb des Gartens. Ideal für diesen Zweck sind großlaubige Sorten wie z. B. *H. helix* 'Hibernica' mit fünflappigen dunkelgrünen Blättern oder *H. colchica* 'Dentata' mit sehr großen, ledrigen Blättern, vielleicht kombiniert mit der buntlaubigen Sorte *H. helix* 'Goldheart'.

Ein schattiger Bereich des Steingartens oder ein kleines Mischbeet erhält durch die starr aufragenden Triebe und pfeilförmigen Blätter der langsam wachsenden *H. helix* 'Congesta' ganzjährigen Schmuck.

Kultivierung

Während grünlaubiger Efeu sowohl Sonne als auch Schatten verträgt, verlangen panaschierte Arten

Kletternde Efeusorten

Ideal zum Begrünen großer Wände ist die beeindruckende Efeusorte *H. helix* 'Sulphur Heart'. Sie besitzt bis zu 13 cm lange Blätter mit einem gelben oder zartgrünen Mittelfleck. Bei der Art werden die Blätter bis zu 25 cm lang.

Äußerst farbenprächtig zeigt sich *H. helix* 'Buttercup', eine der kleinlaubigsten Formen. Die fünffach gelappten Blätter färben sich im Frühjahr lindgrün, im Sommer buttergelb und im Winter mittelgrün. Anders als die meisten übrigen Formen benötigt diese für die Blattfärbung viel Licht.

Sehr starkwüchsig ist die kletternde Sorte *H. helix* 'Goldheart', deren Laub einen auffälligen Mittelfleck in Goldgelb aufweist.

Für eine niedrige Mauer empfiehlt sich eine kleinlaubige und weniger starkwüchsige Sorte, beispielsweise *H. helix* 'Glacier' mit gelappten, gräulichgrünen Blättern, die silbriggrau marmoriert und oft rahmgelb umrandet sind.

Die panaschierte *H. helix* ssp. *canariensis* 'Gloire de Marengo' bietet sich an, um etwa einen Pfosten in einem Mischbeet zu kaschieren. Das Dunkelgrün ihrer großen Blätter wird zum Saum hin graugrün und endet in einem feinen rahmweißen Rand. In strengen Wintern kann die Sorte absterben, erholt sich aber gewöhnlich bis zum Sommer wieder.

Bodendecker

Efeu wächst an Orten, wo sonst kaum eine andere Pflanze gedeiht. Einer der zuverlässigsten Bodendecker ist die sehr wuchsfreudige,

etwas Schatten, damit ihre Blätter nicht in der Sonne verbrennen.

Jeder Boden ist für die Pflanzung von Efeu geeignet. Extrem saure Böden werden mit Kalk gedüngt, bevor man die Pflanzen setzt.

Topfpflanzen können bei passender Witterung ganzjährig eingepflanzt werden. Efeu, der aus Stecklingen gezogen wurde, setzt man bei geeignetem Wetter im Herbst oder zeitigen Frühjahr.

Vor einer Mauer wahrt man einen Abstand von minimal 15 cm. Wenn der Efeu einen Baum umranken soll, pflanzt man ihn zwischen dessen Wurzeln und bietet ihm als Kletterhilfe eine schräg zum Stamm hin geneigte Stange.

Damit Efeu nicht zu kopflastig wird und sich übermäßig ausbreitet, kann er in der Zeit von Mitte bis Ende Frühjahr kräftig beschnitten werden. Bei panaschierten For-

Hedera helix
'Glacier'

Hedera helix
'Goldheart'

Hedera helix
'Marginata Elegantissima'

Hedera helix
'Ivalace'

JUGEND- UND ALTERSFORM

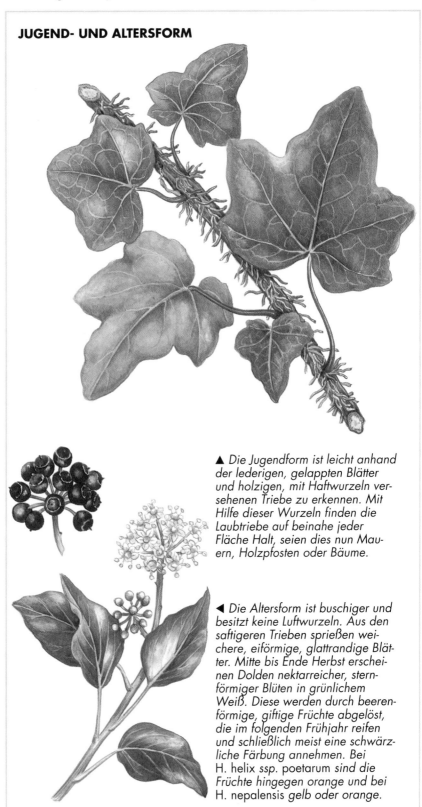

▲ Die Jugendform ist leicht anhand der lederigen, gelappten Blätter und holzigen, mit Haftwurzeln versehenen Triebe zu erkennen. Mit Hilfe dieser Wurzeln finden die Laubtriebe auf beinahe jeder Fläche Halt, seien dies nun Mauern, Holzpfosten oder Bäume.

◄ Die Altersform ist buschiger und besitzt keine Luftwurzeln. Aus den saftigeren Trieben sprießen weichere, eiförmige, glattrandige Blätter. Mitte bis Ende Herbst erscheinen Dolden nektarreicher, sternförmiger Blüten in grünlichem Weiß. Diese werden durch beerenförmige, giftige Früchte abgelöst, die im folgenden Frühjahr reifen und schließlich meist eine schwärzliche Färbung annehmen. Bei H. helix ssp. poetarum sind die Früchte hingegen orange und bei H. nepalensis gelb oder orange.

STECKLINGE ABNEHMEN

Halb ausgereifte oder verholzte Stecklinge von Laubtrieben schneiden. Diese oben direkt über einem und unten
gleich unter einem Blatt kappen. Die
unteren zwei Blätter abstreifen. Bei
großlaubigen Formen sollte an einem
Steckling nur ein Blatt verbleiben.

ins geschlossene Frühbeet stellen.
Oder den Topf mit einer Plastiktüte abdecken und ins Gewächshaus
oder auf die Fensterbank plazieren.

Die Bewurzelung dauert 4–6 Wochen. Anschließend die Jungpflanzen einzeln eintopfen und langsam
abhärten, bis sie ausgepflanzt werden können.

Von hängenden Trieben, die häufig über die gesamte Länge und vor
allem an den Blattknoten Wurzeln
treiben, kann man einen Teil abtrennen, eintopfen und dann wie
Stecklinge behandeln.

Wenn man kletternde Triebe ab-
senkt, ziehen diese rasch Wurzeln.
Danach von der Mutterpflanze abtrennen und auspflanzen. Alternativ einen Stengelabschnitt im Topf
zur Bewurzelung bringen.

Zur Vermehrung von Strauch-
formen werden Stecklinge von den
Fruchttrieben genommen, die zur
Bewurzelung mehr Zeit benötigen.

men werden alle rein grünen Triebe,
bei Sorten mit besonderer Laub-
form alle Triebe mit gewöhnlichen
Blättern entfernt.

Einer stabilen Wand kann Efeu in
der Regel nichts anhaben. Ziehen
Sie ihn jedoch nicht an einer Mauer mit bröckelndem Mörtel, denn
dieser würde durch die Luftwurzeln
weiter geschädigt.

Efeu sollte gestutzt werden, bevor
er die Dachtraufe erreicht, da er
sonst womöglich die Regenrinne
verstopft und zwischen die Dachziegel dringt.

Vermehrung
Die meisten Arten und Sorten lassen sich aus Stecklingen vermehren, die in einem Glas Wasser häufig
problemlos Wurzeln ziehen.

Mitte bis Ende Herbst ungefähr
15 cm lange Stecklinge von ausgereiften Trieben nehmen, entspitzen
und diese in sandigem Boden an
einem geschützten Platz anwurzeln
lassen.

Alternativ Mitte bis Ende Sommer 7,5–13 cm lange Stecklinge
schneiden. Die Spitzen entfernen,
das untere Ende direkt unter einem
Blatt kappen und die unteren ein,
zwei Blätter abstreifen. Die Stecklinge in einen 7,5-cm-Topf mit einem Substrat aus Torf und Sand
zu gleichen Teilen pflanzen und

▶ *Eine harmonische Verbindung*
gehen Hedera helix ssp. canariensis
'Gloire de Marengo' (links) und
H. helix 'Glacier' (rechts) ein, die
im Sommer ins Freie gestellt werden.

Zierwein und Wilder Wein

**Mit ihrem bunten Herbstlaub sind Zierwein und
Wilder Wein unübertroffene Kletterpflanzen. Sie bedecken schon
in kurzer Zeit selbst ausgedehnte Mauerflächen.**

Wein wird in erster Linie wegen seiner grünen oder rotschwarzen Früchte kultiviert, doch treibt er darüber hinaus reizvoll geformte Blätter. Einige verwandte Formen dienen ausschließlich als Zierpflanzen und bringen keine genießbaren Früchte hervor.

Zierwein schmückt sich mit besonders prachtvollem Laub. Einige Arten tragen ihre bunten Blätter im Frühling und Sommer zur Schau, die meisten Formen bestechen jedoch durch ihr lebhaft gefärbtes Herbstkleid.

Die nahe verwandten Arten des Wilden Weins gleichen dem Zierwein in Wuchsform und Erscheinungsbild. Mit ihnen lassen sich selbst hohe Hauswände, Mauern und Zäune begrünen. Im Lauf der Zeit überwuchern sie ihre Unterlage vollständig und überziehen sie mit einem dichten Blätterkleid. Echter Wein stammt von der Art *Vitis vinifera* ab, von der zahlreiche Sorten, wie beispielsweise die Zierweinsorten 'Brandt' und 'Purpurea', gezüchtet wurden.

Die nahe verwandten Gattungen *Parthenocissus* (Jungfernrebe) und *Ampelopsis* (Scheinrebe) sind unter der Bezeichnung „Wilder Wein" bekannt. Sie gehören ebenso wie die Gattung *Vitis* der Familie der *Vitaceae* an. Diese Familie umfaßt etwa 700 Arten in zwölf Gattungen und ist weltweit verbreitet.

Allgemeine Merkmale

Weinblätter fallen im Herbst ab, sind 6–20 cm breit und gelappt. Sie zeigen häufig hervortretende Adern und einen gezähnten Rand.

Die Blüten sind klein und unscheinbar. Ihnen folgen weinrote, grüne oder schwarzblaue, oft grau bereifte Beeren, die sich zu Rispen oder Trauben vereinen.

Die Triebe klettern mit Hilfe verzweigter Ranken, die sich an benachbarten Pflanzen oder Stützen festklammern.

Die Ranken von *Parthenocissus* enden in Haftscheiben, die sich an jeder senkrechten, auch noch so glatten Fläche festsaugen.

Pflanzenauswahl

Die meisten Arten und Sorten von Zierwein und Wildem Wein klettern mindestens 3,5 m hoch. *V. coignetiae* erreicht auf einer geeigneten Unterlage sogar 25 m Höhe. Wein wächst ebenso stark in die Breite, so daß er stets viel Platz benötigt. Sein Wachstum kann jedoch durch einen jährlichen Pflegeschnitt eingedämmt werden.
– *V. vinifera* 'Brandt' und 'Purpurea' sowie *V. coignetiae* sind die bekanntesten Zierweine. 'Brandt' besitzt tiefgelappte grüne Blätter, die sich im Herbst karmesinrot, tiefrosa sowie orange färben. Großbeerige

◄ *Parthenocissus tricuspidata überzieht binnen kurzem selbst ganze Häuser mit einem dekorativen Kleid aus Blättern. Im Herbst verfärbt sich das Laub orange- und karmesinrot. Im Winter sorgt immergrüner Feuerdorn für Farbe.*

Ampelopsis brevipedunculata
Scheinrebe

schwarze Fruchtrispen sind eine weitere Attraktion.

Bei der Varietät 'Purpurea' färbt sich das rötlich überhauchte, grüne Laub später purpurn. Im Herbst reifen kleine schwarze Beeren. Dieser Zierwein eignet sich besonders gut als Hintergrund für Ziergewächse mit großen weißen oder rosa Blüten und als Partner von violetten oder rosafarbenen *Clematis*-Hybriden.

– *Vitis coignetiae* fällt durch besonders große mittelgrüne Blätter auf, die einen Durchmesser von bis zu 30 cm erreichen können. Die Blätter zeigen einen rundlicheren Umriß als das übliche Weinlaub und sind weniger stark gezähnt. Sie verfärben sich im Herbst orangerot, gelb und karmesinpurpurn.

Von der Gattung *Parthenocissus* (Jungfernrebe) weisen *P. henryana*, *P. quinquefolia* sowie *P. tricuspidata* besonders prachtvolle Herbstfarben auf.

– *Parthenocissus henryana* erreicht 7,5–9 m Höhe. Jedes Blatt besteht aus drei bis fünf getrennten Fiedern von ungefähr 6 cm Länge. Die Blattadern sind zartrosa bis weiß getönt und setzen sich deutlich von der samtigen, grünen Blattspreite ab. Im Herbst färben sich die Blätter rot, die Adern behalten ihre helle Tönung jedoch bei.

– *Parthenocissus quinquefolia* klettert bis zu 21 m hoch und bringt zwei- bis dreimal so große Blätter wie *P. henryana* hervor, die jedoch keine weiße Äderung tragen.

– *Parthenocissus tricuspidata* hat unzerteilte, dreilappige Blätter und

unterscheidet sich dadurch von den anderen Arten. Mit einem Durchmesser von bis zu 20 cm weisen die Blätter eine beträchtliche Größe auf. Bei der Sorte 'Veitchii' sind die Blätter etwas kleiner.

– *Ampelopsis brevipedunculata* ist ein wenig bekannter, aber durchaus lohnender Wilder Wein. Der kräftige Kletterstrauch bringt nach einem langen heißen Sommer und milden Herbst porzellanblaue Beeren hervor. Seine drei- bis fünflappigen, hopfenähnlichen Blätter sind ebenfalls sehr dekorativ. Die Sorte 'Elegans' wuchert nicht so stark und schmückt sich mit weiß und zartrosa gesprenkeltem Laub.

Standort und Boden
Alle Arten von Zierwein und Wildem Wein gedeihen am besten auf gut durchlässigem, lehmigem Boden, der alkalisch oder neutral reagiert; saurer Boden wird nicht vertragen. Der Standort kann sonnig oder schattig sein. Wenn die Reben reichlich fruchten sollen, pflanzt man sie an eine Süd- oder Südostseite. Die Herbstfärbung wird durch Sonne oder Schatten nicht wesentlich beeinflußt.

P. henryana verträgt von allen Arten am wenigsten Frost und benötigt einen geschützten Platz, wie ihn eine Süd- oder Südwestmauer bietet. Die übrigen Arten geben sich mit jedem Standort zufrieden und sind frosthart. Da die Wilden Weine nicht von selbst aufrecht wachsen können, pflanzt man sie vor eine feste Unterlage, beispielsweise eine Mauer oder einen Zaun. Bedenken

Parthenocissus henryana
Jungfernrebe

Parthenocissus quinquefolia
Wilder Wein

◀ Der Zierwein Vitis vinifera 'Purpu-
rea' trägt vom Sommer bis weit in den
Herbst hinein rötlichpurpurnes Laub.
Lediglich die ganz jungen Blätter sind
grün gefärbt. Wie der gewöhnliche
Wein besitzt auch diese Sorte dekora-
tiv zerteilte Blätter mit gesägtem Rand
und fruchtet mit ausgesprochen dicken
Trauben aus kugeligen, schwarzblauen
Beeren.

Vitis vinifera 'Brandt'
Zierwein

Vitis coignetiae
Zierwein

Parthenocissus tricuspidata 'Veitchii'
Jungfernrebe

KLETTERPFLANZEN MIT WEINÄHNLICHER WUCHSFORM

Neben den *Vitaceae* gibt es verschiedene andere Kletterpflanzen, die sich durch eine ähnliche Wuchsform auszeichnen. Im Unterschied zu den Arten und Sorten von Zierwein und Wildem Wein spielen bei ihnen jedoch die Blüten eine ebenso wichtige Rolle wie das Laub. Eine Ausnahme bildet lediglich der Gemeine Hopfen, der weinlaubähnliche Blätter und relativ unscheinbare Blüten- und Fruchtstände besitzt.

Campsis radicans
Trompetenblume

Humulus lupulus 'Aureus'
Zierhopfen
weiblicher Blütenstand

Fallopia baldschuanica
Schlingknöterich

Solanum crispum 'Glasnevin'
Nachtschatten
nicht winterhart

Sie dabei, daß die Ranken von *Parthenocissus* sehr fest an Fenstern, Türen und Dachrinnen haften und eine Außenrenovierung des Hauses erschweren.

Pflanzung

Damit Zierweine und Wilder Wein von Anfang an gute Wachstumsbedingungen vorfinden, muß die Pflanzstelle sehr sorgfältig vorbereitet werden. Dabei ist zu beachten, daß das Erdreich in der Nähe einer Mauer oder eines Gebäudes meist trocken und nährstoffarm ist und nicht die besten Voraussetzungen für ein gesundes Wachstum junger Pflanzen bietet.

Weinstöcke werden bei milder Witterung in der Zeit zwischen Spätherbst und zeitigem Frühjahr gepflanzt.

Gärtnereien und Baumschulen bieten Jungpflanzen in Töpfen an, da Pflanzen mit freiliegenden Wurzeln nicht ohne weiteres anwachsen. Beim Setzen sollten Sie Vorsicht walten lassen, um Beschädigungen der empfindlichen Wurzeln vorzubeugen.

Graben Sie in unmittelbarer Nähe der vorgesehenen Unterlage ein Pflanzloch von etwa 60 cm Seitenlänge und 45 cm Tiefe. Füllen Sie es mit feuchter, lehmiger Erde, und drücken Sie diese dann an. Darüber kommt eine Schicht von gut verrottetem Kompost, der leicht eingeharkt wird.

Die Jungpflanze wird so in das Pflanzloch gesetzt, daß die Oberkante ihres Wurzelballens mit der Bodenoberfläche abschließt. Nun wird die Pflanze angegossen und an einigen schräggestellten Stützstäben im Boden befestigt.

Brechen Sie die Spitzenknospen der aufrecht wachsenden Triebe aus, um die Bildung seitlicher Verzweigungen anzuregen.

Wenn die Triebe lang aufgeschossen sind und sich nur wenig verzweigen, werden sie direkt nach dem Pflanzen auf etwa 25–30 cm Länge zurückgeschnitten. Während der nachfolgenden Monate ziehen Sie sämtliche Zweige zur Unterlage hin, und binden Sie sie, wenn Bedarf besteht, an zusätzlichen Stützen fest.

Pflege

Zierwein und Wilder Wein kommen mit einem Minimum an Pflege aus, wenn sie sich erst einmal etabliert haben. Bei zu starkem Wachstum schneidet man im Spätsommer alle alten Äste aus und verkürzt die jüngeren Triebe. Ein anderer Pflegeschnitt ist nicht erforderlich.

Nach einigen Jahren besteht die Gefahr, daß die Weinranken in Abflußrohre oder Dachrinnen hineinwachsen und diese dann verstopfen. Schneiden Sie daher rechtzeitig alle Ranken zurück, die möglicherweise Probleme dieser Art verursachen könnten. Schäden im Mauerwerk von Häusern sind selten zu beobachten.

Vermehrung

Am einfachsten läßt sich Wilder Wein durch 25–30 cm lange, holzige Stecklinge vermehren. Man schneidet sie im Spätherbst und steckt sie an einem geschützten Standort bis zur Hälfte in die Erde.

Alternativ nimmt man von Spätsommer bis Frühherbst halbreife Stammabschnitte, setzt sie in sandiges Substrat und läßt sie bei Temperaturen von 13–16 °C bewurzeln.

Lange Triebe werden im Herbst als Absenker auf dem Boden fixiert. Sie bewurzeln in der Regel bis zum Herbst des darauffolgenden Jahres und werden dann von der Mutterpflanze abgelöst.

Die königliche Klematis

Klematis gehören zu den attraktivsten Kletterpflanzen, und ihre prachtvollen Blüten erscheinen in den unterschiedlichsten Farben. Sie entfalten ihre volle Schönheit jedoch nur, wenn sie sorgfältig gepflegt werden.

Klematis *(Clematis)*, auch Waldreben genannt, zählen zu den beliebtesten Kletterpflanzen und bestechen durch ihren Farbenreichtum. Die großblütigen *Clematis*-Hybriden zeigen purpurfarbene, violette, rote, rosafarbene, weiße und zweifarbige Blüten; Wildformen der *Clematis* blühen auch gelb. Sorten mit kräftigem Wuchs sind ideal für die Begrünung von Mauern. Andere Sorten wirken besonders reizvoll an einer Pergola oder als Fassadenschmuck an der Hauswand.

Die richtige Auswahl
Wenn man sich für die Kultivierung einer der großblütigen *Clematis*-Hybriden entscheidet, sollte man unbedingt die Blütezeit beachten. Frühblühende Sorten, die mitunter im Spätsommer nochmals blühen, entfalten ihre Blüten nur an Vorjahrestrieben; welke Pflanzenteile müssen daher vorsichtig entfernt werden. Bei spätblühenden Hybriden erscheinen die Blüten stets an neuen Trieben, und die Pflanzen benötigen jedes Frühjahr einen kräftigen Rückschnitt.

Die Entscheidung für eine bestimmte Hybridsorte ist vor allem dann von Bedeutung, wenn man sie zusammen mit anderen Klettergewächsen pflanzen möchte. Falls bei diesen Gewächsen ein regelmäßiger Schnitt erforderlich ist, sollte man sich für Hybriden entscheiden, die ebenfalls stark zurückgeschnitten werden müssen.

Clematis werden meist einzeln in Töpfen gezogen. Dies ist die einzig erfolgreiche Methode, um ihre empfindlichen Wurzeln vor Schaden zu bewahren.

Verzichten Sie auf den Kauf von bereits ausgewachsenen Pflanzen, da sich Jungpflanzen, die aus ihrem Topf noch nicht herausgewachsen sind, wesentlich schneller einge-

wöhnen. Sie dürfen jedoch nicht so klein sein, daß sich beim Auspflanzen die Erde vom Wurzelballen löst.

Clematis-Pflanzen sind das ganze Jahr hindurch im Handel zu kaufen, die Auswahl ist jedoch im Herbst am größten. Achten Sie beim Kauf auf kräftige Knospen, denn sie sind ein Indiz für gesunde Pflanzen.

Der passende Standort
Clematis bevorzugen nährstoffreichen, leicht kalkhaltigen Boden, gedeihen aber auch in neutralem oder schwach saurem Erdreich, sofern es

genügend Nährstoffe enthält. Der Boden muß kühl, feucht und tiefgrundig sein, damit sich die Wurzeln ungehindert ausbreiten können. Auch bei Arten, die vollsonnige Standorte bevorzugen, muß der Wurzelbereich vor Trockenheit und Hitze geschützt werden.

Wenn man *Clematis*-Hybriden an eine Mauer setzt, wird der Wurzelballen in einer Entfernung von mindestens 25 cm gepflanzt. Im Bereich von Mauern sind Böden stets ziemlich trocken und daher für Klematiswurzeln, die Feuchtigkeit lieben, ungeeignet.

▶ Clematis *'Ville de Lyon'* gehört zu den großblumigen Hybriden, deren Blüten in Farbe und Größe sehr verschieden sind. Sie blüht im Spätfrühling, im Sommer oder im Herbst.

Für jeden Standort gibt es passende *Clematis*-Sorten. Manche gedeihen an vollsonnigen wie auch an schattigen Standorten, andere wiederum nur in der Sonne oder nur im Halbschatten.

Pflanzanleitung

Clematis werden im Herbst oder zu Frühlingsbeginn gepflanzt. Das Erdreich sollte aus lockerem, nährstoffreichem Lehmboden bestehen, damit sich die Wurzeln ungehindert ausbreiten können.

Graben Sie ein Pflanzloch von mindestens 45 cm Breite und Tiefe. Lockern Sie mit einer Grabegabel die Erde am Grund des Pflanzlochs, und vermischen Sie sie mit 2 Handvoll Knochenmehl. Darüber wird eine etwa 15 cm hohe Schicht aus gut verrottetem Stallmist oder Gartenkompost ausgebracht.

Wenn der Erdaushub von guter Qualität ist, wird er lediglich mit etwas Torf und 2 Handvoll Knochen- oder Hornmehl vermischt und anschließend wieder verwendet. Zu magere Erde wird durch lehmhaltige Kulturerde oder durch Lehm aus einem anderen Teil des Gartens ersetzt.

▶ *Das buschige Geißblatt* Lonicera nitida *'Baggersen's Gold' ist ein reichverzweigter, immergrüner Strauch, der bis zu 1,5 m hoch wird. Für Clematis ist es ein idealer Pflanzpartner.*

PFLANZMETHODE

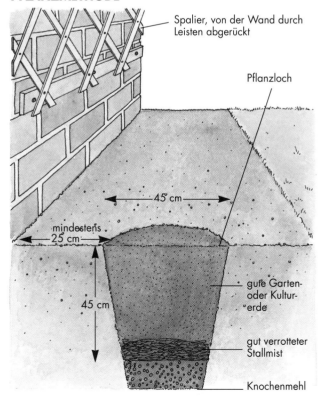

Spalier, von der Wand durch Leisten abgerückt

Pflanzloch

45 cm

mindestens 25 cm

45 cm

gute Garten- oder Kulturerde

gut verrotteter Stallmist

Knochenmehl

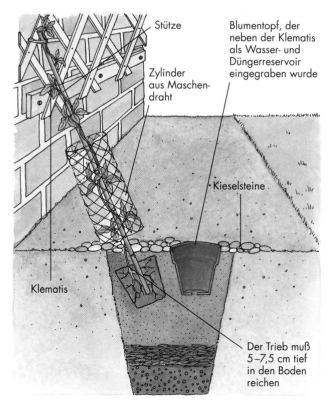

Stütze

Blumentopf, der neben der Klematis als Wasser- und Düngerreservoir eingegraben wurde

Zylinder aus Maschendraht

Kieselsteine

Klematis

Der Trieb muß 5–7,5 cm tief in den Boden reichen

RÜCKSCHNITT

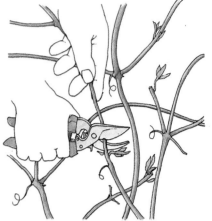

1 Spätblühende *Clematis*-Hybriden (Blütezeit ab Hochsommer) bilden ihre Blüten an einjährigen Trieben. Sie benötigen gegen Winterende einen radikalen Rückschnitt, der sie zu neuem Wachstum anregt. Schneiden Sie die Triebe oberhalb einer Knospe oder eines frischen Seitentriebs ab.

2 Die Triebe werden bei spätblühenden Hybriden knapp oberhalb der grundnahen Knospen gekappt. Führen Sie den Schnitt jeweils von der Knospe weg schräg nach unten. Wenn die Triebe austreiben, achten Sie darauf, daß sie sich an dem Rankgerüst verankern. Notfalls binden Sie sie vorsichtig fest.

3 Frühblühende Waldreben erfordern keinen regelmäßigen Schnitt, da sich ihre Blüten nur an den älteren Trieben entwickeln. Nach dem Verblühen können Sie stark wuchernde oder ausgetrocknete Zweige herausschneiden. Binden Sie die Pflanze dann wieder fest, wenn Zweige lose herabhängen.

Vor dem Einpflanzen muß die Waldrebe gut gewässert werden. Pflanzen mit sehr trockenem Wurzelballen werden für mindestens 1 Stunde in einen wassergefüllten Eimer gestellt.

Nehmen Sie die Klematis aus dem Pflanztopf heraus, ohne sie von ihrer Stütze zu lösen. Wurzeln, die an der Topfwand haften, löst man vorsichtig ab; vermeiden Sie beim Pflanzen jegliche Beschädigung der Wurzeln.

Das Pflanzloch wird zu einem Teil mit Erde gefüllt, in die man den Wurzelballen so tief hineinbettet, daß der Trieb der Pflanze ca. 5–7,5 cm unter die Oberfläche reicht; der Trieb sollte dabei etwas schräg liegen. Anschließend füllt man die restliche Erde ein und drückt sie gut an.

Die Pflanzstelle erhält nun eine schützende Schicht aus Kies, Kieselsteinen oder Schotter. Wenn man sie mit Platten abdeckt, besteht die Gefahr, daß zuwenig Regen in das Erdreich eindringt. Gute Dienste leisten hier auch Bodendecker, die man zu Füßen der Klematis anpflanzt. Setzen Sie jedoch keine zu kräftigen Pflanzen, die der Waldrebe zuviel Nährstoffe und Wasser entziehen.

Falls die Bewässerung und Nährstoffzufuhr aufgrund der Abdeckung der Pflanzstelle zum Problem werden, gräbt man neben dem Wurzelballen einen mittelgroßen Blumentopf in die Erde ein, der mit einem Dachziegel abgedeckt wird. Der Topf wird regelmäßig mit Wasser und Düngemittel aufgefüllt, die durch die Abflußöffnung im Boden des Topfes sickern und somit unmittelbar zu den Wurzeln gelangen.

Die Triebe der jungen Klematispflanzen brechen leicht ab. Man schützt sie mit einem Zylinder aus dünnem Maschendraht, den man einige Zentimeter tief im Boden verankert.

Pflege im 1. Jahr

Im 1. Jahr benötigen Waldreben keine weitere Pflege, außer daß sie bei warmem Wetter regelmäßig gegossen werden müssen. Die Triebe bindet man fest, bis die Pflanzen mit Hilfe ihrer rankenden Blattstiele eigenständig klettern.

Clematis sollten auf jeden Fall mit Schneckenzäunen oder Bierschneckenfallen vor Schneckenbefall geschützt werden.

Großblütige *Clematis*-Hybriden müssen im ersten Frühjahr nach dem Einpflanzen bis auf die beiden untersten Triebknospen zurückgeschnitten werden – durch diese Maßnahme wird die Verzweigung der Pflanzen gefördert. *Clematis*-Arten, die sich von Natur aus reichlich verzweigen, wie beispielsweise *C. montana*, werden in den ersten Jahren leicht zurückgeschnitten.

Wenn eine Pflanze, obwohl sie zurückgeschnitten wurde, nur einen einzigen Trieb ausbildet, dann kappt man dessen Spitze im Sommer. Hierdurch läßt sich in den meisten Fällen auch das Auftreten der sogenannten Klematiswelke vermeiden, die die frisch gepflanzten Waldreben vor allem in den ersten 2 Jahren bedroht.

Allgemeine Pflege

Zum Düngen wird im Herbst der Boden um die Pflanze herum aufgelockert, und es werden 2 Handvoll Knochenmehl oder ein anderer organischer Dünger eingearbeitet.

Im Frühjahr erhalten Waldreben eine geringe Gabe mineralischen Volldüngers, der gut in den Boden eingeschwemmt wird. Solange die Klematis nicht blühen, kann dem

▲ *Waldreben wie* C. montana *wirken sehr dekorativ, wenn sie sich durch die Zweige eines Baums schlingen. Setzen Sie die Klematis so ein, daß ihre Wurzeln im Schatten liegen. Dann lenken Sie den Trieb über eine Stütze in das Geäst des Baums.*

Gießwasser etwas Flüssigdünger beigemengt werden. Während des Sommers wässert man bei trockener Witterung mindestens einmal pro Woche.

Waldreben suchen sich in der Regel selbst ihren Halt, vorausgesetzt, man bietet ihnen ein Stützgerüst an – eine Wand allein reicht nicht aus. Spaliere und Drahtgeflechte bewähren sich als Kletterhilfe. Wenn man eine Klematis neben einen Baum oder zwischen Sträucher pflanzt, rankt sie sich an deren Zweigen hoch. Die einmal berankte Stütze wird beibehalten.

Der Rückschnitt wird von der Blütezeit und vom Wuchs der Klematis bestimmt. Frühblühende Arten und großblumige Hybriden, die im Frühjahr und gelegentlich ein zweites Mal im Herbst blühen, benötigen keinen regelmäßigen Rückschnitt. Ihre Blüten erscheinen an den Vorjahrestrieben, die folglich erhalten bleiben müssen. Nach der Blüte schneidet man alle abgestorbenen oder zu stark wuchernden Pflanzenteile aus.

Spätblühende Waldreben sterben meist im Winter ab und treiben im Frühjahr neu aus. Ihre Triebe werden im Spätwinter oder im zeitigen Frühjahr bis auf einen Stumpf mit einer kräftigen Knospe zurückgeschnitten.

Einige *Clematis*-Hybriden bilden verschiedene Blütenformen aus. An den älteren Trieben erscheinen gefüllte, an den jungen einfache Blüten. Diese Hybriden sollten nicht zurückgeschnitten werden, da sie sonst keine Blüten treiben.

▼ *Die Klematissorten 'Mme. Julia Correvon' und 'Victoria' verschmelzen zu einem harmonischen Ganzen.*

ANZUCHT VON GARTENSTRÄUCHERN

Sträucher spielen eine entscheidende Rolle bei der Gartengestaltung: Sie sorgen für Kontraste und bringen das ganze Jahr über Abwechslung in den Garten. Nach dem Anpflanzen bereiten sie viel weniger Mühe als Stauden und sind erst recht anspruchsloser als Frühjahrs- und Sommerblumen. Hin und wieder brauchen sie einen Rückschnitt, doch sonst können sie getrost sich selbst überlassen werden, ganz gleich, ob sie in gemischten Rabatten stehen oder einzeln, wie beispielsweise die sehr empfindliche Kamelie, eine Verwandte des Teestrauchs, oder der Schneeball, dessen Arten zu ganz verschiedenen Zeiten das ganze Jahr über blühen.

Die nachstehend beschriebenen Sträucher zeichnen sich vor allem durch prächtiges Blattwerk und schöne, markante Blüten aus. In jedem Monat des Jahres sorgen sie mit ihrem wechselnden Äußeren für Farbe. So bringt etwa die Berberitze hübsche, duftende Blüten und reizvolles Laub hervor – sommergrün oder in herbstlichen Bronzetönen – und trägt zahlreiche bunte Beeren. Immergrüne Sträucher beleben den Garten im Winter; zu ihnen zählen beispielsweise die attraktiven Zwergkoniferen, die, einzeln in einen Steingarten gepflanzt oder in einer gemischten Rabatte stehend, den Garten mit mannigfaltigen Grüntönen beleben.

Die Blüte der „Königin aller Blumen", der Rose, ist der unbestreitbare Höhepunkt des Gartensommers. Durch die ungeheure Vielfalt des Angebots kann jeder für seinen Garten die passende Rosensorte finden, die mit etwas Pflege Jahrzehnte überdauert. Doch nicht nur die Blütenform der Rosen begeistert, sondern auch ihr typischer, lieblicher Duft, ihre wunderschönen Farben und ihre glutroten Hagebutten im Herbst. Nach wie vor sind sie wohl die beliebtesten aller Blütenpflanzen – kaum einer kann sich ihrem Reiz entziehen.

Camellia × williamsii *'Christmas Daffodil' treibt Blüten wie aus Porzellan.*

Zarte Kamelien

**Ob im Wintergarten, im Gewächshausbeet oder im Topf
gezogen – die zur Familie der Teegewächse zählende Kamelie ist
einer der lohnendsten immergrünen Sträucher.**

Die Gattung *Camellia* umfaßt ungefähr 85 Arten immergrüner Sträucher und kleiner Bäume. Ihre Heimat liegt in den tropischen und subtropischen Regionen von Asien. Nur sehr wenige davon wurden in Kultur genommen, aus denen man bis heute jedoch mehr als 10 000 Kulturformen gezüchtet hat.

Ihren Namen erhielt die Kamelie zu Ehren von George Joseph Kamel – oder Camellus –, einem Priester und Botaniker, der im 17. Jahrhundert ausgedehnte Reisen nach Asien unternahm.

Die jungen Blatttriebe von *C. sinensis* dienen der Gewinnung von Tee, dem populärsten koffeinhaltigen Getränk der Welt. Andere Kamelien, so auch *C. oleifera*, liefern

Saatöle. Die Gartenkamelien, die bei uns nur in den mildesten Regionen winterhart sind und daher eher für den Wintergarten zu empfehlen sind, bezaubern mit ihren becher- oder schalenförmigen Blüten, die im zeitigen Frühjahr erscheinen. Sie sind weiß, zartrosé bis hin zu tiefem Rosenrot oder auch rot und je nach Sorte einfach, halbgefüllt oder gefüllt.

Auch die lederigen Blätter – glänzend, fein gezähnt und oft mit hervortretender Äderung – sind attraktiv und bilden einen ganzjährigen Schmuck, wie ihn sonst nur immergrüne Lorbeer- und Rhododendronarten bieten.

In ihrer natürlichen Umgebung siedeln sich Kamelien im Schatten von immergrünen Bäumen an Gebirgshängen an, wo sie viel Feuchtigkeit bekommen. Hingegen gedeihen sie in Kultur auch im lichten Schatten von Gehölzpflanzungen. Pralle Sonne und offene Standorte werden in der Regel nicht toleriert.

Die gängigen Kamelien stammen meist von zwei Arten ab – *C. japonica* und *C. reticulata* –, die in puncto Wuchs, Blatt- und Blütenform recht ähnlich sind, sich aber durch zwei wesentliche Merkmale unterscheiden: Während die Blätter von *C. reticulata* netzartig geädert sind, weisen die von *C. japonica* nur eine starke Mittelrippe auf. Außerdem zeigen die großen Blüten von *C. reticulata* eine Trompetenform, während sie sich öffnen; die Blüten von *C. japonica* sind dagegen rundlicher.

Sehr beliebt ist auch eine aus *C. japonica* und *C. saluenensis* hervorgegangene Gruppe von Hybriden – *C. × williamsii* –, die in milden Gebieten bei uns im Garten kultivierbar sind.

Einteilung

Kamelien werden nach ihrer Blütenform und -größe eingeteilt. Diese Kriterien haben zwar keinen wesentlichen Einfluß auf die Kultivierung der Pflanzen, erleichtern jedoch die Zuordnung der zahlreichen Kulturformen und Hybriden. Die Blütenfarbe kann je nach Bodenart und Lichtstärke leicht variieren und ist daher kein zuverlässiger Anhaltspunkt bei der Klassifizierung. Da die Sorten in ihrer Farbe nur leicht voneinander abweichen, sind selbst die besten Fotos oft irreführend.

Auch die Blütezeit schwankt je nach Klima und Standort. So wird sie durch einen strengen Winter hinausgezögert und setzt umge-

◄ *Halbgefüllte rosa, zur Mitte hin dunkler werdende Blüten mit einem Schopf von Staubblättern machen die Camellia-japonica-Zuchtform 'Oliver Messel' zu einem Schmuckstück.*

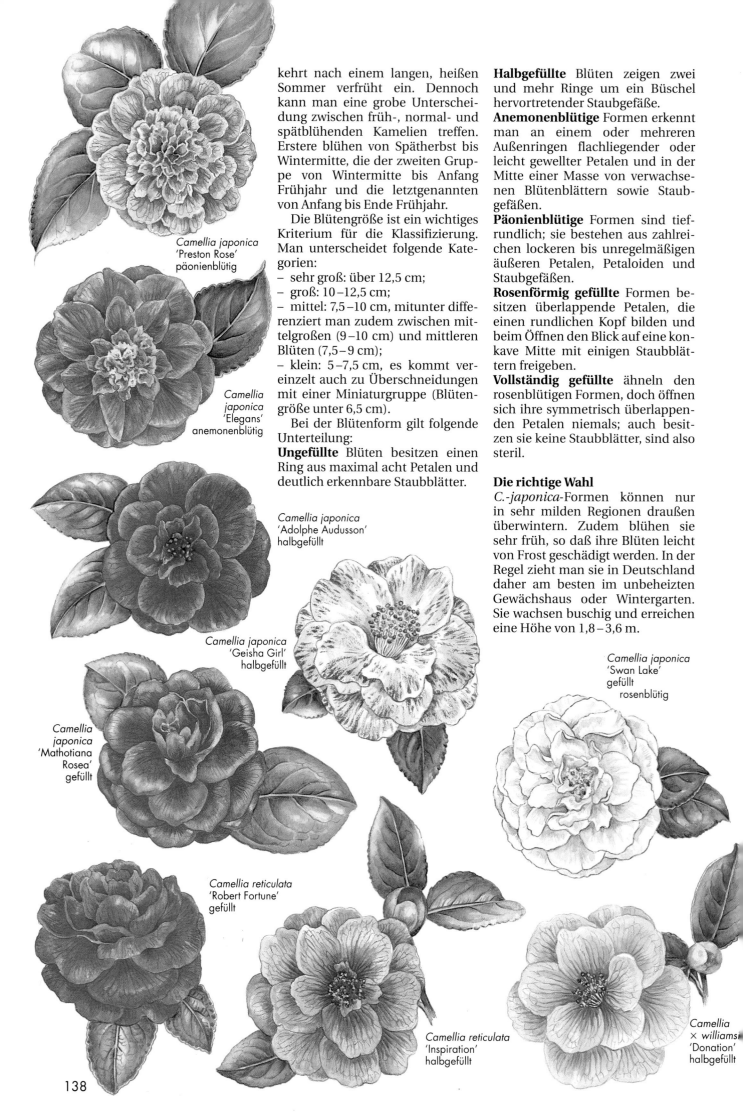

kehrt nach einem langen, heißen Sommer verfrüht ein. Dennoch kann man eine grobe Unterscheidung zwischen früh-, normal- und spätblühenden Kamelien treffen. Erstere blühen von Spätherbst bis Wintermitte, die der zweiten Gruppe von Wintermitte bis Anfang Frühjahr und die letztgenannten von Anfang bis Ende Frühjahr.

Die Blütengröße ist ein wichtiges Kriterium für die Klassifizierung. Man unterscheidet folgende Kategorien:
– sehr groß: über 12,5 cm;
– groß: 10–12,5 cm;
– mittel: 7,5–10 cm, mitunter differenziert man zudem zwischen mittelgroßen (9–10 cm) und mittleren Blüten (7,5–9 cm);
– klein: 5–7,5 cm, es kommt vereinzelt auch zu Überschneidungen mit einer Miniaturgruppe (Blütengröße unter 6,5 cm).

Bei der Blütenform gilt folgende Unterteilung:
Ungefüllte Blüten besitzen einen Ring aus maximal acht Petalen und deutlich erkennbare Staubblätter.

Halbgefüllte Blüten zeigen zwei und mehr Ringe um ein Büschel hervortretender Staubgefäße.
Anemonenblütige Formen erkennt man an einem oder mehreren Außenringen flachliegender oder leicht gewellter Petalen und in der Mitte einer Masse von verwachsenen Blütenblättern sowie Staubgefäßen.
Päonienblütige Formen sind tiefrundlich; sie bestehen aus zahlreichen lockeren bis unregelmäßigen äußeren Petalen, Petaloiden und Staubgefäßen.
Rosenförmig gefüllte Formen besitzen überlappende Petalen, die einen rundlichen Kopf bilden und beim Öffnen den Blick auf eine konkave Mitte mit einigen Staubblättern freigeben.
Vollständig gefüllte ähneln den rosenblütigen Formen, doch öffnen sich ihre symmetrisch überlappenden Petalen niemals; auch besitzen sie keine Staubblätter, sind also steril.

Die richtige Wahl

C.-japonica-Formen können nur in sehr milden Regionen draußen überwintern. Zudem blühen sie sehr früh, so daß ihre Blüten leicht von Frost geschädigt werden. In der Regel zieht man sie in Deutschland daher am besten im unbeheizten Gewächshaus oder Wintergarten. Sie wachsen buschig und erreichen eine Höhe von 1,8–3,6 m.

Camellia japonica
'Preston Rose'
päonienblütig

Camellia japonica
'Elegans'
anemonenblütig

Camellia japonica
'Adolphe Audusson'
halbgefüllt

Camellia japonica
'Geisha Girl'
halbgefüllt

Camellia japonica
'Mathotiana Rosea'
gefüllt

Camellia reticulata
'Robert Fortune'
gefüllt

Camellia reticulata
'Inspiration'
halbgefüllt

Camellia japonica
'Swan Lake'
gefüllt
rosenblütig

Camellia × williamsii
'Donation'
halbgefüllt

VERMEHRUNG AUS BLATTSTECKLINGEN

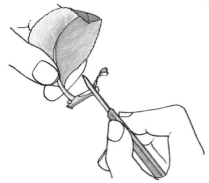

1 Im Sommer einen halbverholzten Seitentrieb abschneiden, der im Frühjahr gesprossen ist und mehrere ausgewachsene, gesunde Blätter aufweist.

2 Den Trieb in Abschnitte mit jeweils einem Blatt teilen. Die Stücke unmittelbar oberhalb einer Blattachsel und etwa 2 cm darunter abtrennen.

3 Mit einem scharfen Messer von der Stengelbasis etwas Rinde abschaben und die Wunde in ein hormonelles Bewurzelungsmittel tauchen.

4 Die Stecklinge bis kurz unter die Blattachsel in eine Mischung aus Torf und Sand zu gleichen Volumenanteilen stecken. Fest andrücken und sprengen.

5 Nach dem Anwurzeln – ungefähr 6 Monate später – die Stecklinge einzeln in 9-cm-Töpfe mit saurer Blumenerde pflanzen.

6 Im Unterschied zu vielen anderen Sträuchern blühen Kamelien, speziell *C. × williamsii*-Hybriden, bereits im 1. Jahr nach der Vermehrung.

Die Wildform von *C. reticulata* überlebt nur in sehr milden Klimazonen im Freien, in Deutschland dagegen nicht. Sie zeichnet sich durch eine offenere Wuchsform als andere Kamelien aus. Die Zuchtformen dieser Art gedeihen nur im Gewächshaus. Unter idealen Bedingungen werden sie 3–4,5 m hoch und stehen von Spätwinter bis Mitte Frühjahr in Blüte.

Für unsere Breiten am ehesten geeignet sind die von Spätherbst

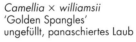

Camellia × williamsii
'Golden Spangles'
ungefüllt, panaschiertes Laub

Camellia sasanqua
'Yuletide'
ungefüllt

bis Frühjahrsmitte und schon in der Jugend blühenden *C. × williamsii*-Hybriden. Sie entwickeln sich gut in Gehölzpflanzungen oder vor einer Mauer. Die Pflanzen werden 1,8–2,4 m hoch und passen damit selbst im Alter auch in kleine Gärten.

C. sasanqua und die daraus hervorgegangenen Kulturformen sind von außerordentlicher Schönheit. Doch beschränkt sich ihre Eignung fast ausschließlich auf Gewächshäuser und Wintergärten. Die Blüten sind klein und meist ungefüllt.

Im Freien pflanzen
In milden Regionen pflanzt man Kamelien bei gutem Wetter von Früh- bis Spätherbst oder Anfang bis Mitte Frühjahr ins Freie. Sie verlangen einen gut dränierten, kalkfreien, sauren bis neutralen Boden, der möglichst mit Laubkompost angereichert ist. Wenn Rhododendren bei Ihnen im Garten gut gedeihen, werden dies auch Kamelien tun. Ideal ist eine West- oder geschützte Nordlage. Andernfalls empfiehlt sich ein Platz vor einer Mauer oder unter Bäumen, wo die Pflanzen ge-

gen Frost und frühe Morgensonne geschützt sind. Optimal ist lichter Schatten mit voller Sonne zu vorgerückter Stunde.

Man setzt die Pflanzen flach (nicht tiefer, als sie in der Gärtnerei standen) und fest in den Boden und mulcht mit Torf oder Laubkompost. Pflanzen Sie Kamelien nie in Ostlage, wo auf starken Frost pralle Morgensonne folgt. Denn dadurch würden die Knospen zu schnell auftauen und nach dem Erblühen braune Ränder zeigen. Ebenfalls wenig geeignet ist Südlage, da Kamelien gerne in kühlem Boden wurzeln.

Ein geschützter Garten sorgt nicht nur dafür, daß die Temperatur nur langsam steigt, sondern schirmt die Pflanzen auch gegen starken Wind ab, der die zarten Knospen schädigen könnte. Bei unvermeidbar windexponierter Lage stützt man Jungpflanzen, bis sie sich gut eingewöhnt haben, und errichtet einen Windschutz.

In Kübeln pflanzen
Vor allem frühblühende Kamelien werden am besten in 20–30 cm

großen Töpfen oder kleinen Pflanzkübeln gezogen. Das Substrat besteht aus vier Teilen kalkfreiem Lehm, zwei Teilen Laubkompost oder Torf und einem Teil grobem Sand. Es wird mit 1 Handvoll Knochenmehl/Eimer angereichert. Alternativ verwenden Sie eine handelsübliche Blumenerde speziell für säureliebende Pflanzen.

Stellen Sie den Topf oder Kübel von Ende Frühjahr bis Mitte Herbst ins Freie an einen geschützten, halbschattigen Platz. Danach bringen Sie ihn in ein kühles Gewächshaus oder einen Wintergarten, wo die Pflanze bei 4–7 °C bis Ende Frühjahr überwintert. Um die Blütenbildung zu beschleunigen, erhöhen Sie die Temperatur auf

9–12 °C. Man kann die Kamelien auch direkt in ein Gewächshausbeet setzen und ganzjährig unter Glas ziehen.

Pflege
Nach der Eingewöhnung erfordern Kamelien nur wenig regelmäßige Pflege. Man muß sie nicht zurückschneiden, sondern lediglich zur Erhaltung ihrer Form struppige Triebe Mitte Frühjahr nach der Blüte einkürzen. Besonders große Blüten erzielt man durch das Ausdünnen der Knospen, bevor sie sich öffnen.

Jedes Jahr Mitte Frühjahr mulcht man Kamelien großzügig – ideal ist eine etwa 5 cm dicke Schicht über dem gesamten Wurzelbereich – aus

Laubkompost, Torf oder gut verrottetem Stallmist.

Nach der Blüte werden die welken Blütenköpfe entfernt. Dies geschieht hauptsächlich aus ästhetischen Gründen. Auch die Bildung von Früchten wird dadurch unterbunden. Sie sind nicht besonders dekorativ und entziehen der Pflanze Kraft.

Kamelien vermehren
Nehmen Sie während der Sommermonate von halb ausgereiften Seitentrieben 7,5–10 cm lange Stecklinge. Lassen Sie sie in einem Gemisch aus Torf und Sand zu gleichen Volumenanteilen oder in Anzuchterde anwurzeln. Die besten Ergebnisse erzielen Sie bei einer Substrattemperatur von 13–16 °C.

Sorten, die nicht gut anwurzeln, etwa C.-reticulata-Formen, werden am besten durch Absenken von Zweigen größerer Pflanzen im Frühherbst vermehrt. In der Regel sind diese 18 Monate später ausreichend bewurzelt und können dann abgenommen und an Ort und Stelle gepflanzt werden.

Wenn Sie zahlreiche Jungpflanzen erhalten möchten, nehmen Sie im Sommer Blattstecklinge. Die Bewurzelung erfolgt in Töpfen oder Schalen, wie bereits für Sproßstecklinge beschrieben.

Schädlinge und Krankheiten
Die einzigen für Kamelien wirklich gefährlichen Schädlinge sind Vögel, die die Knospen herauspicken. Weitere Probleme können Frostschäden und Knospenfall infolge zu trockenen Bodens bereiten.

Zu den physiologischen Störungen zählen Verbräunen der Blätter, verursacht durch nächtliche Kälte, sowie mattgrünes Laub mit braunen und schwarzen, von leichten Erhebungen umgebenen Flecken. Solche Symptome treten oftmals bei Pflanzen auf, die in alkalischen Böden gezogen werden.

Wenn Kamelien unter Glas kultiviert werden, treten an Blättern und Knospen mitunter Blatt- und Schildläuse auf.

◄ Alle Kamelien, diese halbgefüllte bis anemonenblütige Zuchtform C. japonica 'Elegans' nicht ausgenommen, lieben geschützten Halbschatten und sind daher in sehr milden Regionen die ideale Unterpflanzung für laubabwerfende Gehölzpflanzungen. Dabei kommt ihnen das fallende Laub als natürliche Mulchschicht zugute – ein praktischer Nebeneffekt.

Schneeball rund ums Jahr

**Der Schneeball mit seinen hübschen Blüten, dekorativen Blättern
und leuchtenden Beeren ist ein besonders attraktiver
und außerdem äußerst unproblematischer Gartenstrauch.**

Fast das gesamte Jahr hindurch kann man sich an den blühenden Sträuchern erfreuen, denn es gibt winter-, frühjahrs- und sommerblühende, laubabwerfende und immergrüne Arten.

Viele von ihnen besitzen attraktiv geformte oder strukturierte Blätter. Häufig sind sie von Sommerende bis in den Winter hinein mit dekorativen Beeren geschmückt; manche Vertreter nehmen eine herrliche Herbstfärbung an.

Der Gattungsname *Viburnum* stammt vom lateinischen Namen für den Wolligen Schneeball, *Viburnum lantana*, ab. Die verholzten Sträucher gehören zur Familie der Geißblattgewächse *(Caprifoliaceae)*, zu der beispielsweise auch Abelie, Holunder, Geißblatt, Kolkwitzie und Weigelie zählen.

In freier Natur findet man den Schneeball auf der gesamten nördlichen Erdhalbkugel. Die Sträucher sind meist winterhart.

Besondere Merkmale
Die Blütenstände sind entweder kugelig oder abgeflacht-doldenförmig. Obwohl die einzelnen fünflappigen, trichterförmigen Blüten relativ klein sind, erreichen die Schirmrispen einen Durchmesser von bis zu 15 cm.

Farblich variieren sie von reinem und gebrochenem Weiß bis hin zu sehr zartem bis mittlerem Pink. Die Knospen sind häufig intensiver gefärbt als die Blüten.

Oft duften die Blüten sehr angenehm, so daß man sie idealerweise in ein Beet in der Nähe einer Tür oder eines Fensters pflanzt.

Bei manchen Arten, etwa dem Gemeinen Schneeball *(V. opulus)* und *V. plicatum* f. *tomentosum*, enthalten die Blütenstände fruchtbare und unfruchtbare Blüten. Letztere besitzen auffallende Petalen, die Insekten anlocken. Sie sind ringförmig um die schirmförmige Rispe unscheinbarer fruchtbarer Blüten mit wenig auffälligen Petalen angeordnet.

Die Blütezeit erstreckt sich vom Winter bis in den Sommer hinein.

▼ *Im späten Frühjahr lenkt* Viburnum plicatum f. tomentosum *'Mariesii' mit seinen etagenförmig angeordneten, waagerecht abgespreizten Zweigen und den aufwärts gerichteten flachen Dolden weißer Blüten die Blicke auf sich. Blaue Vergißmeinnicht bilden den perfekten Rahmen.*

Viburnum lantana
Wolliger Schneeball
(Beeren im Spätsommer)

Viburnum davidii
(Beeren im Herbst)

Viburnum plicatum f.
tomentosum 'Mariesii'
(Blüte im Frühsommer)

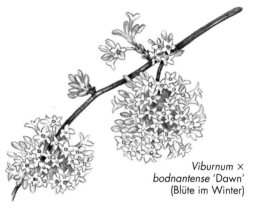

Viburnum ×
bodnantense 'Dawn'
(Blüte im Winter)

Viburnum
opulus
Gemeiner
Schneeball
(Beeren und
Herbstfärbung)

Viburnum rhytidophyllum
(Blüte im
späten Frühjahr)

Manche laubabwerfenden *Viburnum*-Arten treiben in milden Witterungsperioden im Winter oder zeitigen Frühjahr an blattlosen Zweigen ihre Blüten. Den schönsten Flor zeigt dabei *V. × bodnantense*, doch können sich die Blüten nach starkem Frost braun verfärben. Für Regionen mit sehr kalten Wintern ist die kaum frostempfindliche Sorte 'Dawn' zu empfehlen.

V. tinus und seine immergrünen Sorten blühen von Winter- bis Frühjahrsanfang durchgehend. Oft zeigen sie weiße oder blaßrosa Blüten und blauschwarze Beeren zeitgleich an einem Strauch.

Unter den frühjahrs- und sommerblühenden Arten verdienen *V. carlesii*, *V. japonicum* (wächst fast ausschließlich im Kalthaus) und *V. opulus* besondere Erwähnung.

Die Belaubung variiert von Art zu Art in der Regel ganz erheblich. *V. rhytidophyllum* treibt beispielsweise große lanzettförmige, oberseits dunkelgrüne und unterseits graufilzige Blätter mit stark runzliger Oberfläche.

Bei *V. tinus* sind die Blätter hingegen glänzend, lederig und glatt. Einige Arten, so *V. opulus* und die daraus hervorgegangenen Gartensorten, haben gelappte Blätter, die an die von Wein oder von Ahorn erinnern und häufig gezähnt sind.

Viele laubabwerfende Arten zeigen im Herbst gelblichrotbraune Tönungen, einige färben sich leuchtend orange oder rot. *V. opulus* 'Aureum' ist bekannt für ihre gelbe Frühjahrs- und Sommerbelaubung.

Immergrüne Schneebälle bilden das ganze Jahr über eine hübsche Kulisse für andere farbenfrohe Gewächse. Zu ihnen zählt *Viburnum × burkwoodii*, das im Frühjahr weiße, zart duftende Blüten zeigt.

Die dekorativen schwarzen, bläulichschwarzen, roten oder goldgelben Beeren reifen ab Spätsommer und halten sich oft bis zum Winter. Sie sind allerdings ungenießbar und bei einigen Arten, beispielsweise bei *V. tinus*, sogar giftig!

Standort und Boden

Wählen Sie einen relativ geschützten Standort, an dem die Sträucher keinen kalten Nord- oder Ostwinden ausgesetzt sind.

Vor allem winter- und frühjahrsblühende Arten sollten Sie so plazieren, daß die Morgensonne nicht auf die noch gefrorenen Knospen niederbrennt. Doch für den Rest des Tages kommt Sonnenschein den Sträuchern sehr zugute.

Schneebälle bevorzugen zudem feuchten Boden, der an vollsonnigen Standorten jedoch selten ist. Als Kompromiß bietet sich ein Platz im Halbschatten an, wo die Erde kühler und feuchter ist. Geeignet ist jeder gewöhnliche, tiefgründige Gartenboden, der nicht zu leicht oder zu durchlässig ist.

Schneebälle pflanzen

Immergrüne *Viburnum*-Arten werden am besten Anfang bis Mitte Herbst oder im Frühjahr gepflanzt. Laubabwerfende Arten werden dagegen bei milderem Wetter Mitte bis Ende Herbst, im Winter oder im zeitigen Frühjahr gepflanzt.

Damit stark durchlässige Böden die notwendige Feuchtigkeit besser halten können, reichert man sie mit reichlich organischem Material wie beispielsweise Gartenkompost, gut verrottetem Stallmist oder Rindenkompost an.

Graben Sie ein ausreichend großes Pflanzloch, in dem der gesamte Wurzelballen Platz findet. Die Pflanze muß genauso tief im Boden sitzen wie zuvor in der Gärtnerei. Die Erde rund um die Pflanze fest andrücken und gießen.

Viburnum farreri
(Blüte im
zeitigen Frühjahr)

Die schönsten Beeren bilden sich bei Fremdbestäubung durch benachbarte Exemplare derselben Art. Setzen Sie daher bei ausreichendem Platzangebot zwei oder besser drei Schneeballsträucher nebeneinander. Der Pflanzabstand sollte der Hälfte der endgültigen Wuchsbreite entsprechen.

V. opulus 'Compactum', eine buschige und reich tragende Sorte des Gemeinen Schneeballs, läßt sich zusammen mit *V. tinus* zu einer ungefähr 1,2 m hohen Naturhecke ziehen. Falls Sie dies beabsichtigen, sollte der Pflanzabstand jeweils etwa 60 cm betragen.

▼ *Viburnum tinus* 'Gwenllian' ist ein immergrüner Strauch, der wegen seiner perlenähnlichen, schwarzblauen Beeren beliebt ist. Die Beeren schmücken die Zweige, bis sich die Blüten im Winter öffnen.

*Viburnum
betulifolium*
(Beeren im Frühherbst)

Viburnum opulus 'Aureum'
(gelbes Sommerlaub)

Pflege

In der Regel verlangen *Viburnum*-Arten keine regelmäßigen Pflege- und Schnittmaßnahmen.

Wenn der Wuchs sehr struppig oder übermäßig stark ist, wird bei Bedarf geschnitten. Erkrankte oder beschädigte Zweige sollten auf jeden Fall bis ins gesunde Holz zurückgeschnitten werden. Immergrüne *Viburnum*-Arten werden im

Viburnum opulus
'Roseum'
Gemeiner
Schneeball
(Blüte im
Frühsommer)

Viburnum opulus
'Xanthocarpum'
(Beeren im Frühherbst)

*Viburnum
sargentii*
'Odondaga'
(Blüte im
Frühsommer)

späten Frühjahr beschnitten, winterblühende Schneebälle in der Frühjahrsmitte und laubabwerfende Sommerblüher im Frühsommer.

Welke Blütenköpfe sollten Sie nicht entfernen, da sich sonst keine Beeren bilden.

Die meisten Schneebälle, insbesondere *V. opulus* und *V. carlesii*, werden oft von schwarzen und grünen Blattläusen befallen, die sich rasch vermehren. Ein untrügliches Symptom sind zusammengerollte junge Blätter.

Die klebrigen Ausscheidungen der Läuse – der Honigtau – auf den Blattunterseiten ziehen eine Sekundärinfektion durch Schwärze- oder Rußpilze nach sich. Die Pflanzen sehen dann unschön aus und verkümmern.

Beim ersten Anzeichen von Blattlausbefall werden die Blätter ober- und unterseits mit Brennesselbrühe besprüht. Dafür werden 1 kg frische Brennesseln etwa 24 Stunden lang in 10 l Wasser eingeweicht. Die Behandlung muß mehrmals wiederholt werden, bis alle Eier, Larven und ausgewachsenen Insekten vernichtet sind. Nur bei sehr starkem Befall sollte man auf ein zugelassenes Insektizid zurückgreifen. Richten Sie sich bei der Anwendung möglichst exakt nach den Anweisungen des Herstellers.

Vermehrung

Anfang bis Mitte Sommer oder im Frühherbst nimmt man 7,5–10 cm lange Stecklinge von Seitentrieben ab. Zur Bewurzelung kommen die Stecklinge in eine Mischung aus je einem Teil Torf und Sand.

Im Sommer geschnittene Stecklinge benötigen eine Bodenwärme von 16 °C im Vermehrungskasten. Stecklinge, die im Herbst von ausgereifterem Holz genommen wurden, können im Frühbeet bewurzelt werden.

Nach dem Anwachsen werden die Stecklinge aus weichem Holz in 7,5-cm-Töpfe mit Anzuchterde gesetzt, man läßt sie im Frühbeet überwintern. Mitte bis Ende Frühjahr die Jungpflanzen auspflanzen. Nach 2–3 Jahren zwischen Herbst- und Frühjahrsanfang an Ort und Stelle setzen.

Eine andere Möglichkeit ist es, im Frühherbst lange Triebe abzusenken. Falls sich nach 1 Jahr Wurzeln gebildet haben, Ableger abtrennen und einpflanzen.

▼ *V. alnifolium ist für Pflanzungen mit Waldcharakter eine absolute Bereicherung. Seine großen rundlichen Blätter präsentieren sich im Herbst in ausdrucksstarken Farben, die von Gelb, Orange und Rot bis hin zu tiefem Bordeaux reichen.*

DIE RICHTIGE WAHL

Winterblüher
V. × bodnantense 'Dawn' – weiße, rosa überhauchte Blüten; laubabwerfend; Höhe 2,7 m und mehr; aufrechter Wuchs; frostbeständig
V. farreri – weiße oder rosa Blüten; laubabwerfend; Höhe 2,7 m und mehr; aufrecht
V. tinus – weiße oder zartrosa Blüten, pinkfarbene Knospen; immergrün; Höhe 1,5 – 3 m; rundlich-buschig

Frühjahrsblüher
V. × burkwoodii – weiße Blüten aus zartrosa Knospen; halbimmergrün; Höhe bis zu 2,4 m; aufrecht
V. × carlcephalum – weiße Blüten; laubabwerfend; Höhe bis zu 2,4 m; steife Wuchsform
V. carlesii 'Aurora' – rosa Blüten aus rötlichen Knospen; laubabwerfend; Höhe bis zu 1,5 m; buschiger Wuchs

Sommerblüher
V. opulus (Gemeiner Schneeball) – weiße abgeflachte Blütendolden; laubabwerfend; Höhe bis zu 4,5 m; steife Wuchsform
V. plicatum f. *tomentosum* 'Mariesii' – weiße abgeflachte Blütendolden; laubabwerfend; Höhe bis zu 3 m; etagenförmiger Wuchs

Duftende Blüten
V. × bodnantense, *V. × burkwoodii*, *V. × carlcephalum*, *V. carlesii* und *V. farreri*

Attraktives Laub
V. opulus 'Aurea' – gelbe ahornartige Blätter; laubabwerfend; Höhe bis zu 1,8 m; buschiger Wuchs
V. rhytidophyllum – große, runzlige, dunkelgrüne Blätter; immergrün; Höhe 3 m und mehr; waagerecht abstehende Zweige

Herbstfärbung
V. alnifolium – Laub im Herbst gelb, orange, rot und bordeaux; laubabwerfend; Höhe bis zu 2,4 m; buschiger Wuchs
V. opulus – ahornartiges Laub mit intensiv roter Herbstfärbung; nähere Angaben siehe oben
V. sargentii – ahornartige Blätter, im Herbst leuchtend rot; laubabwerfend; Höhe bis zu 3 m; buschiger Wuchs

Dekorative Beerenfrüchte
V. betulifolium – hängende Trauben hellroter Beeren; laubabwerfend; Höhe 2,4 m und mehr; buschig
V. davidii – blaue Beeren; nähere Angaben siehe oben
V. opulus – rote Beeren in hängenden Trauben; nähere Angaben siehe oben
V. opulus 'Xanthocarpum' – ähnlich wie die Art, jedoch mit goldgelben Beeren

Farbwechsel der Hortensien

**An einem geschützten, nicht zu kalten Standort
entwickeln sich Hortensien problemlos zu stattlichen
Sträuchern mit effektvollen Blüten.**

Hortensien *(Hydrangea)* bilden eine 23 Arten umfassende Gattung laubabwerfender und immergrüner Sträucher, die buschig wachsen oder klettern. In milden Klimazonen sind sie winterhart. Sie vertragen salzhaltige Luft in Küstengebieten und nehmen auch die verschmutzte Luft der Städte nicht übel. Voraussetzung für die Pflanzung von Hortensien ist feuchter Boden. Die meisten Hortensien lieben Halbschatten. Kletternde Arten sind in der Regel widerstandskräftiger als die buschigen Formen.

Blütenarten

Eines haben alle Kulturformen gemeinsam: Ihre auffallenden Blüten sind unfruchtbar (steril). Sie bestehen aus farbigen Kelchblättern ohne echte Petalen oder Fortpflanzungsorgane. Die meisten Rispen umfassen auch fruchtbare (fertile) Blüten, die jedoch relativ unscheinbar sind.

Je nach Anordnung der fruchtbaren und unfruchtbaren Blüten innerhalb der Rispe unterscheidet man zwei Kategorien: In einem Fall umgibt ein äußerer Kranz von sternförmigen, sterilen Randblüten eine Anhäufung winziger fertiler Blütchen. Die Schirmrispen sind meist abgeflacht und breit. Vor allem bei den gefüllt blühenden Formen bestehen die Rispen oft ausschließlich aus sterilen Blüten.

Beide Formen sind charakteristisch für die *H.-macrophylla*-Sorten, doch begegnet man einer solchen Mischung steriler und fertiler Blüten auch bei allen anderen Hortensienarten. Bei einer dritten Kategorie, typisch für *H. paniculata*, aber auch bei einigen anderen Arten anzutreffen, treten die sterilen und die fertilen Blüten zu pyramidenförmigen Rispen zusammen.

▼ *Hydrangea-macrophylla-Sorten mit kugeligen oder flachen Doldenrispen sind leicht zu kultivieren. An jedem feuchten, leicht schattigen Platz entfalten sie eine atemberaubende Blütenpracht – wie hier unter dem gefiederten Laub einer Robinie (Robinia).*

Auch diese Form zeigt bei manchen Hortensien fast ausschließlich sterile Blüten.

Farbauswahl

Die aus *H. macrophylla* hervorgegangenen Sorten besitzen ein einzigartiges Merkmal: Mit Ausnahme der weißblühenden Vertreter verändern sie je nach dem pH-Wert des Bodens ihre Blütenfarbe von Mauve oder Blau bis zu Pink oder Rot. Selbst Sorten mit eindeutigen Namen wie 'Blue Wave' treiben durch gezielte Veränderung der Bodenbeschaffenheit rosa Blüten – und umgekehrt. Allerdings bringen manche Sorten die leuchtendsten Farbtöne in bestimmten Farbbereichen hervor, beispielsweise im blauen, andere wiederum im roten oder rosa Spektrum.

Auf alkalischem Boden entstehen keine klaren Blautöne, sondern höchstens Mauvenuancen. Die besten Ergebnisse erhält man durch jährliches Einarbeiten von reichlich Torf sowie Gaben von Aluminiumsulfat.

Entsprechend zeigen rosa und rote Sorten auf sauren Böden weniger klare Farben oder auch mauvebis purpurfarbene Töne. Um eindeutige Farben zu erzielen, wird der Boden jährlich mit 1 Handvoll gemahlenem Kalkstein/m² aufbereitet. Er darf keinesfalls zu alkalisch werden, da dies zu Chlorose führen würde, einer Störung, die sich in blaßgelb bis weißlich verfärbten Blattflächen äußert.

Auf neutralem Boden entwickeln Hortensien matte Zwischentöne, wobei die Rispen an ein und demselben Busch durchaus auch verschiedenfarbig ausfallen können.

Hortensien pflanzen

Die meisten Hortensien gedeihen am besten auf feuchtem Grund in lichtem Schatten. Ideal ist ein Standort in der Nähe von Bäumen oder Hecken, doch werden auch normale Gartenbedingungen toleriert, sofern ein gewisser Schutz gegeben ist. Standorte, an denen die Morgensonne im Frühling die bereiften Triebe schädigen könnte, sind besser zu vermeiden.

Optimal ist lehmiges, gut feuchtigkeitshaltendes Erdreich. Zur Bodenvorbereitung wird schon geraume Zeit vor dem Pflanztermin reichlich organisches Material wie Gartenkompost, Torf oder, falls erhältlich, gut verrotteter Stallmist untergegraben. Für blaue Sorten muß der Boden leicht sauer sein.

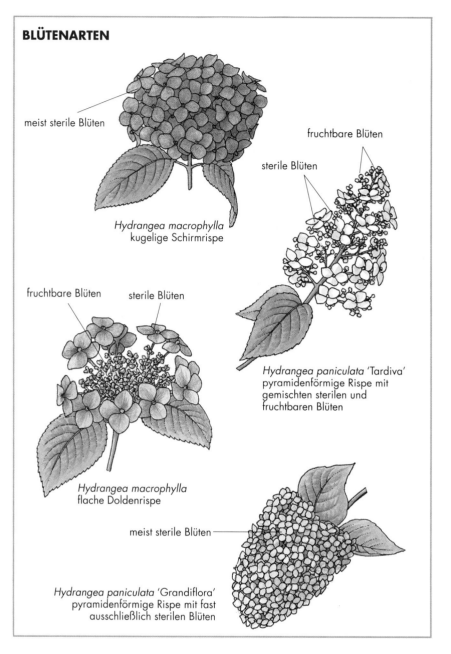

BLÜTENARTEN

meist sterile Blüten

Hydrangea macrophylla
kugelige Schirmrispe

fruchtbare Blüten

sterile Blüten

Hydrangea paniculata 'Tardiva'
pyramidenförmige Rispe mit
gemischten sterilen und
fruchtbaren Blüten

fruchtbare Blüten   sterile Blüten

Hydrangea macrophylla
flache Doldenrispe

meist sterile Blüten

Hydrangea paniculata 'Grandiflora'
pyramidenförmige Rispe mit fast
ausschließlich sterilen Blüten

Hortensien werden von Herbstmitte bis Spätherbst oder vom zeitigen bis mittleren Frühjahr gepflanzt. Bei Containerware ist man zeitlich nicht gebunden. Da sich die meisten Arten durch ausladenden Wuchs auszeichnen, ist auf großzügig bemessenen Pflanzabstand zu achten. Das Pflanzloch muß so groß sein, daß die Wurzeln darin ausgebreitet werden können, ohne zusammengedrückt zu werden.

Der Hauptstamm sollte auf der gleichen Höhe aus der Erde treten wie zuvor in der Gärtnerei – zu erkennen an dem Hell-Dunkel-Übergang an der Basis. Bei ballenlosen Pflanzen werden die Wurzeln im Pflanzloch ausgebreitet, bei Containerpflanzen lediglich die stärkeren Wurzeln um den Ballen herum gelockert. Man füllt das Pflanzloch mit Erde, die unbedingt gut angedrückt werden muß, kennzeichnet

die Pflanzen und gießt anschließend die Pflanzstelle.

Wie ihre buschigen Verwandten vertragen auch die robusteren Kletterhortensien keinen trockenen Boden. Daher muß der Pflanzabstand zur Kletterhilfe – Mauer, Zaun oder Baumstamm – mindestens 38 bis 45 cm betragen.

Nach der Eingewöhnungsphase halten Kletterhortensien sich an den meisten rauhen Flächen mittels Luftwurzeln selbständig fest. In den ersten Jahren brauchen sie hingegen in der Regel einen zusätzlichen Halt. Hierfür werden längere Holzstäbe leicht geneigt in Richtung der späteren Kletterfläche in den Boden getrieben. Dann werden die Triebe mit Raffiabast oder Gartenschnur befestigt. Die Triebe können wieder losgebunden werden, sobald sie an ihrer Stütze einen festen Halt gefunden haben.

Facettenreiche Berberitzen

Berberitzen sind beliebte Sträucher für naturnahe Hecken. Mit ihren hübschen Blüten und Beerenfrüchten und ihren warmen Herbstfarben bieten sie das gesamte Jahr hindurch einen schönen Anblick.

Die Gattung *Berberis* umfaßt ungefähr 450 laubabwerfende und immergrüne Sträucher mit büschelig stehenden Blättern und kleinen Hängeblüten, die einzeln oder in großen Blütenständen zu finden sind. Viele Arten haben kräftige Dornen. Die meisten Arten stammen aus dem asiatischen Raum, und wenige (u. a. *B. darwinii*) sind in Südamerika heimisch. Etwa ein Dutzend Arten und viele Zuchtformen sind beliebte Gartensträucher.

Berberis-Arten werden unter dem Namen „Berberitze" oder „Sauerdorn" geführt. Der Name *„Berberis"* rührt von dem arabischen Wort *„berberys"* her und bedeutet „Beeren". *Berberis* gehören zur Familie der *Berberidaceae* oder Sauerdorngewächse, verwandte Gattungen sind *Mahonia* (Mahonie), *Nandina* und *Epimedium* (Elfenblume).

Die dicksten Zweige des auch bei uns heimischen *B. vulgaris* liefern ein hochwertiges Holz, das für handwerkliche Arbeiten benutzt

wird. Darüber hinaus gewinnt man aus der Pflanze einen gelben Farbstoff zum Färben von Leder und Wolle.

Im Garten dienen Berberitzen ausschließlich dem Schmuck. Die Beeren sind ungiftig, jedoch nicht zum Verzehr zu empfehlen. In manchen Regionen Frankreichs gewinnt man aus den Beeren von *B. vulgaris* ein schmackhaftes Gelee.

Arten- und Sortenauswahl

Berberitzen treiben leuchtendgelbe oder orangefarbene Frühlingsblüten, grüne, goldene, bronzefarbene oder purpurrote, oft stechpalmenähnliche, kleine Blättchen und im Spätsommer oder Winter rote oder blauviolette Beerenfrüchte.

Die Höhe und Breite der Berberitzen variieren von 30–210 cm. Die Wuchsform ist ebenfalls sehr unterschiedlich – es gibt aufrechte, runde sowie kriechende Formen.

Immergrüne Arten tragen das ganze Jahr hindurch ihre glänzen-

den dunkelgrünen Blätter, während viele laubabwerfende Formen wegen ihrer prächtigen Herbstfarben – meist Rot oder Orange – geschätzt werden. Die Blattunterseiten vieler Berberitzenarten sind silbrig behaart oder auch bläulich.

Die Blätter sind meist nur ungefähr 3 cm lang und am Rand häufig mit spitzen Stacheln besetzt. Nur einige Arten, wie etwa *B. gagnepainii*, besitzen schmale, bis zu 10 cm lange Blätter.

Die Dornen an den hölzernen Trieben der meisten Berberitzen sind 2–4 cm lang, sehr spitz und

▼ *Zwei verschiedene Sorten von Berberis thunbergii sorgen in diesem Mischbeet für einen schönen Farbkontrast: die goldblättrige 'Aurea' und ihr purpurroter Partner 'Rose Glow' – eine ungewöhnliche Sorte mit silber und rosa gefärbten Tupfen auf den jungen Blättern. Beide Sträucher bilden spitze Dornen und benötigen keine regelmäßige Pflege.*

Berberis × carminea
'Bountiful'
Herbstbeeren

Berberis darwinii
Blüten im späten Frühjahr

Berberis darwinii
Herbstbeeren

*Berberis ×
rubrostilla*
Herbst-
beeren

Berberis thunbergii
'Rose Glow'
Laubfarben im Frühsommer

erscheinen meist in Dreiergruppen. Die 5–20 cm großen Blüten stehen einzeln oder in 2,5–7,5 cm großen Blütenständen.

Der richtige Standort

Berberitzen gedeihen auf den meisten durchlässigen Böden – unter sauren, neutralen oder alkalischen Bedingungen, selbst auf flachgründigen Kalkböden. Lediglich staunasse Böden sind ungeeignet.

Vor dem Pflanzen sollte daher bei zu feuchten Standorten die Dränage verbessert werden. Trockenzeiten von kurzer Dauer überstehen die Sträucher dagegen meist problemlos, so daß man sie auch nahe einer Mauer setzen kann.

Laubabwerfende Arten benötigen vollsonnige Standorte, damit sich ihr buntes Herbstlaub und die Beerenfrüchte gut entfalten können, immergrüne Arten gedeihen hingegen auch im Halbschatten zufriedenstellend.

Die Berberitzenarten und -sorten sind mehrheitlich extrem winterhart und können daher auch in unseren Breitengraden überall gepflanzt werden. Sie sind zudem relativ resistent gegen Salzluft und hohe Luftverschmutzung, so daß sie sich selbst in Küstengebieten und Großstädten wohl fühlen.

Pflanzung

In Töpfen gezogene Jungpflanzen können das ganze Jahr hindurch ins Freiland gepflanzt werden, sofern kein Frost herrscht bzw. zu erwarten ist. Am besten pflanzt man laubabwerfende Arten zwischen Herbstmitte und Spätherbst, immergrüne Arten von Frühherbst bis Herbstmitte oder im Frühjahr.

Manche Gärtnereien bieten Berberitzen für Heckenpflanzungen auch als Setzlinge ohne Topf an. Immergrüne Setzlinge sollten von Mitte bis Ende Frühjahr, laubabwerfende Arten gegen Mitte Herbst gesetzt werden.

Der Pflanzabstand orientiert sich an der endgültigen Breite der Sträucher, damit sich die Berberitzen voll entfalten können. Angaben dazu finden Sie in den Gartenkatalogen, auch der Fachhandel gibt Ihnen sicherlich gerne Auskunft.

Für wildwachsende Hecken setzt man 30–38 cm hohe Pflanzen im Abstand von 45–60 cm. Etwa 2 Wochen nach dem Einpflanzen werden die Haupttriebe um ein Viertel gekürzt, um buschiges Wachstum zu fördern.

Der Boden im Pflanzloch sollte vor der Pflanzung mit einem Spaten voll gut verrottetem Gartenkompost oder Stallmist angereichert werden. Alle Pflanzen werden stets so tief in den Boden gesetzt, wie sie in der Baumschule standen.

Die Setzlinge werden gut angedrückt und reichlich gewässert, da Jungpflanzen nie völlig austrocknen dürfen. An ungeschützten Stand-

Berberis thunbergii
'Aurea'
Laub im Frühsommer

*Berberis ×
stenophylla*
'Cream Showers'
Frühjahrsblüten

*Berberi
thunber
'Dart's
Lady'
Herbst-
laub

FORMSCHNITT VON BERBERITZEN

1 Sparrige oder zu hoch gewachsene Triebe bei immergrünen Sorten nach der Blüte und bei laubabwerfenden im Spätwinter entfernen. Dünne Triebe mit einer Gartenschere, dickere Triebe mit einer langstieligen Baumschere kappen.

2 Der geschnittene Strauch sollte gleichmäßig geformt und ausgewogen verzweigt sein, was besonders bei Heckensträuchern von großer Bedeutung ist. Ein regelmäßiger Schnitt fördert den dichten Wuchs im unteren Strauchbereich.

orten die Pflanzen so lange mit einem Windschutz abschirmen, bis sie sich richtig etabliert haben. Falls trotzdem Pflanzen von starken Windböen herausgehoben werden sollten, diese umgehend wieder fest in die Erde drücken.

Sobald sich das Erdreich im Frühjahr erwärmt hat, wird der Boden rings um die Sträucher gemulcht, um die Bodenfeuchtigkeit zu erhalten und das Wachstum von unerwünschten Wildkräutern zu unterdrücken. Am besten eignen sich für diesen Zweck Laubspreu, Gartenkompost, Rindenspäne oder Torf.

Pflege
Wenn die Pflanzen gut angewachsen sind, benötigen sie nur noch wenig Pflege. Selbst ein regelmäßiger Schnitt ist nicht notwendig, lediglich zu große oder sparrig gewachsene Sträucher erhalten einen leichten Formschnitt. Immergrüne Arten schneidet man sofort nach der Blüte, laubabwerfende im Spätwinter.

Beim Schneiden empfiehlt sich das Tragen von Arbeitshandschuhen, da die spitzen Dornen sehr schmerzhafte Wunden verursachen können. In einigen Fällen besteht auch durch mikroskopisch kleine Pilze oder Bakterien auf den Dornen die Gefahr von Hautinfektionen.

Etablierte Sauerdornhecken werden einmal im Jahr auf die gewünschte Höhe, Breite und Form zurückgeschnitten, bei immergrünen Arten nach der Blüte, bei laubabwerfenden zwischen Spätsommer und Herbstmitte.

Während langer Trockenperioden mehrmals wöchentlich kräftig wässern. Dies ist auf jeden Fall ratsamer als häufiges, sparsames Gießen, da dies lediglich die Bildung von feinen Oberflächenwurzeln fördert.

Vermehrung
Berberitzen können aus den Samen reifer Beeren gezogen werden. Die Jungsträucher weisen bei dieser Art der Vermehrung jedoch nicht immer die gleichen Merkmale wie die Elternpflanze auf. Dies ist besonders dann der Fall, wenn in Ihrem Garten oder in der Nachbarschaft noch andere Berberitzenformen wachsen, da die Pflanzen von Insekten bestäubt werden und so Kreuzungen entstehen.

Die Samen werden im Spätherbst direkt in ein Vermehrungsbeet im Freiland, in Töpfe oder ins Frühbeet gesät.

Zuverlässiger als die Vermehrung aus Samen ist die durch etwa 7,5 cm lange Stecklinge von Seitentrieben im Spätsommer oder Frühherbst; am besten wurzeln Achselstecklinge. Die Stecklinge werden in ein Substrat aus je einem Teil Torf und Sand ins Frühbeet gesetzt.

Bewurzelte Stecklinge werden im Frühjahr für weitere 1–2 Jahre in ein Vermehrungsbeet im Freiland gesetzt. Erst dann an den endgültigen Standort pflanzen.

Da immergrüne Arten auf allzu häufiges Umsetzen sehr empfindlich reagieren, sollten sie nach dem Bewurzeln im Frühbeet möglichst

SORTENAUSWAHL

Reiche Blütenpracht

B. darwinii – goldorangefarbene Blüten; immergrün; bis zu 2,1 m; offene Wuchsform
B. × *lologensis* 'Apricot Queen' – apricotfarbene Blüten; immergrün; bis zu 1,2 m; kompakt
B. × *stenophylla* 'Cream Showers' – cremefarbene Blüten; immergrün; 2,1 m Höhe; gebogene Zweige

Schönes Sommerlaub

B. × *ottawensis* 'Atropurpurea' – Blätter purpurn; bis zu 2,1 m; aufrechte Wuchsform
B. thunbergii 'Aurea' – Blätter golden; bis zu 1 m; buschig
B. thunbergii 'Dart's Red Lady' – Blätter purpurn; bis zu 1,2 m; aufrechter Wuchs
B. thunbergii 'Rose Glow' – Blätter purpurrot, junge Blätter rosa getupft; bis zu 1,5 m; buschig

Schönes Herbstlaub

B. × *carminea*-Hybriden – rötliches Laub; 1–1,4 m; aufrechter oder gebogener Wuchs
B. × *ottawensis*-Hybriden – rötliches Laub; bis zu 2,1 m; offene Wuchsform
B. thunbergii-Sorten – meist leuchtende Rottöne; 0,3–2,1 m; unterschiedliche Wuchsform

Schöne Beerenfrüchte

B. × *carminea* 'Bountiful' – korallenrote Beeren; laubabwerfend; bis zu 1 m; gebogene Zweige
B. × *carminea* 'Buccaneer' – große, dunkelrote Beeren; laubabwerfend; bis zu 1,2 m; aufrecht
B. darwinii – purpurblaue Beeren; bis zu 2,1 m; offene Wuchsform
B. × *rubrostilla* – rote Beeren; bis zu 1,2 m; kompakter Wuchs

Für Steingärten und Wegränder

B. thunbergii 'Atropurpurea Nana' – purpurrote Blätter; Herbstfärbung; bis zu 0,45 m; runde Wuchsform
B. thunbergii 'Bagatelle' – kupferrote Blätter; Herbstfärbung; bis zu 0,3 m; aufrechte Wuchsform

Heckensträucher

B. darwinii, *B.* × *ottawensis*, *B.* × *stenophylla* und *B. thunbergii* 'Dart's Red Lady' – Beschreibungen siehe oben

▶ *Leuchtendrote Herbstfarben sind das wichtigste Merkmal der Hybride* Berberis × ottawensis *'Purpurea' – eine laubabwerfende, unregelmäßig wachsende Hybridform mit einer Wuchshöhe von bis zu 2 m.*

in 10-cm-Töpfe mit geeignetem Substrat gepflanzt werden. Versenken Sie diese Töpfe für einige Jahre in die Erde, und pflanzen Sie diese dann wie Containerexemplare, ohne jedoch dabei die Wurzeln zu verletzen.

Des weiteren besteht die Möglichkeit, Ausläufer abzutrennen, um sie dann einzusetzen. Die beste Zeit dafür sind Mitte Herbst und das zeitige Frühjahr.

Die Vermehrung durch Absenker empfiehlt sich für Arten mit leicht biegsamen Trieben. Nehmen Sie dafür im Herbst einen nicht blühenden, dünnen Trieb. Ritzen Sie die Rinde an der Stelle, die in den Boden gesteckt wird, direkt hinter einer Knospe ein.

Graben Sie den Trieb in die Erde ein, und befestigen Sie ihn mit Draht oder einem dicken Stein. Die Triebspitze mit einem Stab aufrecht stützen.

Aus der eingegrabenen Wundstelle sollten sich nach 1–2 Jahren Wurzeln bilden. Dies sollten Sie von Zeit zu Zeit überprüfen, indem Sie den Draht lösen oder den Stein hochheben und leicht an dem Absenker ziehen – wenn Sie einen Widerstand spüren, haben sich bereits Wurzeln gebildet. Trennen Sie die bewurzelten Absenker dann von der Mutterpflanze, und pflanzen Sie sie sofort um.

Schädlinge und Krankheiten

Berberitzen werden zwar nur selten von Schädlingen befallen, doch leider sind einige Arten Träger für eine ansteckende Rostkrankheit, so daß in ländlichen Regionen der USA *Berberis*-Sträucher von den Landwirtschaftsbehörden bereits gezielt

▲ *Wildwachsende Berberitzenhecken mit dornigen, überhängenden Zweigen wehren so manchen Eindringling ab; eine geeignete Sorte ist* Berberis × stenophylla. *Nur wenige andere Heckensträucher bilden eine derartige Blütenpracht. Schneiden Sie diese Hecke nicht, da dabei zu viele der leuchtendgelben Blüten verlorengehen.*

vernichtet wurden. Bei uns gibt es noch kein offizielles Verbot für den Anbau dieser Pflanzen.

Berberitzen werden manchmal von Hallimasch befallen. Da es dagegen kein Mittel gibt, müssen die Pflanzen sofort vernichtet werden. Dieser parasitäre Pilz wird meist bis zur Bildung der ersten honigfarbenen Fruchtkörper an der Stammbasis nicht bemerkt. Danach wachsen lange, schwarze Fäden (Hyphen) in den umliegenden Boden ein.

Rhododendren

**Die spektakulären Frühjahrs- oder Sommerblüher gibt es in
allen Größen – vom Zwergstrauch bis zum haushohen Baum. Für jeden Garten
und jeden Standort läßt sich der geeignete Rhododendron finden.**

Die Gattung *Rhododendron* umfaßt ungefähr 850 Arten immergrüner und laubabwerfender Sträucher, die teils zu Baumgröße heranwachsen, teils zwergwüchsig sind. Sie zählen zur Familie der Heidekrautgewächse *(Ericaceae)* und stehen somit in Verwandtschaft mit Glocken- und Besenheide, Scheinbeere, Weißglockenstrauch, Torfmyrte und Moosbeere.

Der Gattungsname leitet sich aus dem griechischen „*rhodon*" – Rose – und „*dendron*" – Baum – ab. Die ersten in Kultur gezüchteten Rhododendren – zu deutsch auch Alpenrosen – waren die beiden Arten *R. ferrugineum* und *R. hirsutum*.

Der schwedische Naturforscher Carl von Linné benannte als erster die Gattung *Rhododendron* und grenzte davon eine zweite ab, die er als *Azalea* bezeichnete. Viel später erkannte der Botaniker George Don, daß zwischen beiden keine tiefgreifenden Unterschiede bestehen, so daß die Gattung *Azalea* wieder eingezogen wurde. Die Bezeichnung „Azalee" wird dennoch auch heute noch vor allem für laubabwerfende Rhododendronarten und -hybriden verwendet – so auch hier.

Rhododendren sind in diesem Sinn also immergrüne Sträucher, Azaleen dagegen – zumindest in freier Natur – meistens laubabwerfend. Eine Ausnahme bei dieser strengen Unterscheidung bildet *R. japonicum* (einst *Azalea japonica*): er behält bis zum Winterende sein Laub und wirft es erst im Frühjahr bei Beginn des neuen Blattaustriebs ab – ist also wintergrün.

Die meisten Rhododendron-Kulturformen stammen aus China, dem Himalaja, Tibet, Indien, Birma und Neuguinea. Mehrere Azaleen und einige Rhododendren kommen auch aus Nordamerika und Europa.

Allgemeine Kennzeichen

Rhododendren und Azaleen blühen in den verschiedensten Schattierungen von Pink, Lavendel, Violett, Purpur-, Karmin- und Scharlachrot, Orange, Gelb und Rahm- bis Reinweiß. Der Blütenschlund zeigt häufig eine kontrastierende Sprenkelung oder Marmorierung.

Die Blüten sind röhren-, trichter-, glocken- oder oftmals auch

▼ *Immergrüne Azaleen und Rhododendren entfalten von Frühjahr bis Sommeranfang eine herrliche Blütenpracht. Angesichts der breiten Farbpalette kommt es vor allem auf eine sorgfältige Auswahl an – hellere Töne passen häufig nicht sehr gut zusammen.*

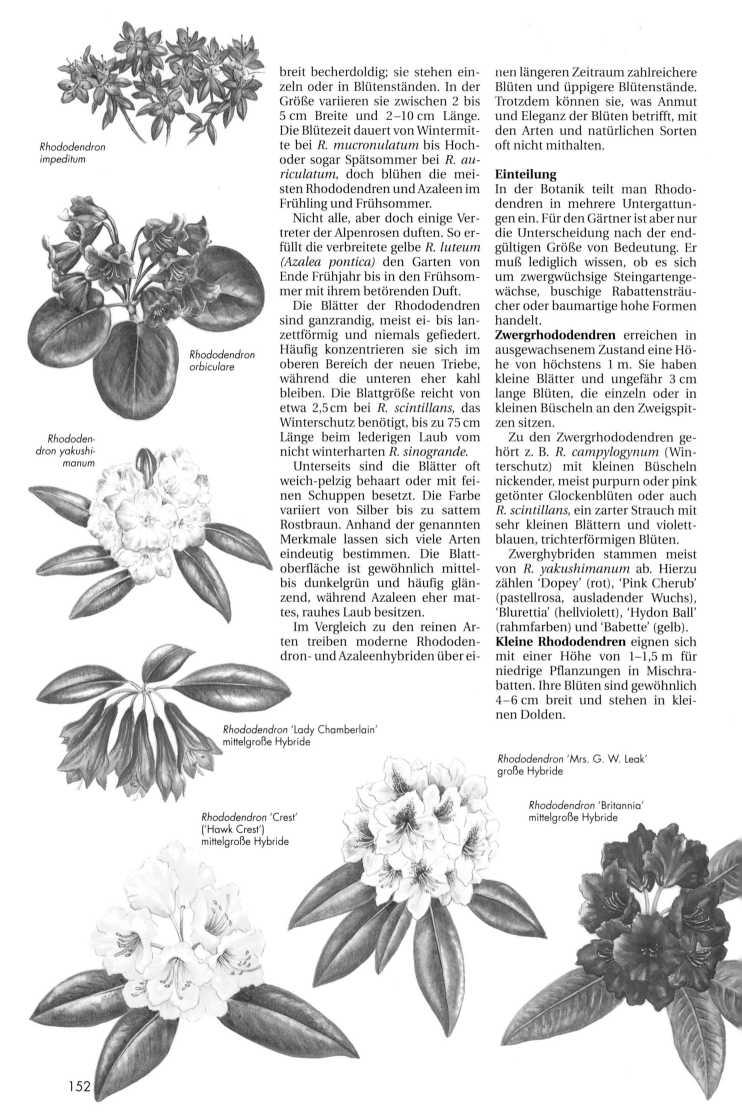

Rhododendron
impeditum

Rhododendron
orbiculare

Rhododen-
dron yakushi-
manum

Rhododendron 'Lady Chamberlain'
mittelgroße Hybride

Rhododendron 'Crest'
('Hawk Crest')
mittelgroße Hybride

Rhododendron 'Mrs. G. W. Leak'
große Hybride

Rhododendron 'Britannia'
mittelgroße Hybride

breit becherdoldig; sie stehen einzeln oder in Blütenständen. In der Größe variieren sie zwischen 2 bis 5 cm Breite und 2–10 cm Länge. Die Blütezeit dauert von Wintermitte bei *R. mucronulatum* bis Hoch- oder sogar Spätsommer bei *R. auriculatum*, doch blühen die meisten Rhododendren und Azaleen im Frühling und Frühsommer.

Nicht alle, aber doch einige Vertreter der Alpenrosen duften. So erfüllt die verbreitete gelbe *R. luteum (Azalea pontica)* den Garten von Ende Frühjahr bis in den Frühsommer mit ihrem betörenden Duft.

Die Blätter der Rhododendren sind ganzrandig, meist ei- bis lanzettförmig und niemals gefiedert. Häufig konzentrieren sie sich im oberen Bereich der neuen Triebe, während die unteren eher kahl bleiben. Die Blattgröße reicht von etwa 2,5 cm bei *R. scintillans*, das Winterschutz benötigt, bis zu 75 cm Länge beim ledrigen Laub vom nicht winterharten *R. sinogrande*.

Unterseits sind die Blätter oft weich-pelzig behaart oder mit feinen Schuppen besetzt. Die Farbe variiert von Silber bis zu sattem Rostbraun. Anhand der genannten Merkmale lassen sich viele Arten eindeutig bestimmen. Die Blattoberfläche ist gewöhnlich mittel- bis dunkelgrün und häufig glänzend, während Azaleen eher mattes, rauhes Laub besitzen.

Im Vergleich zu den reinen Arten treiben moderne Rhododendron- und Azaleenhybriden über einen längeren Zeitraum zahlreichere Blüten und üppigere Blütenstände. Trotzdem können sie, was Anmut und Eleganz der Blüten betrifft, mit den Arten und natürlichen Sorten oft nicht mithalten.

Einteilung
In der Botanik teilt man Rhododendren in mehrere Untergattungen ein. Für den Gärtner ist aber nur die Unterscheidung nach der endgültigen Größe von Bedeutung. Er muß lediglich wissen, ob es sich um zwergwüchsige Steingartengewächse, buschige Rabattensträucher oder baumartige hohe Formen handelt.

Zwergrhododendren erreichen in ausgewachsenem Zustand eine Höhe von höchstens 1 m. Sie haben kleine Blätter und ungefähr 3 cm lange Blüten, die einzeln oder in kleinen Büscheln an den Zweigspitzen sitzen.

Zu den Zwergrhododendren gehört z. B. *R. campylogynum* (Winterschutz) mit kleinen Büscheln nickender, meist purpurn oder pink getönter Glockenblüten oder auch *R. scintillans*, ein zarter Strauch mit sehr kleinen Blättern und violettblauen, trichterförmigen Blüten.

Zwerghybriden stammen meist von *R. yakushimanum* ab. Hierzu zählen 'Dopey' (rot), 'Pink Cherub' (pastellrosa, ausladender Wuchs), 'Blurettia' (hellviolett), 'Hydon Ball' (rahmfarben) und 'Babette' (gelb).

Kleine Rhododendren eignen sich mit einer Höhe von 1–1,5 m für niedrige Pflanzungen in Mischrabatten. Ihre Blüten sind gewöhnlich 4–6 cm breit und stehen in kleinen Dolden.

PFLANZUNG – JE NACH STANDORT

Auf einer ebenen Fläche mit mäßigem Niederschlag und normaler Dränage schließt der Ballen mit der Erdoberfläche ab **(1)**.

An einem Abhang **(2)** wird die Pflanzfläche eingeebnet und vor dem Setzen der Pflanze im unteren Bereich etwas zusätzliche Erde angehäufelt, die das sofortige Abfließen des Wassers verhindert.

An Stellen, die bei übermäßigem Regen zu Staunässe neigen, wird ein Hügel aufgeschüttet, der die Erdoberfläche um etwa 10 cm überragt **(3)**.

Hohe, instabile Pflanzen so lange stützen, bis die Wurzeln genügend Halt gewonnen haben. Falls nötig, die Jungpflanzen mit Maschendraht gegen Beschädigung der Rinde durch Kaninchen und andere Nager schützen.

Die kleinen Arten sind in vielen verschiedenen Farben erhältlich. *R. ciliatum* (nur in sehr milden Gebieten winterhart) ist ein ausladender Strauch mit borstigen Blättern und Dolden pinkfarbener Glockenblüten. *R. haematodes* (Winterschutz) ist an den blutroten, schmalen, glockenförmigen Blüten und den lederigen, unterseits orangebraunen Blättern zu erkennen. *R. racemosum* schmückt sich mit einer Vielzahl rosé bis fast weißer Blüten.

Auch kleine Hybriden sind für Gärten von geringer Größe beliebt. 'Blue Tit' blüht blaßlavendelblau, 'Chink' blaßgelb. Kräftigere und leuchtendere Farben zeigen 'Elizabeth' mit großen, scharlachroten Blüten und die orangerot blühende 'Fabia Tangerine'.

Mittelgroße Rhododendren werden bis zu 3 m hoch und etwa 2,5 m breit. Ihre Blüten sind 4–7,5 cm breit und die Blätter 10–15 cm lang. Sie verleihen einem kleinen waldartigen Arrangement oder einer Mischrabatte Höhe und Fülle.

Attraktiv sind die weißlichrosa blühende Art *R. aberconwayi*, die früh blaßgelb blühende *R. lutescens* (Winterschutz) und *R. orbiculare* mit breiten, pinkfarbenen Blüten und stark abgerundeten Blättern.

Mittelgroße Hybriden variieren in Blütenfarbe und -form. 'Blue Peter' besitzt breite, kobaltblauviolette Blüten, 'Bow Bell' glockenförmige, rosa Blüten und 'Crest' sehr ausladende, blaßgelbe Blüten. Röhrenförmige Blüten trägt die orangepinkfarbene Sorte 'Lady Chamber-

lain', während 'Purple Splendour' durch ein samtiges Purpur auffällt.

Hohe Rhododendren erreichen in der Regel 3–4,5 m Höhe bei einer Breite von bis zu 3,5 m. Sie treiben dicke Büschel 8–10 cm breiter Blüten und 13–18 cm lange Blätter. Sie bieten während der Blüte einen prachtvollen Anblick und ganzjährig eine grüne Kulisse für kleinere Gewächse.

Die weitverbreitete Rhododendronart *R. ponticum* (Winterschutz) eignet sich nur für naturnahe Gärten, da sie sehr groß wird und sich rasch ausbreitet. *R. rubiginosum*, (Winterschutz) ein aufrecht wachsender Strauch, der sich für naturnahe Hecken eignet, zeigt fliederrosé Blüten und blattunterseits rostbraune Schuppen. *R. thomsonii*

Rhododendron 'Blue Peter' mittelgroße Hybride

Rhododendron 'Sappho' sehr hohe Hybride

Rhododendron 'Bow Bells' mittelgroße Hybride

WELKE BLÜTEN

Das gesamte Blütenbüschel abbrechen, ohne die Wachstumsknospen an der Basis zu verletzen. Diese Arbeit ist zwar zeitraubend, unterbindet aber die Bildung von Samen und fördert den Blüten- und Blattknospenwuchs.

(Winterschutz) bildet rote Glockenblüten und *R. wardii* lockere Büschel gelber Blüten.

Es stehen Dutzende hoher Rhododendronhybriden in den Gärtnereien zur Auswahl. Stellvertretend seien hier genannt: 'Mrs. G. W. Leak' mit Dolden pinkfarbener Blüten mit dunklem Auge, 'Gomer Waterer' mit rot überhauchten weißen Blüten und die pfirsichrosa blühende 'Lady Clementine Mitford'.

Wenn Sie viel Platz im Garten haben, können Sie sich auch für einen der Riesenrhododendren entscheiden. Sie sind jedoch nur in sehr milden Regionen winterhart und daher besser fürs Kalthaus geeignet. *R. arboreum* kann nach etwa 20 Jahren über 9 m Höhe erreichen und schmückt sich mit großen Büscheln roter, pinkfarbener oder weißer Blüten. Allein wegen der großen glänzenden, beige-filzigen Blätter lohnt *R. sinogrande* (kaum winterhart) mit einer Höhe von 9–15 m und kanariengelben Blüten. Auch viele der *Exbury*-Hybriden *(Knap-Hill-Hybriden)* erreichen imposante Ausmaße.

Laubabwerfende Azaleen sind sehr blühfreudige und farbenprächtige Sträucher. Ihre zahlreichen in Büscheln stehenden, trompetenförmigen Blüten erscheinen in vielen Schattierungen von Pink, Rot, Gelb und Orange sowie in Weiß.

Die Pflanzen können eine Höhe von bis zu 3,5 m erreichen, doch

werden sie in der Regel nur halb so hoch. Ihre Blüten sind gewöhnlich 4–6 cm breit und duften mitunter. Für beinahe jeden Garten eignet sich *R. vaseyi* mit ansprechendem Wuchs und rosa Blüten, die sich vor dem Blattaustrieb entfalten.

Je nach ihrer Abstammung werden verschiedene Gruppen von laubabwerfenden Rhododendronhybriden unterschieden.
– *Genter*-Hybriden wurden zuerst in Belgien gezüchtet, hauptsächlich aus der Art *R. luteum*. Aus diesem Grund duften viele dieser Pflanzen. Die Blüten sind leuchtend gefärbt, röhrenförmig und 4–6 cm breit. Das Laub verfärbt sich im Herbst in ein gelbliches Rotbraun.
– *Knap-Hill*-Hybriden wurden in Großbritannien aus vielen Arten entwickelt. Die 5–7,5 cm breiten Blüten zeigen sich in hellen Farben und stehen in prachtvollen Dolden. Das anfangs oft bronzefarben getönte Laub färbt sich im Herbst orangerot oder bronzepurpurn.
– *Mollis*-Hybriden sind zwar japanischer Abstammung, wurden aber zuerst in Belgien und Holland gezüchtet. Sie haben trichterförmige, leuchtend gefärbte, nicht duftende Blüten und schmale, behaarte Blätter, die eine intensive Herbstfärbung annehmen.
– *Occidentale*-Hybriden wurden in England und Holland in erster Linie aus *R. occidentale* entwickelt. Ihre pastellfarbenen, duftenden Blüten werden etwa 7,5 cm breit.
– *Rustica*-Hybriden zeichnen sich durch gefüllte Blüten in dichten Büscheln aus. Sie wurden in Belgien aus gefüllten *Genter*- und *Mollis*-Rhododendren entwickelt.

Immergrüne Azaleen wurden zunächst in Japan gezüchtet und sind daher auch unter dem Namen „Japanische Azaleen" bekannt. Das Farbenspektrum ist wesentlich begrenzter als bei anderen Azaleen- oder Rhododendrongruppen, doch hat man die Wahl zwischen zahlreichen Rot-, Mauve- und Pinknuancen sowie Weiß. Zu dieser Gruppe zählen auch die von *R. simsii* abstammenden Rhododendronhybriden für Zimmerkultur, die im Freien nicht gedeihen.

R. kaempferi treibt dekorative lachs- bis ziegelrote Blüten. Häufiger sieht man in den Gärten jedoch die Hybridformen der immergrünen Azaleen.

Kaempferi- und *Vuykianum*-Hybriden sind überaus wuchsfreudig und bieten, übersät mit zahlreichen leuchtendbunten, weit geöffneten

Blüten, hinter denen das Laub verschwindet, einen faszinierenden Anblick.

Kurume-Hybriden, beispielsweise die beliebte rosa blühende 'Kirin', sind im Frühjahr über und über mit Blüten bedeckt. Sie sind von dichtem und meist kuppelförmigem Wuchs.

Standort und Boden

Grundvoraussetzung für eine erfolgreiche Kultivierung von Rhododendren und Azaleen ist ein saurer (pH-Wert von maximal 6) und humusreicher Boden. Ideal ist gut dränierter, sandiger Lehmboden, kalkhaltiges Erdreich wird hingegen nicht vertragen. Ein flacher, sandiger Grund wird mit reichlich humusbildendem Material wie Torf oder Gartenkompost verbessert.

Reine Arten von Rhododendren und immergrünen Azaleen lieben einen halbschattigen Standort, wie er beispielsweise in einer waldähnlichen Pflanzung gegeben ist. In kleineren Gärten gedeihen sie im diffusen Licht unter einem Baum oder zwischen hohen Sträuchern. Allerdings darf es sich bei diesen nicht um Flachwurzler handeln, da sie sonst mit den Rhododendren und Azaleen um Wasser und Nährstoffe konkurrieren würden. Rhododendronhybriden sind robuster als Azaleenhybriden und tolerieren auch offenere Standorte, bevorzugen aber Halbschatten.

Vor allem muß jedoch der Standort gegen starken, heißen Sommerwind und eisige Winterwinde gleichermaßen geschützt sein. Wenn kein natürlicher Schutz vorhanden ist, sollten Sie auf alle Fälle einen Windschutz errichten.

Frühblühende Arten und Hybriden müssen gegen rauhe Frühjahrsfröste geschützt und dürfen nicht in einer Frostsenke gepflanzt werden. Frühe Morgensonne nach einem Frost ist besonders gefähr-

Rhododendron 'Blue Danube' immergrüne Azalee *Vuykianum*-Hybride

Rhododendron 'Vuyk's Rosy-Red' immergrüne Azalee *Vuykianum*-Hybride

lich, da beim schnellen Auftauen die Knospen leicht geschädigt werden können.

Laubabwerfende Azaleen sind etwas anspruchsloser und bevorzugen einen freien Standort. Wenn der Boden stets feucht gehalten wird (gegebenenfalls regelmäßig gießen), tolerieren Formen mit kleinem schuppigem Laub selbst pralle Sonne. Als Faustregel gilt: Je größer und glänzender die Blätter, desto mehr Schatten brauchen Rhododendren und Azaleen.

Pflanzmethoden

Containerpflanzen können zu jeder Jahreszeit gesetzt werden, allerdings bieten Gartencenter die größte Auswahl zwischen Herbst und Frühjahr – der traditionellen und idealen Pflanzzeit von Azaleen und Rhododendren. Da die Wurzeln jedoch kaum gestört werden, können Sie warten, bis die Knospen etwas Farbe annehmen, um sicherzugehen, daß das Etikett stimmt und die Pflanze an den geplanten Standort paßt.

Die Pflanzmethode unterscheidet sich nicht von der anderer Sträucher, wobei die Pflanzstelle natürlich den individuellen Anforderungen entsprechend vorbereitet wird. Bei mittlerer Bodenfeuchtigkeit schließt der Ballen oben mit der Erdoberfläche ab. Vor dem Auffüllen des Pflanzlochs mischt man der Erde einen Langzeitdünger nach Anweisung des Herstellers bei.

An Stellen, die bei starkem Regen für Staunässe anfällig sind, setzt man den Ballen so, daß er ungefähr 10 cm aus dem Boden ragt, und häuft die Erde dergestalt an, daß sie vom Hauptstamm nach außen sanft abfällt.

Wenn der Boden sehr trocken ist, pflanzt man den Rhododendron ca. 10 cm tiefer als den umgebenden Boden und formt eine leichte Mulde, in der sich das Regen- oder Gießwasser dann sammeln kann.

Auf diese Weise ist eine ausreichende Versorgung des Wurzelbereichs mit Feuchtigkeit gewährleistet.

Wenn der Pflanzort an einer abschüssigen Stelle liegt, häuft man um den Wurzelballen im unteren Bereich zusätzliche Erde an, die das Regen- oder Gießwasser hält.

Die Pflanzen werden großzügig mit Torf, Laubspreu, Gartenkompost oder Rindenstreu gemulcht. Frisch gesetzte Rhododendren sollten im Frühjahr und Sommer häufig gegossen werden, damit sie gut anwachsen.

Azaleen und zwerg- oder kleinwüchsige Rhododendren können auch in Pflanzkübeln oder anderen großen Behältern im Freien gezogen werden. Man setzt sie in ein spezielles kalkfreies Substrat, das für Heidekrautgewächse geeignet ist. Normale Pflanzerde sollte nicht verwendet werden, da sie zu alkalisch ist.

Regelmäßige Pflege

Nach dem Pflanzen wird der Wurzelbereich im Abstand von 1 oder 2 Jahren mit weiterem Laub- oder Gartenkompost, Torf oder Rindenstreu gemulcht. Mineraldüngergaben sind nicht erforderlich.

Azaleen und Rhododendren, die in Kübeln gehalten werden, gießt man in Gegenden mit hartem, kalkhaltigem Leitungswasser nur mit Regenwasser, das weicher und mitunter sogar leicht sauer ist. Bei Freilandkultur kann hartes Leitungswasser hin und wieder zur zusätzlichen Bewässerung verwendet werden.

Nach der Blüte werden welke Blütendolden entfernt. Rhododendren und Azaleen benötigen keinen regelmäßigen Schnitt, doch kann man Jungpflanzen mit spärlichem Wuchs durch einen leichten Rückschnitt zu kräftigerem Wachstum anregen. Dazu kürzt man im Frühjahr, noch bevor das Wachstum ein-

Rhododendron vaseyi laubabwerfend

Rhododendron kaempferi immergrün

Rhododendron luteum laubabwerfend

Rhododendron luteum laubabwerfend (Herbstlaub)

Rhododendron 'Klondyke' laubabwerfend *Knap-Hill*-Hybride

Rhododendron 'Narcissiflora' laubabwerfend *Genter*-Hybride

Rhododendron 'Hotspur' laubabwerfend *Knap-Hill*-Hybride

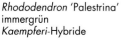

Rhododendron 'Palestrina' immergrün *Kaempferi*-Hybride

Rhododendron 'Homebush' laubabwerfend *Knap-Hill*-Hybride

METHODEN DER VERMEHRUNG

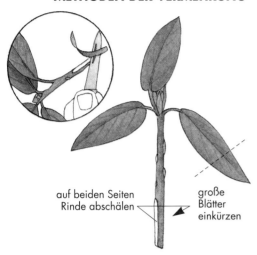

auf beiden Seiten Rinde abschälen

große Blätter einkürzen

1 Für Stecklinge 15 cm lange diesjährige Triebe abschneiden. Wenn die Blätter über 7,5 cm lang sind, werden sie auf die Hälfte eingekürzt. Beidseitig Rindenstreifen abschälen.

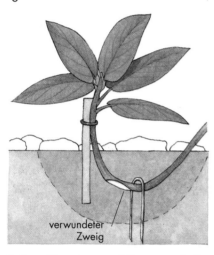

verwundeter Zweig

2 Zum Absenken ca. 25 cm unterhalb der Zweigspitze die Blätter abstreifen. An der Zweigunterseite einen Span abtragen. Die verletzte Stelle flach eingraben, die Zweigspitze stützen.

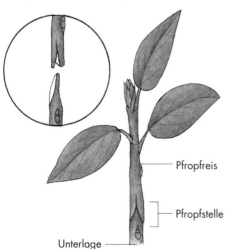

Pfropfreis

Pfropfstelle

Unterlage

3 Rhododendronhybriden, die nur schwer anwurzeln, lassen sich durch Sattelpfropfen auf *R.-ponticum*-Unterlagen vermehren. Die Pfropfstelle mit Kunststoffband umwickeln.

setzt, die Zweige um etwa ein Drittel bis unmittelbar oberhalb einer Knospe. Diese sind mitunter sehr klein und kaum zu erkennen.

Struppig wachsende oder alte, vernachlässigte Exemplare erhalten einen Verjüngungsschnitt. Dafür werden sie im zeitigen Frühjahr mit der Baumsäge bis auf 1 m über dem Boden an beliebiger Stelle eingekürzt. Zwar werden in der ersten Zeit keine Knospen erscheinen, doch sprießen aus den Stümpfen neue Triebe. Die nächste Blüte setzt erst nach 3 Jahren ein.

Vermehrung

Rhododendren können auf zwei Arten vermehrt werden.

Absenken ist die einfachste und zugleich auch die schnellste Methode, um neue blühende Pflanzen zu erhalten. Am geeignetsten sind alte Exemplare, deren Zweige biegsamer sind als die Neutriebe junger Pflanzen.

Mitte Herbst biegt man einen Zweig so herunter, daß er ungefähr 25 cm vor der Spitze den Boden berührt. An dieser Stelle die Blätter abstreifen und unterseits einen Span abheben oder den Zweig knicken, um das obere Gewebe aufzureißen.

Dann gräbt man ein 7,5–10 cm tiefes Loch und füllt es zur Hälfte mit feuchter Anzuchterde oder einem Gemisch aus Torf und grobem Sand zu gleichen Teilen. Den Zweig an der verwundeten Stelle – möglichst in einem Winkel von 90° – biegen, in das Loch stecken und mit einem etwa 25 cm langen verzinkten Drahtbügel im Boden fixieren.

Das Loch wird dann mit kalkfreiem Substrat für Heidekrautgewächse aufgefüllt. Die aus dem Boden ragende Zweigspitze stützt man ab. Der Boden wird ringsum 2,5 cm hoch mit Kompost abgedeckt und schließlich gründlich gegossen.

Nach 2 Jahren sind die Jungpflanzen groß genug, um abgetrennt zu werden und sie an Ort und Stelle zu setzen.

Halbverholzte Stecklinge, die von Sommermitte bis Anfang Herbst abgenommen werden, ergeben eine große Zahl von Jungpflanzen.

Mit der Gartenschere schneidet man 15 cm lange Jahrestriebe dicht an der Basis ab. Im unteren Bereich werden dann alle Blätter abgestreift, und schließlich wird der Trieb direkt unter einem Blattknoten glatt abgetrennt, so daß ein 5–10 cm langer Steckling übrigbleibt.

Am unteren Ende beidseitig einen schmalen, ungefähr 2,5 cm langen Rindenstreifen abschälen. Wenn die Blätter mehr als 7,5 cm lang sind, werden sie bis auf die Hälfte eingekürzt. Die weitere Behandlung der Stecklinge erfolgt wie bei anderen Sträuchern.

▼ *Laubabwerfende Azaleen blühen in Farben wie z. B. Lachs, Apricot und Orange, die bei den immergrünen Formen nur selten vorkommen.*

Zwergkoniferen

Mit ihrem immergrünen Nadelkleid, das in Färbung und Struktur sehr stark variiert, eignen sich die anspruchslosen Zwergkoniferen ebenso für Zierpflanzungen wie für Hecken oder als Bodendecker.

Zwergkoniferen sind als Ziergehölze sehr beliebt und können mit allen Pflanzen kombiniert werden, die die gleichen Standortbedingungen verlangen.

Durch intensive Züchtung erweiterte sich die Auswahl an Gartenkoniferen erheblich. Es gibt Sorten mit grünen, gelben, blauen und grauen Nadeln, die säulenförmig, buschig, hängend, breit ausladend oder kriechend wachsen.

Wildwachsende Koniferen bilden Zapfen aus, während es bei Zwergkoniferen nur selten zur Zapfenbildung kommt – eine Besonderheit, die durch die Farbenpracht und Formschönheit ihres Nadelkleids mehr als ausgeglichen wird.

Zwergkoniferen unterscheiden sich von ihren baumförmigen Verwandten im wesentlichen durch ihre Wuchsform, auch Habitus genannt. Einige Formen zeigen echten Zwergwuchs und werden höchstens 1 m hoch, andere hingegen wachsen sehr langsam und erreichen nach 20 oder mehr Jahren baumähnliche Ausmaße. Koniferen des letztgenannten Typs müssen regelmäßig beschnitten werden, damit sie ihren niedrigen Wuchs beibehalten.

Beachten Sie beim Kauf stets die zu erwartende Wuchshöhe der Koniferen, und lassen Sie sich in Baumschulen, die meist ungefähr 5 Jahre alte Bäume zum Verkauf anbieten, beraten. Bei einem 1 m hohen Exemplar kann man damit rechnen, daß es noch weiter wächst, eine 15 cm hohe Konifere hingegen wird auch als ausgewachsene Pflanze kleinwüchsig bleiben.

Koniferennadeln

Eine typische Koniferennadel ist länglich und schmal, meistens hart und läuft nicht selten spitz zu; es gibt aber auch weiche Nadeln. Einige Koniferengattungen bringen zwei verschiedene Nadeltypen her-

vor. Die Jugendform zeigt eine längliche, schmale Gestalt, die Altersform besteht aus winzigen Schuppen, die keine Ähnlichkeit mit Nadeln erkennen lassen; die Nadeln selbst verändern sich jedoch nicht. Bei manchen Formen bleibt das Nadelkleid auf die Jugendform beschränkt.

Die Mehrzahl von Koniferen ist immergrün. Eine Ausnahme bilden lediglich Lärchen und Sumpfzypressen, die ihre Nadeln abwerfen und von denen es kaum Zwergformen gibt.

Die Färbung der Nadeln variiert in allen Grünnuancen und ändert sich je nach Jahreszeit, wobei die jungen Nadeln, die im Frühjahr oder Frühsommer austreiben, sehr hell gefärbt sind. Einige Zwergkoniferen verfärben sich im Winter bronzebraun oder purpurn.

Pflanzenauswahl

Fast bei jeder der im Garten gezogenen Koniferengattungen finden sich Zwergformen: Tanne *(Abies)*, Zeder *(Cedrus)*, Japanische Zeder *(Cryptomeria)*, Wacholder *(Juniperus)*, Fichte *(Picea)*, Eibe *(Taxus)*, Lebensbaum *(Thuja)*, Scheinzypresse *(Chamaecyparis)* sowie Hemlockstanne *(Tsuga)*.

Selbst von so stattlichen Koniferenarten wie dem Mammutbaum *(Sequoia)* gibt es Zwergformen, die auch in einem kleinen Garten Platz finden. *Sequoia sempervirens* 'Prostrata' entwickelt sich z. B. zu einem niedrigen, aber weit ausladenden Busch mit dichtem Nadelkleid, der allerdings bei uns nur in den mildesten Regionen winterhart ist.

Versandgärtnereien offerieren oft ein reichhaltiges Angebot an Zwerg-

◄ *Eine gemischte Pflanzung aus Zwergkoniferen und Heidekraut überrascht durch ihre Vielfalt an Farben und Strukturen. Aufrechte Scheinzypressen steuern grüngoldene und dunkelgrüne Farbtöne bei, während ein säulenförmiger Wacholder durch sein graublaues Nadelkleid hervorsticht. Den Vordergrund hellt ein apfelgrüner Kriechwacholder auf.*

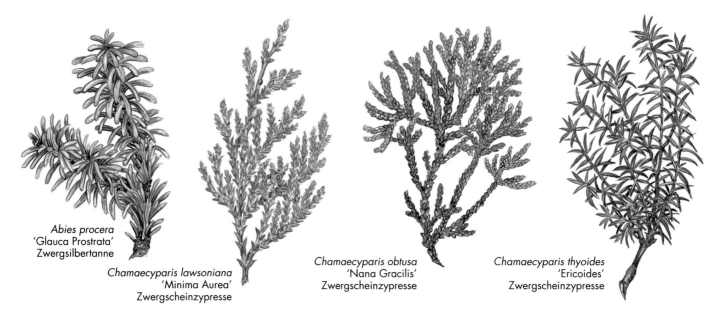

Abies procera
'Glauca Prostrata'
Zwergsilbertanne

Chamaecyparis lawsoniana
'Minima Aurea'
Zwergscheinzypresse

Chamaecyparis obtusa
'Nana Gracilis'
Zwergscheinzypresse

Chamaecyparis thyoides
'Ericoides'
Zwergscheinzypresse

koniferen, und bei einem Besuch im Gartencenter entdecken Sie vielleicht die eine oder andere neue, ungewöhnliche Farbvariante oder interessante Wuchsform.

Zwergkoniferen sind ideal für Steingärten und eignen sich auch zur Bepflanzung von Blumenkästen und Terrassenrändern.

Höherwüchsige Koniferenarten sind in gemischten Zierpflanzungen oder Gehölzgruppen am richtigen Platz, eignen sich aber auch für Hecken oder für Pflanzungen mit freistehenden Bäumen und Sträuchern.

Standort und Boden
Zwergkoniferen gedeihen an sonnigen und teilweise schattigen Standorten. Goldgelbe und silberfarbene Formen entwickeln sich jedoch in voller Sonne am besten.

Dunkelgrüne Formen vertragen Vollschatten, bleiben aber an einem derartigen Standort oft in ihrer Entwicklung zurück. Zwergkoniferen

mit blaßgelben Nadeln bevorzugen lichten Schatten, da bei ihnen die Gefahr besteht, daß sie in der Sonne austrocknen.

Für die meisten Koniferen empfiehlt sich ein offener Platz. Einige windempfindliche Arten jedoch, wie beispielsweise *Chamaecyparis pisifera* 'Plumosa Rogersii', reagieren auf kalten, trockenen Wind mit einer Braunfärbung der Nadeln und sollten daher einen geschützten Standort erhalten.

In der Regel kommen die Koniferen auf mageren Böden besser zurecht als viele andere Bäume, wobei einige Arten Moorboden oder felsigen Untergrund bevorzugen. Im Garten entwickeln sich die Koniferen jedoch in nährstoffreicher Erde besser.

Am erfolgversprechendsten lassen sich Zwergkoniferen auf feuchtem, leicht saurem Boden ziehen. Zedern und einige Wacholder- und Zypressenarten hingegen vertragen Trockenheit.

Pflanzung
In der Regel werden Zwergkoniferen in Töpfen oder in Folie eingeschlagen zum Verkauf angeboten. Dadurch wird gewährleistet, daß man sie jederzeit in den Garten pflanzen kann, ohne den Wurzelballen zu verletzen. Vermeiden Sie es aber nach Möglichkeit, Zwergkoniferen während der Sommermonate zu pflanzen, da dann die Gefahr besteht, daß der Wurzelballen austrocknet, bevor er im Boden richtig Fuß gefaßt hat.

Graben Sie die Erde an der Pflanzstelle um, und entfernen Sie sämtliche Wildkräuter. Wenn Sie die Zwergkoniferen in eine Grünfläche setzen wollen, stechen Sie ein kreisförmiges Stück Rasen mit einem Durchmesser von ungefähr 60 cm aus. Wird das Gras rings um die Bäumchen nicht entfernt, nimmt es deren Wurzeln Wasser und Nährstoffe weg. Als Folge davon besteht die Gefahr, daß die unteren Äste austrocknen und absterben.

Juniperus squamata
'Blue Star'
Schuppenwacholder

Picea abies
'Nidiformis'
Zwergfichte

Pinus mugo 'Mops'
Zwergbergkiefer

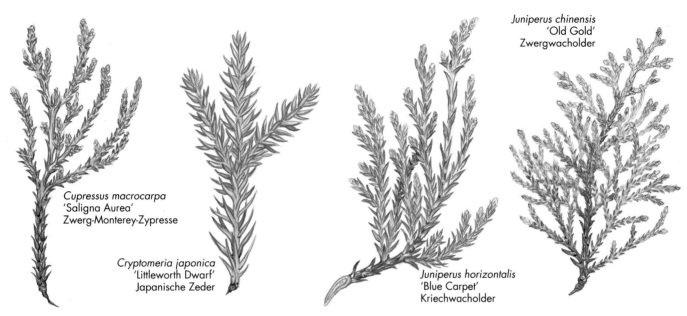

Cupressus macrocarpa
'Saligna Aurea'
Zwerg-Monterey-Zypresse

Cryptomeria japonica
'Littleworth Dwarf'
Japanische Zeder

Juniperus chinensis
'Old Gold'
Zwergwacholder

Juniperus horizontalis
'Blue Carpet'
Kriechwacholder

Falls der Boden einigermaßen nährstoffhaltig ist, kann man auf eine weitere Vorbereitung verzichten. Ein ausgelaugter Boden wird mit gut verrottetem Gartenkompost oder biologischem Volldünger aufgebessert.

Damit der Wurzelballen ausreichend Platz findet, sollte das Pflanzloch etwas breiter sein. Nehmen Sie die Konifere aus ihrem Behälter, und stellen Sie sie in die Pflanzgrube. Die Oberseite des Wurzelballens sollte dabei mit der Bodenoberfläche abschließen.

Entwirren Sie vorsichtig alle kräftigeren Wurzeln an der Außenseite des Ballens. Der Wurzelballen selbst darf nicht auseinandergerissen werden. Koniferen, die eingepflanzt werden, ohne daß ihr dichtgepackter Wurzelballen oberflächlich gelockert wird, sind schutzlos Wind und Sturm ausgesetzt und sterben ab oder verkümmern, bevor sie im Boden festen Halt gefunden haben.

Wenn die Konifere im Pflanzloch steht, füllt man um den Wurzelballen frische Erde ein und gießt mit reichlich Wasser. Exemplare mit säulenförmigem Wuchs erhalten bei Bedarf eine Stütze – beispielsweise einen Bambusstab oder einen Holzpfahl –, die man neben dem Wurzelballen in den Boden treibt, bevor das Pflanzloch mit Erde aufgefüllt wird. Schlagen Sie die Stütze niemals in den Wurzelballen hinein.

An exponierten Standorten werden die frischgepflanzten Koniferen vorsichtshalber vor kalten, austrocknenden Winden geschützt, die eine Braunfärbung der Nadeln verursachen können. Als Abschirmung genügt ein Jutesack, den man an zwei Latten nagelt.

Pflegemaßnahmen
Zwergkoniferen benötigen im allgemeinen keine regelmäßige Düngung und müssen nicht jährlich zurückgeschnitten werden.

Die Stützen, mit denen frischgepflanzte Bäumchen bei Bedarf versehen werden, entfernt man, sobald sich der Wurzelballen fest verankert hat. Der Kampf mit dem Wind, den die Pflanzen gelegentlich zu bestehen gezwungen sind, kräftigt die Wurzeln.

Hin und wieder wird es erforderlich sein, eine Zwergkonifere in Form zu stutzen. Diese Pflegemaßnahme sollte nur außerhalb der Wachstumszeit vorgenommen werden. Bei kriechenden Arten entfernt man beispielsweise Zweige, die senkrecht in die Höhe wachsen und das Erscheinungsbild der Pflanze stören. Der Pflegeschnitt erweist sich insbesondere bei älteren Wacholderbüschen als notwendig.

Arbeiten Sie immer mit einer scharfen Schere, und entfernen Sie die nicht erwünschten Triebe möglichst weit unten, damit die Schnittstellen nicht auffallen. Die beschnittenen Äste schlagen bei Koni-

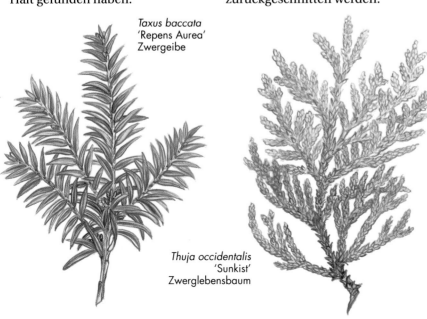

Taxus baccata
'Repens Aurea'
Zwergeibe

Thuja occidentalis
'Sunkist'
Zwerglebensbaum

Tsuga canadensis
'Jeddeloh'
Zwerghemlocktanne

SCHUTZVORRICHTUNGEN

1 In windreichen Gegenden empfiehlt es sich, frischgepflanzte, aufrecht wachsende Koniferen mit einer Stütze zu versehen und daran festzubinden. Zur Befestigung entweder spezielle Baumbinder oder aber eine locker gebundene Schnur verwenden.

2 Anstatt die Koniferen anzubinden, besteht auch die Möglichkeit, sie zeitweise vor Wind zu schützen. Säcke, die an Holzleisten auf der Windseite festgenagelt werden, eignen sich als Windschirme. Leichte Luftbewegung bekommt den Zwergkoniferen gut.

3 Um aufrecht wachsende Koniferen vor Schneebruch zu bewahren, die Äste im Spätherbst mit einer Schnur um den Stamm zusammenbinden. Achten Sie besonders darauf, daß alle stärkeren Äste eingeschlagen werden, damit der Schnee sie nicht zu Boden drückt.

---

feren nicht von neuem aus. Koniferen, die aufrecht wachsen, bilden manchmal mehrere Hauptstämme, von denen man nur einen einzigen stehenläßt.

Wenn die Spitze des Haupttriebs gekappt wird, um das Höhenwachstum zu stoppen, entwickeln sich die Seitenzweige häufig um so üppiger. Ein Bäumchen, das sich nach oben hin verjüngt, nimmt in diesem Fall eine rundliche Gestalt an.

Tragen Sie zum Schutz Ihrer Hände stets Arbeitshandschuhe, und ziehen Sie zudem alte Kleidungsstücke an, denn das Harz, das aus den Wunden austritt, hinterläßt bei fast allen Koniferen hartnäckige Flecken oder kann wie z. B. beim Lebensbaum giftig sein!

In schneereichen Gegenden bindet man die Zweige aufrecht wachsender Koniferen im Spätherbst zusammen. Auf diese Weise wird ver-

hindert, daß sie von der Schneelast nach unten gedrückt werden – umgebogene Äste richten sich selten wieder auf.

Vermehrung

Zwergkoniferen lassen sich nur schwer vermehren, weshalb man die gewünschten Pflanzen am besten in einer Baumschule kauft.

Die Zuchtformen werden meist durch Veredelung oder aus sogenannten „Hexenbesen" gewonnen, wozu viel Zeit und Geschick erforderlich sind.

Wenn Sie es auf einen Versuch ankommen lassen wollen, probieren Sie eine Vermehrung durch Kopfstecklinge aus. Sie gewährleistet, daß die Färbung des Nadelkleides gleich bleibt. Die Zwergwüchsigkeit muß hingegen durch Aufpfropfen auf einen speziellen Wurzelstock neu erworben werden.

Die Stecklinge pflanzt man im Spätsommer oder Frühherbst in ein Torf-Sand-Gemisch und bringt sie in einem unbeheizten Treibbeet unter. Die Zeitspanne, die bis zur Bewurzelung vergeht, variiert von Art zu Art; manche Zwergkoniferen wurzeln bereits im folgenden Frühjahr, andere erst nach 2 Jahren.

◄ *Kriechwacholder ist ein ausgezeichneter Bodendecker, der sich besonders gut zur Bepflanzung sonniger Böschungen eignet. Er gedeiht auf jedem Boden, toleriert Trockenheit und erfordert fast keine Pflege. Zur Auswahl stehen Sorten mit graugrünen, blaugrünen und gelblichen Nadeln, die aromatisch duften und sich borstig oder weich anfühlen können.*

Die beliebtesten Rosensorten

Um Rosen erfolgreich zu kultivieren, ist es notwendig, die wichtigsten Rosentypen unterscheiden zu können, da sie unter Umständen sehr unterschiedliche Pflegemaßnahmen erfordern.

Rosen bilden die umfangreiche Gattung *Rosa* und gehören zu der nach ihnen benannten Familie der Rosengewächse *(Rosaceae)*. So unterschiedliche Pflanzen wie Apfel, Kirsche, Weißdorn, Kerrie, Kirschlorbeer und Himbeere stammen aus derselben Familie und sind daher eng mit ihnen verwandt.

Man kennt etwa 250 verschiedene Rosenarten, aber in unseren Gärten sieht·man meist nur noch ihre nahezu unzähligen Zuchtformen und Hybriden. Obwohl die modernen Teehybriden wegen ihrer perfekten Blütenform am meisten geschätzt werden, gibt es doch eine erstaunliche Formenvielfalt. Dies gilt besonders für die alten Sorten, die man noch oft in Bauerngärten sieht.

Alte Rosensorten

Alte Rosensorten treiben gefüllte oder einfache Blüten, die meist in Büscheln erscheinen.

Alba-Rosen tragen weiße oder rosa gefärbte, süß duftende Sommerblüten an relativ stachellosen Stielen. Das Laub ist graugrün gefärbt. Die Pflanzen bilden große, aufrechte Sträucher, die eine Höhe von bis zu 1,8 m erreichen.

Bourbonrosen bilden große kugelförmige, dicht gefüllte Blüten in den verschiedensten Rosatönen. Die großen Sträucher blühen mehrmals und verströmen einen herrlichen Duft.

***Centifolia*-Rosen** werden 1,2–1,8 m hoch. Die Sträucher mit ihren locker hängenden Zweigen treiben rosafarbene, kugelige Blüten.

Chinarosen sind mit 1–1,2 m Höhe etwas kleiner und zeigen eine lockere Wuchsform. Ihre Blüten erscheinen im Sommer und Herbst neben zierlichen Blättern.

Damaszenerrosen besitzen eine offene, lockere Wuchsform. Sie werden 1,5–1,8 m hoch. Die im Sommer erscheinenden Blüten sind nur kurzlebig und verströmen einen aromatischen Duft. Nach der Blütezeit́ bilden sich im Spätsommer lange schmale, stark behaarte Hagebutten. Bei einigen Damaszenersorten stehen die Petalen in Vierergruppen gebündelt.

Portlandrosen ähneln Damaszenerrosen, sind jedoch kompakter.

***Gallica*-Rosen** sind Ausläufer bildende Sträucher mit rauhen Blättern. Sie treiben stark duftende, rosa, rot oder purpur gefärbte Einzelblüten.

***Perpetua*-Rosen** entstanden durch Kreuzungen aus Bourbon-, Portland- und Chinarosen und vereinen deren Merkmale. Sie sind relativ winterhart, müssen aber vor zu kaltem Wind geschützt werden. Ihre Wuchsform ist variabel, sie werden jedoch meist als niedrige Beetrosen kultiviert. Von Frühsommer bis Mitte Herbst erscheinen die rundlichen, gefüllten Blüten.

Moosrosen kann man ganz einfach an den borstenähnlichen Auswüchsen an Stielen und Knospen erkennen. Alle anderen Merkmale sind sehr variabel. Die Blüten duften meist stark.

Wildrosen (reine Arten) sind ebenfalls sehr variabel in ihrer Wuchsform und tragen einfache oder gefüllte Blüten in allen Farben. Sie blühen nur einmal – je nach Art im Spätfrühjahr, Frühsommer oder Hochsommer –, bilden danach jedoch wunderschön gefärbte Hagebutten.

Teerosen sind nicht winterhart und gedeihen nur bei sehr heißem Sommerklima im Freiland. Ihre eleganten, wohlgeformten Blüten duften nach frisch gepflücktem Tee. Einige Sorten – vor allem 'Lady Hillingdon' – sind etwas winter-

◄ *Bodendeckerrosen wie diese aus einer deutschen Zuchtreihe stammende Sorte 'Pheasant' eignen sich wegen ihrer langen, kriechenden Triebe gut für Flächenpflanzungen. Zweimal jährlich, im Frühsommer und im Herbst, bilden diese Rosen üppige Blütenstände aus rosarot gefärbten, gefüllten Blüten.*

Rosa 'Silver Jubilee'
Teehybride

Rosa 'Constance Spry'
moderne Strauchrose

Rosa 'Nevada'
moderne Strauchrose

Rosa
'Glenfiddich'
Floribundarose

Rosa
'Fairy Changeling'
Polyantharose

härter und blühen den ganzen Sommer lang an bis zu 90 cm hohen Stielen.

Strauch- oder Edelrosen
Die moderne Züchtung hat die Vielfalt an Rosensorten enorm gesteigert. Dabei wurden die guten Eigenschaften der alten Sorten verbessert sowie unerwünschte Merkmale – wie z. B. staksiger Wuchs und kurze Blütedauer – verdrängt.

Moschushybriden sind nur noch weitläufig verwandt mit der ursprünglichen Moschusrose *(R. moschata).* Sie sind hochwüchsig und stark duftend und bilden einfache oder gefüllte Blüten in reichen Blütenständen.

***Rugosa*-Hybriden** wurden hauptsächlich aus der Apfelrose *(Rosa rugosa)* gezüchtet. Sie bilden dichte, stachelige Büsche in 1,5–2,4 m Höhe und krause Blätter. Die zarten einfachen oder gefüllten Blüten erscheinen den ganzen Sommer und Herbst hindurch.

Rugosa-Hybriden werden darüber hinaus wegen ihrer großen, runden Hagebutten geschätzt. Die

aus den ersten Frühjahrsblüten hervorgehenden Früchte erscheinen gleichzeitig mit den späteren Blüten. Alle Sorten sind sehr winterhart.

Weitere moderne Strauchrosen bilden mittelhohe bis hohe Sträucher mit dichten Blütenständen.

Moderne Beetrosen
Die Beetrosen bilden eine relativ moderne Gruppe, die vor allem die noch immer unter den Namen Teehybriden, Floribunda-, Grandiflora- und Polyantharosen bekannten Sorten umfaßt.

Beetrosen haben eine kompakte Wuchsform und blühen von Sommer bis Frühherbst.

Floribundarosen sind Beetrosen mit dichten Blütenständen. Es handelt sich um buschige, reich verzweigte Pflanzen mit gefüllten Blüten, die in großen Blütenständen während der ganzen Wachstumszeit gebildet werden.

Die reifen Blüten enthüllen ihre goldgelben Staubgefäße, sind also nicht so geschlossen wie Teehybriden.

Rosa
'Baby Sunrise'
Miniaturrose

Rosa rugosa 'Alba'
Rugosa-Rose

Rosa 'Charles de Mills'
Gallica-Rose

Rosa xanthina 'Canary Bird'
Wildrose

Rosa 'Ferdinand Pichard'
Bourbonrose

Rosa 'Save The Children'
Floribundarose

WUCHSFORMEN BEI ROSEN

Die herkömmliche Klassifizierung von Gartenrosen anhand von Blüten-form und Herkunft ist nicht sehr hilf-reich, wenn es darum geht, die ge-eignete Rose für einen bestimmten Standort, als Partner für andere Gar-tenpflanzen oder als Gestaltungsele-ment zu finden. Wichtiger sind Merkmale wie Größe und Wuchs-form. Es gibt kleinwüchsige Rosen für Kübel und Terrassenbeete, mittel-hohe Strauch- und Beetrosen für Mischbeete und Kletterrosen, die selbst an senkrechten Flächen emporsteigen.

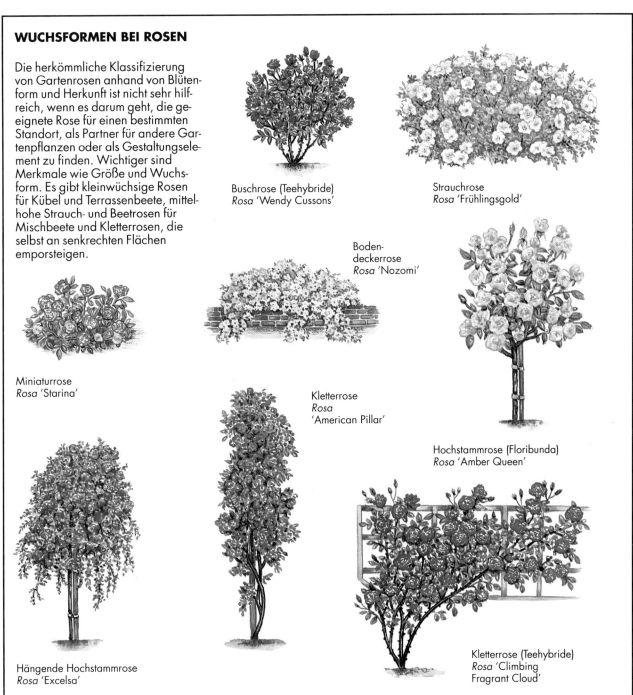

Buschrose (Teehybride)
Rosa 'Wendy Cussons'

Strauchrose
Rosa 'Frühlingsgold'

Boden-
deckerrose
Rosa 'Nozomi'

Miniaturrose
Rosa 'Starina'

Kletterrose
Rosa
'American Pillar'

Hochstammrose (Floribunda)
Rosa 'Amber Queen'

Hängende Hochstammrose
Rosa 'Excelsa'

Kletterrose (Teehybride)
Rosa 'Climbing
Fragrant Cloud'

Floribundarosen werden meist etwa 90 cm hoch, doch erreichen einige Sorten – die dann oft als Grandiflorarosen bezeichnet werden – Höhen bis 2,1 m. Diese vereinen viele Merkmale von Floribunda- und Teehybriden.

Floribunda- und Grandiflorasorten werden häufig als Hochstammrosen kultiviert, also auf eine hohe, unverzweigte Unterlage okuliert.

Die wohl bekannteste Grandiflorasorte ist 'Queen Elizabeth' mit ihren rosafarbenen Blüten und dem robusten Stamm. Oft wird diese Sorte jedoch auch als Strauchrose geführt.

Teehybriden – oder großblumige Beetrosen – werden vor allem wegen der eleganten, hoch geschlossenen, gefüllten Blüten geschätzt, die jeweils einzeln an langen Stielen gebildet werden. Die wohlriechenden, robusten Sorten eignen sich am besten als Schnittrosen.

Teehybriden werden 75 cm bis 1,5 m hoch, bilden aufrechte Stiele und können sowohl als Beet- wie auch als Hochstammrosen kultiviert werden.

Polyantharosen sind mit einer Höhe von 30–90 cm deutlich kleiner. Sie bilden üppige, große Blütenstände aus kleinen Blüten, die hauptsächlich in zwei Blühperioden – etwa Früh- bis Hochsommer und Frühherbst – erscheinen.

Miniaturrosen sind mit einer Höhe von 15–38 cm noch kleiner. Ihre winzigen, gefüllten Blüten in Blütenständen, die denen von Floribundarosen ähneln, erscheinen im Frühsommer und noch einmal im Frühherbst. Auch sie sieht man zuweilen als Hochstammrosen.

Patiorosen sind etwas größer und robuster als Miniaturrosen. Wegen ihres ausladenden Wuchses sind sie ideal für Terrassenbeete oder Kübel. Die Sorten bilden oft bezaubernde pompon- oder rosettenförmige Blüten.

Kletterrosen

Die neuere Klassifizierung unterscheidet zwischen einmal und mehrfach blühenden Sorten:

Mehrfach blühende Kletterrosen bilden lange, mit Hilfe von gekrümmten Stacheln kletternde Triebe. Sie bilden ein ausdauerndes, dichtes Gerüst aus dicken Stämmen und blühenden Seitenzweigen. Ältere Pflanzen sind im bodennahen Bereich kahl.

Mehrfach blühende Sorten tragen große, gefüllte oder einfache Blüten, die einzeln oder gruppen-

MODERNE ENGLISCHE ROSEN

Der Rosenzüchter und Gärtner David Austin hat eine ganze Reihe von hervorragenden neuen Rosensorten entwickelt, die die schönen Wuchs- und Blütenformen, Düfte und subtilen Farbschattierungen der alten *Gallica-*, Damaszener- und *Centifolia*-Sorten mit der größeren Farbauswahl, Krankheitsresistenz und Regenverträglichkeit moderner Teehybri-den und Floribundasorten vereint. Vor allem wurde mit diesen Neuzüchtungen die ursprüngliche kurze Blütezeit ganz erheblich verlängert – die neuen Sorten bilden den ganzen Sommer hindurch immer wieder neue Blüten aus. In diesem Beet wurde die süß duftende Sorte 'Graham Thomas' mit Salbei und Lavendel kombiniert.

weise von Frühsommer bis Herbst erscheinen. Die Pflanzen werden 1,8–9 m hoch und breit und sollten mit Drahtgerüsten gestützt werden. Bei weniger kräftigen Sorten benutzt man stabile Stäbe zur Abstützung.

Einmal blühende Kletterrosen bilden kein ausdauerndes Gerüst aus Stämmen und Seitenzweigen. Statt dessen wachsen hier jedes Jahr neue Triebe vom Boden aus hoch, ersetzen die alten Triebe des Vorjahrs und kommen dann erst im darauffolgenden Jahr zur Blüte.

Diese Sorten müssen demnach jedes Jahr aufs neue sorgfältig zurückgeschnitten werden. Im allgemeinen haben sie nur eine lange Blütezeit im Hochsommer, mit einfachen oder gefüllten Blüten in mehr oder weniger dichten Blütenständen. Die Pflanzen werden 2,7–7,5 m hoch und breit.

Bodendeckerrosen

Bodendeckerrosen bilden keine echte Klasse, doch viele Pflanzenzüchter bieten bestimmte Sorten unter dieser Bezeichnung an.

Es handelt sich hierbei meist um dünnstielige Kletterrosen oder kletternde Miniaturrosen, die in der Regel als Kriechpflanze kultiviert werden. Bekannte und beliebte Sorten sind 'Grouse' mit blaßrosa gefärbten und 'Partridge' mit weißen Einzelblüten.

Vermehrung von Rosen

**Wenn Sie sich einige wertvolle Grundkenntnisse aneignen,
können auch Sie bei der Vermehrung von Rosen
Ergebnisse erzielen, die sich sehen lassen können.**

Rosen können durch Aussaat, mit Stecklingen oder mit einer speziellen Veredlungsmethode, der Okulation, vermehrt werden. Für Freizeitgärtner, die sehr experimentierfreudig sind, bieten sich alle drei Vermehrungsmethoden an.

Samenvermehrung
Im Fachhandel sind Rosensamen nur sehr selten erhältlich, so daß man meist gezwungen ist, sie selbst zu sammeln. Eine Ausnahme stellt die Zwergpolyantha *Rosa multiflora* 'Nana' dar. Die Aussaat erfolgt im Frühjahr unter Glas; und bereits nach 1 Jahr bilden sich an 15 cm hohen Pflanzen Blüten aus.

Keimfähige Samen erhält man nur von Wildarten, und dies meist auch nur dann, wenn man sie von Hand bestäubt – jede Blüte muß mit dem Pollen einer anderen Blüte der gleichen Art eingestäubt und zudem vom Pollen anderer Rosen abgeschirmt werden. Allerdings kann man auch mit Fremdpollen erfolgreich sein, vielleicht sogar eine neue Hybride züchten.

Rosenarten, die auf ihren eigenen Wurzeln gewachsen sind, bringen gewöhnlich auch kräftige Keimlinge hervor, die im allgemeinen ungefähr 2 oder 3 Jahre bis zur ersten Blüte brauchen.

Die winzigkleinen, trockenen Samenkörner entnimmt man den reifen Hagebuttenfrüchten. Sie werden im Herbst zunächst dünn in Töpfe oder Anzuchtkästen eingesät und dann in ein Frühbeet gesetzt, da die Samen eine Kälteperiode benötigen, um auskeimen zu können. Wenn die Keimlinge zwei oder drei Blätter gebildet haben, werden sie in Vermehrungsbeete ins Freiland und nach etwa 2 Jahren an den endgültigen Standort gesetzt.

Stecklingsvermehrung
Die meisten Rosen können aus Stecklingen vermehrt werden. Auch bei dieser Art der Vermehrung eignen sich wieder die Wildarten und ihre Hybriden, meist alte Strauch- und Kletterrosen mit einer im Vergleich zu Edelrosen kurzen Blütezeit im Jahr, am besten. Einige geeignete Beispiele sind die Sorten 'American Pillar', 'Dorothy Perkins', 'Chaplin's Pink Climber' und 'Goldfinch'. Auch Züchtungen aus *R. chinensis* und *R. rugosa* lohnen einen Versuch, und Zwergformen lassen sich aus Stecklingen sogar am besten vermehren.

Bei Edelrosen eignen sich nur die kräftigsten zur Stecklingsvermehrung, da diese Sorten meist keine robusten Sprosse und Wurzeln bilden, sondern auf kräftige Unterlagen okuliert werden.

Stecklinge von Tee- und Floribundarosen können nur von gut verholzten, ungefähr bleistiftdicken Stengeln geschnitten werden. Die Erfolgschancen sind deutlich höher, wenn man von der gewünschten Sorte gleich ein Dutzend Stecklinge schneidet.

Von nicht blühenden Seitentrieben werden im Spätsommer oder Frühherbst 23 cm lange Stecklinge geschnitten. Bis auf zwei oder drei Blätter alles Laub sowie die Seitenknospen entfernen.

An einem halbschattigen, geschützten Standort wird eine V-förmige, 15–20 cm tiefe Pflanzrille gegraben und 2,5 cm tief mit feinem Sand aufgefüllt. Die Schnittflächen der Stecklinge sorgfältig mit Bewurzelungspuder bestäuben und in ungefähr 15 cm Abstand in den Sand stecken. Dann die Stecklinge gut andrücken und vorsichtig an-

◀ *Die prächtigen Blütenkronen der Hochstammrosen sind ein eleganter Blickfang für jeden Garten. Hier wurde die 'Excelsa' auf eine Rugosa-Sorte veredelt.*

STECKLINGSVERMEHRUNG BEI ROSEN

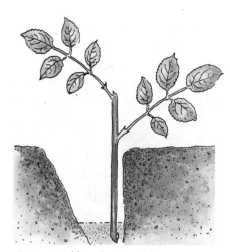

1 Im Spätsommer oder Frühherbst bleistiftdicke, reife Triebe – an denen die Stacheln leicht abgebrochen werden können – mit einer Schere oder einem Messer knapp unterhalb eines Blattes abschneiden.

2 Jeden Steckling auf 23–30 cm Länge kappen. Die unteren Blätter und Stacheln vorsichtig entfernen, dabei das unterste Auge unbeschädigt lassen. Mit dem Daumen die anderen Augen in den Blattachseln entfernen.

3 Die Stecklingsbasis mit Bewurzelungspuder bestäuben und in 15 cm Abstand in eine mit feinem Sand gefüllte Pflanzrille einsetzen. Dann die Rille mit Erde auffüllen und die Stecklinge vorsichtig andrücken.

---

gießen. Im darauffolgenden Herbst sollten die Stecklinge Wurzeln gebildet haben. Sie können dann an den endgültigen Standort gepflanzt werden.

Bei Zwergrosen werden zwischen Hochsommer und Herbst 5–10 cm lange Achselstecklinge geschnitten. Diese in ein mit Sand und Torf zu gleichen Teilen präpariertes Frühbeet setzen. Nach der Bewurzelung werden die Stecklinge in 7,5-cm-Töpfe pikiert. Im Frühjahr in ein Vermehrungsbeet ins Freiland und im Herbst schließlich an den endgültigen Standort pflanzen.

Okulation

Die geeignete Vermehrungsmethode für Teehybriden ist das Okulieren von ruhenden Seitenknospen – sogenannten Edelaugen – auf die Un-

terlage einer robusteren Art. In fetten Böden eignet sich die Hundsrose *R. canina* dafür am besten. Vor dem Einpflanzen werden die Seitentriebe entfernt, die wiederum gute Stecklinge ergeben. In leichten, sandigen Böden ist eine Zuchtform aus *R. multiflora* – die stachellose 'Polyantha Simplex' – oder *R. laxa* vorzuziehen. Für Hochstammrosen eignet sich auf kalkfreien Böden *R. rugosa* 'Hollandica'.

Die als Unterlage vorgesehenen Stöcke werden am Ende der Blütezeit im Spätherbst in Reihen mit 30 cm Abstand eingesetzt. Etwa im Hochsommer des Folgejahres sind sie fertig für die Okulation.

Aus dem „Edelreiser" genannten Sproßstück werden zur Vorbereitung die Augen geschnitten, die auf das Gewebe der Unterlage okuliert

werden. Geeignet sind kräftige, gesunde, ungefähr 30 cm lange Triebe mit reifem Holz, deren Blüten gerade verwelkt sind. Die Pflanzen sind einfacher zu handhaben, wenn man die Dornen entfernt. Den Trieb gerade oberhalb einer alten Blüte oder Knospe schneiden und das Edelreis dann in einen gut mit Wasser gefüllten Behälter stellen.

Die Unterlage zur Vorbereitung der Okulation mit dem Fuß seitlich zum Boden herunterdrücken. Vorsichtig auf der anderen Seite ein Loch ausheben, so daß die obersten Wurzeln freigelegt werden. Den unteren Teil des Stengels sorgfältig säubern.

Mit einem scharfen Okuliermesser wird die Rinde dicht über den Wurzeln etwa 2,5 cm lang T-förmig angeritzt – dabei keinesfalls das

---

DAS EINPFLANZEN VON UNTERLAGEN

1 Im Spätherbst eine Reihe mit Schnur markieren und die Unterlagen im Abstand von 30 cm zurechtlegen. Diese Unterlagen können aus Keimlingen gezogen oder beim Rosenzüchter erworben werden.

2 Einen Spaten im rechten Winkel zur Schnur einstechen und kräftig hin- und herbewegen, damit ein V-förmiges Loch entsteht. Dieses sollte so groß sein, daß die einzelnen Wurzeln nicht gebogen werden müssen.

3 Die Pflanzen einsetzen und das Pflanzloch locker mit Erde auffüllen, so daß der Wurzelhals bedeckt ist. Erde leicht andrücken. Im folgenden Sommer sind die Unterlagen voll belaubt und bereit für die Okulation.

OKULATION: VORBEREITUNG VON EDELREISERN UND UNTERLAGEN

1 Für die Präparierung der Edelreiser im Hochsommer kräftige, etwa 30 cm lange Sproßabschnitte mit ausgereiften Augen und verwelkten Blüten abschneiden. Noch blühende Triebe sind für die Okulation ungeeignet.

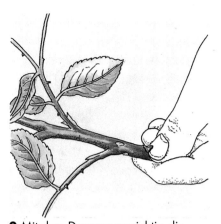

2 Mit dem Daumen vorsichtig die Stacheln entfernen, damit der Stengel besser zu handhaben ist – bei geeigneten Trieben brechen sie sauber ab, ohne daß das umliegende Gewebe beschädigt wird oder einreißt.

3 Die Blätter bis auf einen 12 cm langen Blattstielrest abschneiden, ebenso verwelkte Blüten. Während der Vorbereitung der ca. 6 Monate alten Unterlagen werden die Edelreiser stets in einen Wasserbehälter gelegt.

4 Nun den Stengel der Unterlage vorsichtig mit dem Fuß zur Seite drücken; die Triebspitze später abschneiden (siehe Schritt 6, Seite 168). Mit einer Schaufel behutsam die Erde um die Wurzeln herum entfernen.

5 Wenn die oberen Wurzeln freigelegt sind, den Sproß unten säubern – Hygiene ist wichtig, da das Okulieren einen Eingriff in das pflanzliche Gewebe darstellt, bei dem Krankheitskeime in die Wunde eindringen können.

6 Mit einem scharfen Taschen- oder Okuliermesser die Rinde T-förmig einschneiden. Dabei das darunterliegende Holz nicht beschädigen. Die Rindenkanten vorsichtig nach außen klappen.

---

darunterliegende Holzgewebe beschädigen. Zunächst den waagerechten Schnitt, etwa 12 mm lang, dann erst den senkrechten von unten nach oben durchführen. Mit der stumpfen Seite des Messers vorsichtig den Schnitt öffnen und die Rinde nach außen falten.

Wenn die Unterlage vorbereitet ist, können Sie zum Verbinden von Auge und Unterlage schreiten. Dazu wird aus dem Edelreiser ein Auge herausgeschält. Der Schnitt wird 12 mm oberhalb des Auges angesetzt, dann wird die Klinge heruntergezogen und der Schnitt 12 mm unterhalb des Auges beendet. Dieses sogenannte Augenschildchen sollte nur die Rinde, jedoch nicht das dahinterliegende Holz enthalten. Dafür wird die Rinde am unteren Ende von den Holzresten abgeschält und der hervorstehende

Holzsplitter mit Finger und Daumen abgezogen.

Das Auge sollte dann als winzige Erhebung an der Innenseite des Schildchens sichtbar sein. Dieses wird dann, indem man es am verbliebenen Blattstiel hält, in den T-Schnitt eingesetzt. Das oben herausstehende Ende wird schließlich abgeschnitten und die umgeklappten Rindenzipfel darübergelegt.

Das Ganze fest, aber nicht zu stramm, mit Raffiabast umwickeln – zwei Stränge unter- und drei oberhalb des Blattstielrests – und auf der gegenüberliegenden Seite festknoten.

Anschließend die Umgebung bis knapp unterhalb der Okulierstelle mit Substrat anhäufeln.

Der häufigste Grund für einen Fehlschlag bei der Vermehrung ist zu langsames, nicht keimfreies Ar-

beiten. Am besten ist es, wenn man die Technik an weniger wertvollen Pflanzen übt, bevor man sich an kostbarere Sorten wagt. Ein kleiner, kräftig grüner Fleck auf dem Stengel der Unterlage zeigt an, daß das Auge angewachsen ist. Etwa gegen Spätwinter werden alle Triebe der Unterlage direkt oberhalb der aus dem okulierten Auge entstehenden Knospe geschnitten.

Wenn der neue Trieb etwa 5 cm lang ist, bis auf zwei Augen zurückschneiden, um den weiteren Austrieb zu fördern. Im Herbst kann die ganze Pflanze an den endgültigen Standort umgesetzt werden.

Hochstammrosen okuliert man in gleicher Weise, doch wird das Augenschildchen an eine andere Stelle gesetzt. Als Unterlage verwendet man die gleichen Sorten wie für Edelrosen. Dabei stützt man einen

OKULIEREN: AUFSETZEN DES AUGENSCHILDCHENS AUF DIE UNTERLAGE

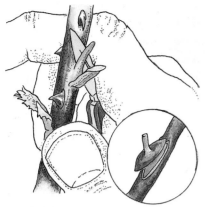

1 Sobald die Unterlage vorbereitet ist, einen Edelreiser aus dem Wasser nehmen (siehe Schritt 3, Seite 167) und ein Auge aus ihm schälen. Den Schnitt 12 mm über dem Auge ansetzen.

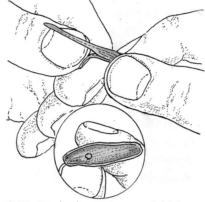

2 Die Rinde dieses Augenschildchens zurückbiegen und das Holz behutsam entfernen. Das Auge sollte dann als winzige Erhebung auf der Innenseite zu sehen sein (siehe Detailzeichnung).

3 Das Augenschildchen an dem Blattstielrest festhalten und in den geöffneten T-Schnitt der Unterlage einsetzen. Bei diesem ganzen Vorgang möglichst schnell arbeiten.

4 Den überstehenden oberen Teil des Schildchens am waagerechten Schnitt des T abschneiden. Dann die Rinde fest um das Schildchen klappen, um den Schnitt zu schließen.

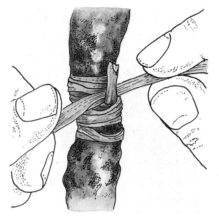

5 Anschließend das Ganze mit feinem Raffiabast stramm, aber nicht zu fest, unter- und oberhalb des Blattstielrests umwickeln und an der Rückseite verknoten.

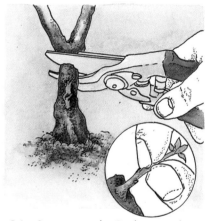

6 Im Spätwinter die Triebspitze der Unterlage knapp über der Okulierstelle abschneiden. Den Trieb der veredelten Pflanze hingegen bis auf zwei Augen abbrechen.

---

kräftigen Trieb senkrecht ab und schneidet ihn im Spätherbst des nachfolgenden Jahres etwa 15 cm über der benötigten Höhe. Man rechnet für normale Hochstammrosen eine Höhe von ca. 1 m, für niedrige Hochstammrosen 30 cm und für hängende Sorten 1,5 m. An der Spitze der Unterlage sollte man drei Seitentriebe belassen, an deren Basis im darauffolgenden Frühsommer Augenschildchen okuliert werden können. Diese drei Triebe werden dann erst im darauffolgenden Sommer oberhalb der Schildchen abgeschnitten.

Auspflanzen okulierter Rosen

Die meisten Rosen bevorzugen offene, sonnige Lagen und relativ fette Lehmmischböden. Auch schwere, gut aufgebrochene Lehmböden eignen sich, da sie den Pflanzen einen guten Halt bieten.

Den Boden einen Monat vor dem Bepflanzen auf Spatentiefe umgraben, dann großzügig organischen Dünger wie beispielsweise Gartenkompost oder Laubspreu einarbeiten. Bei sehr leichten Böden ist das Einharken von 2 Handvoll Universaldünger/m² Boden zu empfehlen. Den bearbeiteten Boden dann nicht mehr betreten.

Beim Bepflanzen wird ein genügend großes Loch für den Wurzelballen ausgehoben. Bei schweren Böden sollte der Übergang zwischen Unterlage und Edelreiser genau auf der Erdoberfläche liegen, bei leichten Böden in der Regel etwa 5–7,5 cm darunter.

Die Wurzeln sollten so gut wie möglich im Pflanzloch verteilt werden. Anschließend die Öffnung mit Erde füllen und dabei den Wurzelstock öfter hochziehen und leicht bewegen, damit keine Lufttaschen im Erdreich zurückbleiben. Setzen Sie die Pflanze zum Schluß in der richtigen Höhe ein, und drücken Sie sie fest an.

HOCHSTAMMROSEN OKULIEREN

Eine *R. canina* so lange wachsen lassen, bis die Pflanze ungefähr 1 m mißt. Diese bildet dann den Stamm des kleinen Rosenbäumchens. Im folgenden Frühsommer werden auf den Hauptsproß, oder besser noch auf die Oberseite von drei Seitentrieben der Unterlage, Augenschildchen okuliert. Die Triebe werden im nächsten Sommer abgeknipst und die Unterlage dicht oberhalb der Okulierstelle abgeschnitten.

Pflanzen für den Heidegarten

Heidepflanzen gibt es in unterschiedlichen Wuchshöhen. Sie gedeihen bestens auf sauren, kalkfreien Böden, blühen im Sommer oder Winter und haben oft eine schöne Laubfärbung.

Heidekraut und Erika sind immergrüne, pflegeleichte Zwergsträucher, und daher ist ein Heidebeet der einfachste Weg zu einem unkomplizierten Garten mit ganzjähriger Blütenpracht. Der Garten wirkt wie eine Moorlandschaft, wobei man die zahllosen Zuchtsorten dieser beiden nahe verwandten Pflanzengruppen beliebig miteinander kombinieren kann.

Wie oft im Deutschen wurden mit dem Name „Heide" Vertreter verschiedener Gattungen bezeichnet: einerseits sind dies – als Heidekraut oder Besenheide – Arten der Gattung *Calluna*, andererseits werden mit „Erika" landläufig Vertreter der Gattung *Erica* benannt, deren korrekter deutscher Name „Glockenheide" lautet. Beide gehören zusammen mit Rhododendron, Azalee und Kamelie zur großen Familie der Heidekrautgewächse.

Pflanzenauswahl

Heidepflanzen werden von Gärtnern oft nach deren Blütezeit unterteilt: „Sommerheide" blüht im Sommer und Herbst, „Winterheide" im Winter und Frühjahr. Sommerheide braucht meist einen kalkfreien, sauren Boden, während viele Winterheidearten Kalk vertragen.

Eine andere Unterteilungsmöglichkeit ist die Größe: Baumheide

▼ *Die Blüten vieler Erica-carnea-Sorten bieten vom Spätwinter bis zum Frühjahr ein faszinierendes Farbenspiel, wenn Rot- und Mauvetöne gleichzeitig in Erscheinung treten.*

(nur bedingt winterhart) wird bis zu 2,5 m hoch, die restlichen Arten variieren von winzigen „Nadelkissen" bis zu 1,2 m Wuchshöhe. Mit Baumheiden lassen sich die sonst vielleicht etwas eintönigen, flach angelegten Heidebeete auflockern. Reine Heidegärten kann man zudem durch das Anlegen von Hängen, Mulden, Dämmen oder mit großen Steinen interessanter gestalten. Heide kommt jedoch am besten zusammen mit anderen Gewächsen zur Geltung.

Hierbei muß man sich jedoch nicht auf die traditionelle Kombination von Heide und zwergwüchsigen Nadelbäumen beschränken, denn viele andere Straucharten wie beispielsweise Rhododendren und Azaleen harmonieren ebenso gut und haben zudem ähnliche Ansprüche an ihren Standort. Sogar mit einjährigen Pflanzen kann man oft wirkungsvoll die Lücken zwischen jungen Heidepflanzen füllen.

Es empfiehlt sich auch, die verschiedenen Heidesorten in Gruppen zu pflanzen. Vor allem in großen Gärten bleiben dadurch die Proportionen gewahrt. Aber auch auf relativ kleinen Flächen wirken einzelne Heidepflanzen oft verloren, so daß mindestens etwa fünf Pflanzen zusammengesetzt werden sollten. Mit Heidekraut können auch Strauchrabatten, Mischbeete oder Steingärten verschönert werden. Sie sind gute Bodendecker und wachsen auch zu kleinen Hecken heran.

Heidepflanzen bieten sehr lange einen schönen Anblick, da bereits verwelkte Heideblüten fast den ganzen Winter über ihre leuchtende Farbe behalten. Dies trifft besonders für die Sorten von *E. vagans* zu, aber auch für einige Formen von *E. cinerea* (Grauheide) und *E. termi-*

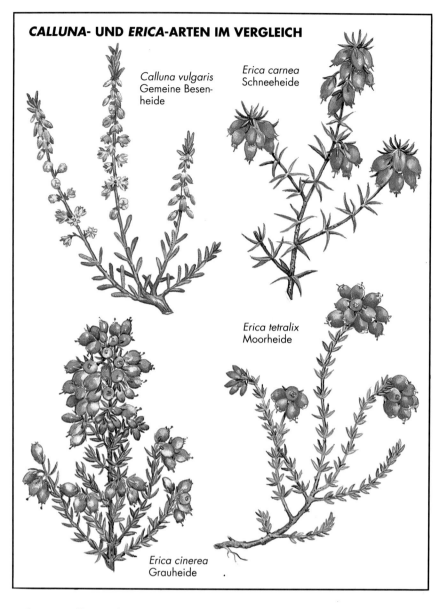

CALLUNA- UND ERICA-ARTEN IM VERGLEICH

Calluna vulgaris Gemeine Besenheide

Erica carnea Schneeheide

Erica tetralix Moorheide

Erica cinerea Grauheide

nalis. Sie alle sind nur in milden Gebieten hart, ansonsten benötigen sie einen Winterschutz.

Auspflanzen und Pflege
Heide braucht offene, vollsonnige Standorte. Alle Arten gedeihen am besten in sauren Torfböden, wobei

Sommerheide Kalk nicht verträgt, Winterheide nur bis zu einem gewissen Grad.

Topfpflanzen können praktisch zu jeder Jahreszeit ins Freie gesetzt werden, wobei Herbst oder Frühjahr am günstigsten ist. Der Boden wird vorher gründlich etwa

DAS AUSPFLANZEN

1 Den Standort kräftig umgraben, alle Wildkräuter beseitigen; eine etwa 2,5 cm dicke Rindenmulchschicht aufbringen und gründlich einarbeiten.

2 Die Pflanzen aus den Töpfen nehmen; den Wurzelballen auflockern und die Pflanze so einsetzen, daß das Laub mit dem Boden in Berührung kommt.

3 Die Pflanzen fest andrücken, kräftig wässern, die Oberfläche mit einer zusätzlichen Torfschicht bedecken und nochmals kurz wässern.

SCHNITT

Die alten Blütenstände bei der Winterheide nach dem Verblassen abschneiden. Die Sommerheide hingegen nicht vor dem folgenden Frühjahr beschneiden.

spatentief umgegraben, und Wildkräuter sollten sorgfältig entfernt werden. Auf kalkfreie Böden bringt man eine ca. 2,5 cm dicke Schicht sauren Rindenmulch auf, die leicht untergeharkt wird. Kalkreiche oder schwere Böden brauchen entsprechend mehr Rindenmulch. Extrem nährstoffarme Böden werden mit 1 Handvoll Knochenmehl/m² aufbereitet.

Als nächster Schritt folgt die Aufteilung der Pflanzen. Niedrige Sorten werden mit einem Pflanzabstand von 23 cm, die größeren mit 45 cm eingesetzt, bei Einzelpflanzung die Abstände mindestens verdoppeln.

Heben Sie mit einer Schaufel die Pflanzlöcher aus, die etwas größer als die Töpfe sein sollten. Die Pflanzen dann aus den Behältern nehmen und die dichten Wurzelballen etwas auflockern. Wenn einzelne Wurzeln bereits den Topfboden durchwachsen haben, sollte am besten der Topf aufgeschnitten werden. Niemals die Wurzeln mit Gewalt herausziehen, da sonst das Gleichgewicht zwischen Wurzel- und Sproßwachstum gestört wird und die Pflanzen absterben könnten. Die Pflanzen anschließend in die Erde setzen und das Pflanzloch mit saurem Rindenmulch auffüllen. Man sollte stets darauf achten, daß der Sproß vollständig mit Erde bedeckt ist, so daß das Laub den Boden berührt.

Die Pflanzen dann mit den Händen festdrücken und kräftig wäs-

sern. Schließlich wird die Oberfläche noch mit einer zusätzlichen Mulchschicht bedeckt. Ein Abstützen der Pflanzen ist in der Regel nur bei exponiert stehenden Baumheiden notwendig.

Heidepflanzen müssen während der ersten Monate nach dem Einpflanzen ständig feucht gehalten werden. Das Wässern sollte stets gegen Abend erfolgen, so daß die Pflanzen das Wasser während der kalten Nachttemperaturen aufnehmen können.

Im Herbst oder Winter gepflanzte Heide wird nach strengen Frostperioden nochmals fester in die Erde gedrückt. Schnee sollte insbesondere bei hochwüchsigen Arten von den Zweigen entfernt werden, da durch die Last die Wuchsform zerstört werden könnte oder sogar die Zweige abbrechen.

Wenn Jungpflanzen schlecht anwachsen oder sich die Blätter ungefähr 1 Monat nach dem Einpflanzen braun färben, sollten sie herausgenommen, die Wurzeln gelockert und anschließend unter kräftigem Wässern wieder eingesetzt werden.

Im Frühjahr wird der Boden mit Gartenkompost verbessert, die Gabe von Düngemitteln ist nicht erforderlich. Gut angewachsene Heidepflanzen müssen nur während extremer Trockenperioden gegossen werden.

Während der ersten Jahre sollte der Boden zwischen den Heidepflanzen regelmäßig von Wildkräutern befreit werden, doch wächst bei vollständiger Bodendeckung meist kein Wildkraut. Das Wildkraut wird mit einer Harke vorsichtig entfernt, ohne dabei die empfindlichen Oberflächenwurzeln der Heidepflanzen zu beschädigen. Bei jungen Pflanzen ist es ratsam, mit der Hand zu arbeiten.

Der richtige Schnitt

Winterheidesorten und Zwergformen müssen im allgemeinen nicht beschnitten werden. Man entfernt lediglich die abgestorbenen Blüten, sobald sie ihre Farbe verlieren.

Die verblühten Köpfe der Sommerheide färben sich im Winter oft sehr attraktiv, so daß man mit dem Beschneiden bis zum Frühjahr warten sollte. Diese Sorten treiben mit den Jahren häufig zu sehr aus, und die Blütenstände sind nicht mehr so kräftig. Im Frühjahr können verholzte Stengel beliebig weit zurückgeschnitten werden, wobei nur ein leichtes Stutzen erforderlich ist. Schneiden Sie immer etwas schräg.

Hochwüchsige Sorten werden entweder im Spätherbst oder vor dem Austrieb beschnitten, um ein häßliches Hochschießen der Pflanzen zu verhindern.

Vermehrung

Fast alle im Garten kultivierbaren Heidearten sind Zuchtformen und können nicht durch Samen vermehrt werden. Die vegetative Vermehrung durch Absenker oder Stecklinge ist die einzig verläßliche Methode, Pflanzen mit beständiger Farbenpracht, Wuchsform und Größe zu erhalten.

Gut angewachsene Pflanzen können praktisch zu jeder Jahreszeit durch Absenker vermehrt werden, doch erzielt man die besten Ergebnisse im Frühjahr. Hierzu wird zunächst einer der grundständigen Seitenzweige fest auf den Boden gedrückt und um den Hauptteil der Pflanze reichlich Torf-Sand-Gemisch oder Kompost auf Torfbasis angehäuft. Der Absenker wird mit einem schweren Stein auf der Erde gehalten. Die auf diese Weise im Frühjahr gelegten Absenker sollten bis zum Herbst Wurzeln gebildet

VERMEHRUNG DURCH ABSENKER

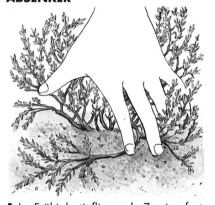

1 Im Frühjahr tiefliegende Zweige fest in den Boden drücken. Um den Hauptteil der Pflanze reichlich Sand-Torf-Gemisch anhäufen.

2 Absenker mit einem schweren Stein am Boden halten; nach der Bewurzelung die alten Pflanzenteile abtrennen und die Jungpflanze aufrichten.

haben; Herbstabsenker benötigen hingegen ungefähr 1 Jahr. Die Jungpflanze wird dann von dem alten Zweig abgetrennt und eingepflanzt.

Im Frühherbst werden für die Stecklingsvermehrung Zweige mit Seitentrieben abgeknipst. Stecklinge der Sommerheide dürfen keine Blüten tragen.

Der Boden eines 12 cm großen Blumentopfs wird mit einer Kieselschicht bedeckt und der Topf mit einem Substrat gefüllt, das aus zwei Teilen Torf und einem Teil grobem Sand besteht. Dieses wird gut angefeuchtet und mit dem Boden eines weiteren Topfes festgedrückt. Darüber trägt man noch eine dünne Schicht trockenen, groben Sandes auf.

Ein im selben Jahr getriebener Seitenzweig wird abgetrennt, auf eine Länge von 2,5 cm gekürzt und zusammen mit anderen Stecklingen in einem Abstand von 2 cm in einen Blumentopf gesetzt. Mit einem Bleistift oder Stöckchen sticht man etwa 1 cm tiefe Löcher in das Substrat, setzt die Stecklinge ein und drückt sie fest.

Die Stecklinge wurzeln besser, wenn man den Topf mit einer klaren Plastikfolie abdeckt, die mit einem Gummiband um den Topf befestigt wird. Die Töpfe stellt man an einen schattigen Standort im Gewächshaus oder Frühbeet.

Das einsetzende Sproßwachstum zeigt an, daß Wurzeln gebildet wurden. Die Folie sollte dann zunächst etwas angehoben werden, um Luft an die Pflanzen zu lassen. Nach etwa 1 Woche kann sie schließlich ganz entfernt werden. Die Stecklinge den Winter über in einem kalten Gewächshaus oder Frühbeet halten.

Gegen Mitte des Frühjahrs werden die Jungpflanzen einzeln in 7,5-cm-Töpfe gesetzt, die mit einem Substrat aus drei Teilen Torf und einem Teil grobem Sand gefüllt sind. Der neue Wuchs der Pflänzchen sollte dabei nicht mit dem Substrat in Berührung kommen und die Töpfe an schattigen Standorten im Freien aufgestellt werden. Das Substrat darf niemals austrocknen. Im Herbst kann man die Pflanzen ins Freiland setzen.

VERMEHRUNG DURCH STECKLINGE

1 Im Spätfrühjahr oder Frühherbst kann man Seitenzweige desselben Jahres von einem Hauptast abknipsen. Sie sind blasser, weicher und dünner als die älteren Sproßteile.

2 Im unteren Teil die Blätter der Seitentriebe entfernen, um Stecklinge zu erhalten, die etwa eine Länge von 2,5 cm haben. Die Stecklinge der Sommerheide dürfen keine Blüten tragen.

3 Mit einem Pflanzholz gut 1 cm tiefe Löcher bohren und die Stecklinge in 2 cm Abstand setzen. Die Erde sollte aus zwei Teilen Torf und einem Teil Sand bestehen; Stecklinge festdrücken.

4 Den Topf mit Folie abdecken und an einen kühlen, schattigen Ort im Gewächshaus oder Frühbeet stellen. Sproßwachstum zeigt an, daß Wurzeln gebildet wurden.

5 Im Frühjahr werden die bewurzelten Stecklinge in Einzeltöpfe umgesetzt. Die Pflänzchen werden hierfür sehr vorsichtig mit den Fingern aus der Erde gezogen.

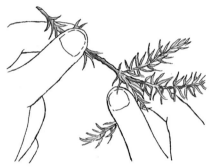

6 Jede Pflanze in einen 7,5-cm-Topf setzen, festdrücken und angießen. Das Laub darf die Erde nicht berühren. An einen halbschattigen Ort im Freien stellen; im Herbst auspflanzen.

Schädlinge und Krankheiten

Im allgemeinen ist Heidekraut relativ resistent gegen Krankheits- und Schädlingsbefall. Allerdings kann es durch den im Boden wachsenden Hallimasch befallen und vollkommen zerstört werden.

In diesem Fall kann man unter der Rinde am Sproßansatz der abgestorbenen Pflanzen einen fächerförmigen, weißen Pilzbewuchs beobachten. Befallene Pflanzen sollten umgehend ausgegraben, der umgebende Boden gründlich abgetragen und vollständig erneuert werden. Auch sollte man den Infektionsherd – beispielsweise einen Baumstumpf oder abgestorbenen Strauch – beseitigen.

Zu kalkreiche Böden führen zur sogenannten Chlorose, bei der das Laub durch Eisenmangel sich zunächst gelb, später braun verfärbt und schließlich abstirbt. Die Pflanzen sollten dann mit einer eisenhaltigen Nährlösung gegossen und mit Torf gemulcht werden. Welke oder Kümmerwuchs bewirken Braunfärbung und Welken der Blätter und führen zum Absterben der Pflanzen. Eine Behandlung ist nur selten möglich, die Ausbreitung kann jedoch durch Universaldünger oder reichliche Gaben eines sauren Mulches vermieden werden.

REGISTER

BILDNACHWEIS

Fotografen
Umschlagvorderseite: r. o.: W. Brändlein/OKAPIA; r. M.: Bildagentur Geduldig; r. u.: Naturbild Ag. SCHACKE; M.: Bildagentur Geduldig; l. o.: Erich Thielscher/SILVESTRIS; l. u.: A. u. H.-F. Michler/OKAPIA
Umschlagrückseite: WHM/GEDULDIG
3: Harry Smith Collection; 4: Harry Smith Collection; 6: Bildagentur Geduldig; 8–9: Photos Horticultural; 10: Eric Crichton; 11: Photos Horticultural; 13: Lamontagne; 16: Photos Horticultural; 17: Tania Midgley; 21: EWA; 25: Harry Smith Collection; 28 o.: Lamontagne; 28 u.: Eric Crichton; 29: Robert Estall/Garden Picture Library; 32 o.: Eric Crichton; 32 u.: Brian Carter/Garden Picture Library; 34: Jerry Harpur/EWA; 35: Lamontagne; 39: Tania Midgley; 42: Photos Horticultural; 43: Brian Carter; 45: Margaret Turner; 49: Harry Smith Collection; 53: Neil Homes; 57 o.: Eric Crichton; 57 u.: Heather Angel/Biofotos; 60: Eric Crichton; 61: Lamontagne; 63: Eric Crichton; 65: Linda Burgess/Insight; 70: Jerry Harpur/EWA; 71: Tania Midgley; 77: Photos Horticultural; 83: Photos Horticultural; 86: Eric Crichton; 87: Photos Horticultural; 90: Tania Midgley; 91: Neil Homes; 94–95: Eric Crichton; 98: Marijke Heuff/Garden Picture Library; 100: Eric Crichton; 101: Harry Smith Collection; 104: Eric Crichton; 105: Heather Angel/Biofotos;

108: Photos Horticultural; 109: Andrew Lawson; 110 o.: Harry Smith Collection; 110 u.: Lamontagne; 111: Brian Carter; 112 o.: Photos Horticultural; 112 u.: Neil Homes; 113 o.: Harry Smith Collection; 113 u.: Brian Carter; 115: Photos Horticultural; 116 o.: Neil Homes; 116 u.: Photos Horticultural; 117 o.: Photos Horticultural; 117 u.: Harry Smith Collection; 118 o.: John Glover; 118 u.: Photos Horticultural; 119: Eric Crichton; 121: Photos Horticultural; 122: Eric Crichton; 123: Photos Horticultural; 126: Harry Smith Collection; 127: Photos Horticultural; 129: Philippe Perdereau; 131: Philippe Perdereau; 132: John Glover; 134: John Glover; 136: Photos Horticultural; 137: Eric Crichton; 140: Eric Crichton; 141: Tania Midgley; 143: Harry Smith Collection; 144: Photos Horticultural; 145: Eric Crichton; 147: Brian Carter/Garden Picture Library; 150 o.: Eric Crichton; 150 u.: Tania Midgley; 151: Eric Crichton; 156: Tania Midgley; 157: Eric Crichton; 160: Photos Horticultural; 161: Lamontagne; 164: Bob Gibbons/Natural Image; 165: Photos Horticultural; 169: Photos Horticultural.

Illustratoren
10–12: Christine Hart-Davies; 14–15: Christine Hart-Davies; 18–20: Christine Hart-Davies; 22–23: Elisabeth Dowle; 24: Christine Hart-Davies; 26 o.: Elisabeth Dowle;

26 u.: Christine Hart-Davies; 27 o.: Elisabeth Dowle; 27 u.: Christine Hart-Davies; 30–32: Elisabeth Dowle; 36: Marilyn Leader; 37–38: Christine Hart-Davies; 40–41: Elisabeth Dowle; 43–44: Christine Hart-Davies; 46–48: Elisabeth Dowle; 50–52: Christine Hart-Davies; 54–56: Elisabeth Dowle; 58–59: Elisabeth Dowle; 60: Christine Hart-Davies; 62–64: Christine Hart-Davies; 66–68: Elisabeth Dowle; 72–73: Elisabeth Dowle; 74–76: Christine Hart-Davies; 78–82: Elisabeth Dowle; 84–85: Elisabeth Dowle; 88–90: Ann Winterbotham; 92: Elisabeth Dowle; 93 o.: Christine Hart-Davies; 93 u.: Elisabeth Dowle; 96–97: Elisabeth Dowle; 99: Christine Hart-Davies; 102–105: Elisabeth Dowle; 106: Christine Hart-Davies; 109: Reader's Digest/Sally Smith; 111: Sarah DeAth; 114: Reader's Digest/Sally Smith; 120: Elisabeth Dowle; 122: Christine Hart-Davies; 124–126: Elisabeth Dowle; 128–130: Elisabeth Dowle; 132–133: Christine Hart-Davies; 138: Elisabeth Dowle; 139: Christine Hart-Davies; 142–143: Elisabeth Dowle; 146: Christine Hart-Davies; 148–149: Christine Hart-Davies; 152–153: Elisabeth Dowle; 153 o.: Nigel Hawtin; 154 o.: Nigel Hawtin; 154–155: Elisabeth Dowle; 156: Nigel Hawtin; 158–160: Elisabeth Dowle; 162–163: Elisabeth Dowle; 166–168: Elisabeth Dowle; 170–172: Elisabeth Dowle.